Ingrid Leitner

Das Leben der Sternentaucherin

Ingrid Leitner

Das Leben der Sternentaucherin

Ein poetisch-autobiografischer Roman

ISBN 978-3-95779-112-2
Erste Auflage 2019
© Info3-Verlagsgesellschaft Brüll & Heisterkamp KG,
Frankfurt am Main

Lektorat: Mike Kauschke, Monika Cyrani
Umschlag: Frank Schubert, Frankfurt am Main
Satz: Ulrich Schmid, de·te·pe, Aalen
Druck: CPI books, Leck

Die Dunkelheit öffnete ihren tiefsten Abgrund,
riss das lahme Mädchen an sich.
Das Mädchen fiel hinein,
verlor den Boden unter den Füßen,
es dauerte eine gefühlte Ewigkeit.
Doch dann wurden sie sichtbar, die Sterne,
die nur solch eine Dunkelheit gebären kann.
Sie funkelten betörend.
Die Gelähmte tauchte in sie ein,
sie waren ihr Mut, ihre Lebenskraft
und die Flügel ihres Geistes.
Und sie waren ihre Gabe des Schreibens,
sich durch Worte magisch zu bewegen.
Nun war sie nicht mehr nur die Lahme,
sie wurde zur Sternentaucherin.

Monika Cyrani, Herausgeberin

Inhalt

1. KAPITEL
Eine Welt zerbarst

Es war ein alles versprechender Sommerabend. Das Kind mit dem dunklen Pferdeschwanz hüpfte aus der finsteren Parterrewohnung – hinaus auf die warmen Asphaltplatten des Bürgersteigs. In seinem kurzen grünen Kleid mit weißen Tupfen über sonnenbraunen Beinen flog es um die Ecke zur Nachbarstraße. Wo waren die Freundinnen? Aus dem gegenüberliegenden Haus des zum Viereck gestellten Wohnblocks der 40er Jahre kam ein anderes Mädchen, zwei Jahre älter und eigentlich gar kein Mädchen. Ein Roboter eher, denn seine Beine – durch Kinderlähmung muskellos – waren mit Stahlschienen gestützt und mit Lederriemen verzurrt. Da half auch kein hübsches Kleid, denn es verdeckte nichts. Mit einer ausholenden Bewegung des Oberkörpers riss die Lahme eines der ins Gestell gequetschten Beine nach vorn. Dann das zweite. Ruck und ruck und ruck. So rückte sie vorwärts. Das mag eine Leistung gewesen sein. Aber nicht schön anzuschauen. Zudem war das Mädchen ernst, mit kurzem, stumpfen Haar und Brille, nicht befähigt zur Freundin, mit der man Geheimnisse teilen, kichern, oder lästern konnte. Kein Kind mochte sie. Im Gegenteil, alle wichen aus und spielten woanders, wenn sie langsam über die Asphaltplatten des Bürgersteigs vor dem Wohnblock roboterte.

Aber da an diesem Sommerabend alles anders war, und keine der Freundinnen weit und breit, sagte eine Nachbarin, die es sich gerade mit einem Kissen im Fenster bequem gemacht hatte, zu der quirligen Kleinen, die einen Kiesel gegen die Hausmauer kickte, da ihr sterbenslangweilig war:

„Spiel doch Federball mit der."

Die Kleine zuckte mit den Achseln:

„Ja wie denn, wenn sie nicht laufen kann."

„Dann musst du ihr den Ball immer genau auf den Schläger spielen!"

Die Kleine drehte verlegen den Körper und versuchte zu trotzen. Aber was half das gegen die Erwachsenen, da half nie etwas. Also stimmte sie widerwillig zu – und nachdem der Lahmen von der Mutter die Schläger gebracht worden waren, begann es, das eigentümliche Ballett, das dem wippenden Pferdeschwanz allmählich gefiel, immer mehr gefiel, sie in Leidenschaft und Raserei verfallen ließ. Denn nun lag es an ihr, das begriff sie schnell, ausschließlich an ihr, ob der Roboter, auf seinen schräg gestellten stahlgestützten Beinen balancierend, den Federball auf den Schläger bekam. Und das Robotermädchen erwischte ihn immer öfter, denn vor ihm tanzte ein Irrwisch, ein Springteufel, eine wild hüpfende grüne Orchidee, die dem Ball hinterherjagte, kreiselte, sich nach vorne schmiss und im freien Fall noch das federgekrönte, rotweiße Bällchen erwischte. Sie sprang, raste und schrie für zwei, sodass Pferdeschwanz, grünes Kleid und weiße Tupfen durcheinanderwirbelten. Und der gefiederte Ball sauste in den blaugelben Abendhimmel, segelte launisch in die falsche Richtung, kreuzte energisch geschlagen quer über den grauen Asphalt, fiel beinahe zu Boden. Aber schon war sie wieder zur Stelle, die Leichtfüßige, um den Federball darzubieten, anzuliefern, aufzudrängen: Sie schoss nach allen Seiten, schien sich zu verdoppeln und aufzulösen, und das rotweiße Bällchen sauste steilkurvig hoch, fiel – undankbar rasch langsam geworden – trudelnd aus der Bahn, wurde wieder hochgezwungen und zischte an den Nasen der aus den Fenstern hängenden Zuschauer vorbei. Die gönnten sich nach getaner Arbeit und dem sommerlichen Abendessen noch eine gemütliche Stunde und drehten jetzt nicht nur die Augen hin und her, dem verspielten Ding aus Federn und Gummi hinterher, sondern den ganzen Kopf, so als wäre dieser Federball der Mittelpunkt des sommerabendlichen Geschehens, von dem alles abhing. Der gefiederte Ball aber fing unbeeindruckt die letzten goldroten Sonnenstrahlen und purzelte – sich überschlagend – herunter auf den Schläger des Robotermädchens, traf ihn hart oder gnädig oder auch gar nicht, wurde hochgejagt und getrieben, bis er wieder aus der Bahn geriet, kurz in der schwächelnden Krone der Vorstadtlinde hängen blieb und sich dann aus einem sausenden Wirbel in den gewöhnlichen Gegenstand zurückverwandelte, der er zuvor gewesen war, um erneut zum gefiederten Geschoss zu werden und den Schläger der Lahmen zu bespringen.

Nach Luft schnappend und fröhlich keuchend brach das Mädchen im grünen Kleid das Spiel ab, erschöpft und nicht mehr fähig, Tempo, Kraft und Übermut in gleichem Maß beizubehalten. Aus. Es ging nicht mehr. Wieder irdisch und schüchtern geworden, gab sie dem Robotergeschöpf wortlos den Schläger zurück. Dann hüpfte sie davon. Sie war stolz auf sich, weil sie sich herabgelassen hatte, mit einer Gelähmten zu spielen, so sagten es die Erwachsenen und so legte sie es sich nachplappernd ebenfalls zurecht. Aber da war noch etwas anderes, etwas, das ihr Glück bis fast zum Wahnsinn getrieben hatte. Es war der Genuss der Anstrengung, des Könnens, der Kunst, der Perfektion, die sie im Spiel entwickelt hatte. Dieses sich steigernde, sich selbst nährende und weitertreibende, bis zu Explosion hochkatapultierte Spiel, das sie gespielt hatte. Das war es. Und eingehüllt in die wehenden Tücher dieses Glücks hüpfte das grünweiße Kind nach Hause. Das Mädchen mit den Roboterbeinen blieb zurück. Es war dem Hüpfgeist fremd geblieben. Denn der besaß die Schwerelosigkeit und sagte sich aus tiefster Seele:

„Gott sei Dank, dass ich nicht so bin wie die da!"

Denn die Raserei der Bewegung war ja wirklich ein Glück – wenn auch ein lahm gelegter Körper kein Unglück sein muss. Aber das wusste das Kind noch nicht, und wusste auch nicht, dass es das noch erfahren sollte.

Die unerreichbare Orange

Sie sitzt im Rollstuhl und wartet.

Krüppel, Rollstuhlfahrer, Invaliden und andere solche warten immer. Warten ist ihre Lebensform. Sie warten, dass sie jemand saubermacht, sie warten, dass sie jemand füttert, sie warten, dass sie jemand schätzt, trotz ihres versehrten, verkümmerten Körpers ihre Seele schätzt und ihren unzulänglichen Körper heiratet.

Sie sitzt nicht und wartet, weil sie so geduldig ist. Sie sitzt und wartet, obwohl sie einen freien Willen hat, der ihr aber nichts nützt. Sie will die Orange, die vor ihr auf dem Tisch liegt. Aber sie kann ihren Arm nicht so weit ausstrecken, dass sie die Orange in die Hand nehmen könnte. Kann den Arm überhaupt nicht bewegen. Nur die Hand. Da kommt eine Freundin, ein Mensch, der gewillt ist, warum auch immer gewillt ist, ihr die Orange zu geben, sie für sie zu schälen – goldfarbene Kugel mit der kühlen, sanft punktierten Schale, innen von weißem Fließ umwattet, die segmentierten Fruchtstücke von durchsichtiger Haut zusammengehalten, und darin, eng aneinandergedrängt, die tropfenförmigen Saftbehälterchen, rosagoldfarben – die muss man auseinandernehmen. Doch genau da liegt das Problem: Sobald ein anderer Wille, eine andere Vorstellung ins Spiel kommt, beginnt der sich windende Krampf, das ziehende Unglück. Zunächst sieht es so aus, als würde dir der andere helfen und er hilft dir ja auch. Er erfüllt dir den geäußerten Wunsch. Aber doch nur irgendwie. Manchmal fragt er gar nicht nach deinen Wünschen. Aber auch wenn er es täte – es wäre belanglos, hoffnungslos. Denn niemals bist du selbst es, der die Orange schält! Du kannst es nicht. Er, der andere, schneidet sie in Scheiben und zerteilt die Scheiben mit dem Messer weiter in kleine Stücke. Genau diesen Umgang mit der Orange magst du aber nicht – überhaupt nicht! Du magst die Frucht so nehmen wie sie sich gibt. Die runde geschälte mattfarbene Saftkugel ohne Messer zerteilen und die vorgegebenen Fruchtsegmente in den Mund stecken, zuerst ein bisschen saugen, dann knapp und glatt zubeißen, ein Stückchen herunterbeißen, so geschickt, dass es nicht spritzt, dann noch einen Bissen und dann den Rest – hinter den Zähnen ausdrücken, mit der Zunge umkreisen, zwischendurch schlucken, jetzt kräftig mit den Zähnen bearbeiten, sodass auch die trockenen, gefaserten Teile zu Brei werden, und beim Schlucken alles langsam am Gaumen vorbeidefilieren lassen, damit der noch einmal den Geschmack hervortastet und dann hinunter, dahin, wo du nicht mehr zuständig bist.

„Das hättest du doch nur sagen müssen, so kann ich sie dir auch herrichten", sagt ihre Freundin herzlich. Sie nimmt eine zweite dieser goldfarbenen, köstliche Säure versprühenden Früchte, nimmt sie nach ihrer natürlichen Einteilung auseinander, spaltet ein Stück ab und steckt es ihr in den Mund, weil sie das ja nicht selber kann. Aber genau das will sie ebenfalls nicht, will diese freundschaftliche Hand nicht riechen –

nicht, dass sie etwas gegen Parfüm hätte, nein, keineswegs, aber nicht im misstönenden Zusammenklang mit ihrer Orange: Ihre wunderschöne Frucht von bittersüß leuchtend goldener Intensität und diese billigen Parfümfinger! Sie weiß schon, dass das ungerecht ist, dass es sie nichts angeht, welches Parfüm die Freundin kauft, es ist ja auch ein teures, durchaus hellduftendes Parfüm, aber in diesem Fall rückt es ihr auf den Leib, dringt ein in ihren Dunstkreis! Außerdem hätte sie sich den Orangenschnitz selbst nicht so weit in den Mund gesteckt, wie ihre Freundin es ziemlich gewaltsam macht. Dabei ist sie gar nicht gewalttätig. Sehr einfühlsam sogar. Aber sie, der Krüppel, sieht es so, kann nur so fühlen, weil das Schicksal oder wer auch immer sie vergewaltigt hat. Aufs Trockene gesetzt. Auf Eis gelegt. Zur Unbeweglichkeit verdammt.

„Ja, wenn du das nicht selber kannst, und es dir auch nicht passt, wenn dir die Freundin hilft, so gut sie kann, dann musst du dich eben aufhängen."

Genau das geht aber nicht! Sie kann aus einem langen Seil keine Schlinge knüpfen, und selbst wenn sie es könnte, könnte sie die Schlinge nicht an den Haken an der Zimmerdecke hängen, und selbst wenn sie das könnte, sie könnte nicht auf den Tisch klettern, nicht aufstehen, nicht die Schlinge erreichen, nicht den Kopf hineinstecken, nicht vom Tisch springen, um endgültig zu baumeln. Genau das kann sie nicht!

*

Wahrscheinlich war sie ausersehen.

*

Noch ein solcher.

Er kam, und mit einem Schwall von Worten machte er sich wichtig. Sonst hätte man ihn übersehen. Auch so übersah ihn jeder. Doch wer im Rollstuhl sitzt, stößt gleichwohl in die Augen, unangenehm, wird aber trotzdem übersehen. Nein, ausgeblendet. Außer es ist ein Glasknochenmann. Sein Körper ist so unvorhersehbar verrenkt, aus gedrehten Knochen zusammengesetzt und wie hart gewordener Kaugummi – aber eben doch aus Glas. „Pling", macht es, und der steife Kaugummiknochen ist gesplittert. Den dicken Kartoffelkörper schief in den Rollstuhl gefüllt, Kinderbeine und Kinderarme drangeklebt, mit einer kehlig-gepressten Kindermännerstimme. Die Stimme charakteristisch, sehr charakteristisch. Aber wer will schon Charakteristisches, wenn er Hochglanz haben kann, angenehm verwechselbar und deshalb so wunderbar leicht anzuschauen. Es schlägt dich nicht, es trifft dich nicht.

Dagegen redete er an, viel und laut. Und quietschig.

*

Wir sind ausersehen, denn wir sind Oberfläche und Hülle.

*

Das Kind mit dem dunklen Pferdeschwanz war lange nicht zur Besinnung gekommen, nachdem man es ins Krankenhaus eingeliefert hatte. Sprachlos. Fühllos. Die Bilder des Schreckens verstopften ihm das Hirn. Was war geschehen? Was? Was denn? Der Krankenwagen war in ihre kleine Straße eingebogen. Einer der beiden Sanitäter hatte geklingelt, hatte energisch gefordert, es solle herauskommen. Widerstandslos setzte sich das Kind in Bewegung und wunderte sich, warum es gehen konnte, wo es doch im Schrecken erstarrt war. Bekleidet war es mit einem schäbigen Nachthemd, darüber ein geflickter Morgenmantel – Kleidungsstücke, tragbar verschämt nur in der Intimität der kleinen Schlafkammer, die sie mit ihrer Großmutter teilte, aber nicht außerhalb, keinesfalls. Derart angetan also sollte das Kind jetzt auf die Straße treten. Die beiden Krankenwärter stritten sich, ob es auf die Bahre sollte oder einfach auf eigenen Füßen gehen und in den Wagen steigen. Gegenüber hingen, fielen die Leute aus den Fenstern. Das Kind trat zögernd aus dem Hausflur ins öffentliche Licht, tat einen weiteren Schritt auf den Gehsteig und wunderte sich, warum der Erdboden sich nicht öffnete, sie nicht verschlang und erlöste. Inzwischen waren die Wärter sich einig. Sie sollte sich auf die Bahre legen. Das Kind, fünfzehn Jahre lang dressiert, an Gehorsam gewöhnt, legte sich auf die Bahre. Da lag es. Auf dem Rücken. Ein hilfloser Käfer, der nicht einmal mehr zappelte im Leerlauf der Glieder. Wie viele Tode der Peinlichkeit war es in seinem kleinen Leben schon gestorben. Aber diesmal war es anders, war noch schlimmer: Das Kind konnte laufen, doch man zwang es auf die Bahre, zwang es, sich nicht zu bewegen. Was für ein Zeichen. Was für eine Vorausschau auf Kommendes.

Nach Jahren erst kehrte das Kind wieder zurück in dieses Haus. Da saß es im Rollstuhl, gelähmt bis zum Hals, tausendmal gedemütigt, zerquetscht, vernichtet.

Der Anfang

Was aber hatte seinen Anfang genommen?

Weiß war das Zimmer. Schmutzig weiß die Fensterrahmen. Die Bettwäsche weiß gestärkt. Von dieser Farbe gingen die Schrecken aus. Obwohl sie noch gar nicht wusste, dass die Abgründe, in die sie stürzte, ebenfalls weiß sein würden. Weiß auf weiß. Konturlos. Tief das Loch, hoch die Zellenwände. In Weiß erstickt man.

Da lag das Mädchen. Zuerst auf der Normalstation, dann in der geschlossenen Abteilung. Doch sie konnte laufen, es fehlte ihr nichts. Überhaupt nichts! Angst hatte sie trotzdem, große Angst. Die Hausärztin, eine strenge alte Frau, hatte sie mit ernsten Augen angeschaut und gesagt: „Das ist Kinderlähmung." Dann hatte sie sie eingewiesen ins Krankenhaus. Sie hatte es wohl gerochen, dass das Mädchen die Seuche mitgebracht hatte aus Italien. Nein, das konnte gar nicht sein! Sie war ja nicht krank, nur die Glieder schmerzten. Ein ganz klein wenig nur! Was und wer also hatte ihr die Angst eingeblasen? Und warum ließen sie sie nicht nach Hause? Was wussten die, die sie hier festhielten, was sie nicht wusste? Worauf warteten sie?

„Kann ich heute heim?"

„Nein."

„Warum nicht? – Und morgen?"

An einem Abend dieser ersten beiden Wochen sollte es Pilze in Rahmsoße geben, so stand es auf dem Speiseplan, der herumgereicht worden war und wo man sich ein Gericht aussuchen konnte. Das Mädchen freute sich, es war ein bisschen wie im Hotel, man konnte wählen, was man essen wollte. Und oft war sie mit den Eltern im Wald gewesen, auf der Suche nach diesen fleischig wuchernden Gewächsen, angeordnet in geheimnisvollen Hexenkreisen, wohlriechend, wohlschmeckend. Das war eine ihrer Lieblingsspeisen!

Was jedoch am Abend von einer stummen Helferin im blauen Kittel auf dem Nachtkästchen abgestellt wurde, war eine zähe weiße Mehltunke mit braunschleimigen Brocken. Sie begann zu essen. Versuchte auch zu schlucken – zu Hause wurde immer alles aufgegessen. Sie würgte, der Bissen kam hoch, sie versuchte ihn noch einmal zu schlucken. Würgte und würgte und wollte aufspringen, nichts wie weg, weg von dem Unheil, das auf sie zukroch. Aber ihre Beine schmerzten, hatten bereits am Nachmittag wehgetan. Jetzt ließen sie sich kaum noch bewegen. Sie erbrach nicht nur die Pilze. Gurgelte unverständliche Laute heraus. Da stand auch schon die Schwester in der Tür, als ob sie nur darauf gewartet hätte, warf einen raschen Blick auf das Mädchen mit den panischen Augen, das halb aus dem Bett hing und sich schwerfällig den Schleim vom Mund wischte. Offensichtlich wusste sie einzuordnen, was die Gepeinigte nicht verstand. Dann entstand Bewegung auf der Station. Mehrere Menschen eilten herbei. Die legten das Mädchen in die Eiserne Lunge.

Umschlossen von der Atemtonne, erstarrt unter einer Glocke namenloser Schrecken, rasten blinde Bilder durch ihren Kopf. Gefühle hatte sie keine mehr. So lag sie. Keiner Bewegung mächtig. Machtlos.

Irgendwann nahm sie dann doch etwas wahr. Aber sie verstand es nicht. Sie konnte nicht einmal den Kopf schütteln, den sie draußen gelassen hatten, außerhalb der Eisernen Lunge. Den Hals umwickelt mit einem Kragen, der die Schleuse zwischen Atem-Maschine und Kopf abdichtete. Damit keine Luft entwich. Atemluft.

Drinnen Leere. Leere, gefüllt mit springendem Entsetzen.

Irgendwann pendelte es sich ein. Irgendwann, irgendwie und offenbar auch planmäßig. So als ob das, was passierte, normal wäre. Normal! Normal! Sie verstand es nicht, überhaupt nicht! Begriff gar nichts. Eine fremde Art von Alltag war da im Gange. Sich ähnelnde Vorgänge zumindest. Die sie betrafen, sie aber nichts angingen: Tagsüber die Prozession der Ärzte, auch Schwestern und Eltern in weißen Kitteln, denn Kinderlähmung war ansteckend. Nächte, ertaubt in der Bodenlosigkeit des Geschehenen. Was aber war geschehen? Was eigentlich? Etwas hatte sich an sie herangeschlichen! Aber was? Das zu verstehen war unmöglich und sie verweigerte sich auch.

Die Nächte voll zermalmender Seelenqualen. Stumme Hilfeschreie, rasend hinausgestoßen, hinausgeschleudert. Wem ins Gesicht? Und dann dieses WARUM – „Warum gerade ich?" – dieses besinnungslose, hemmungslose, zwecklose „Warum". Sie nahm alles sehr persönlich damals.

Weitere Wochen der Quarantäne. Ärzte, Schwestern, Eltern. Alle in Weiß. Dann heraus aus der weißen Abgeschiedenheit. Was nichts bedeutete, denn es war wieder ein schmales, weißes Zimmer und sie – eingefüllt in die Eiserne Lunge. Die Farbe ewiger Verdammnis ist weiß.

*

Aus der Wüste kam der Wind. Von weit her. Die Ebene vor der Stadt lag schutzlos dargeboten im fahlen Licht. Ein Pferd tauchte aus der Ferne auf, kam rasch näher, blieb zitternd stehen und raste weiter, denn tausend Teufel jagten es. Dann trat wieder Stille ein, die wimmernde Stille des Todes. Da lag es, das Neugeborene. Der Pfahl hatte die Brust durchbohrt, da wo sich die Bronchien befanden. Der weiße kleine Körper atmete fast nicht. Die Glieder bewegten sich einzeln, wie bei einem Käfer, der auf den Rücken gefallen war – ein Ärmchen und dann ein Beinchen und wieder ein Ärmchen. Offenbar lebte das Kind noch, war eine lebende Leiche. Aus der Wunde quoll Schleim. Unaufhaltsam. Weiß die kleinen Glieder, weiß wie die toten Kinder nach dem Mord von Bethlehem. Eine ganze Ebene vor der Stadt voll weißer Maden. Sich windend, zuckend, still. Ganz still. Doch diese hatten die Schergen des Königs getötet. Sie würden nicht ihr Leben lang gepfählt sein. Waren nicht Abfall und Ekel. Und Hass.

Die Nächte

Es waren die Nächte im Krankenhaus, in denen sich ihre Tragödie abspielte. Am Anfang gab es nur Nächte, dann immer weniger Nächte und schließlich schlief sie in der Nacht. Aber auch dann war nichts vorbei. Diese Nächte waren es, in denen sich die Abgründe auftaten und das Unfassbare hervorquoll. Die Welt zerbarst, immer und immer wieder. Und sie wurde zerrieben, zerstückelt. Sie war nicht mehr. In diesen Nächten versuchte sie es sich in den Kopf zu treiben, sich einzuhämmern, die Tragweite abzumessen. Sie lebte – in einer unbeweglichen Hülle. Ihr Leben brüllte, aber es bewegte sich nicht. Tot war sie nicht. Aber was dann? Es sollte ihr endlich klarwerden, was ihr passiert war: Sie hatte lebenslänglich bekommen. Ohne Gerichtsverfahren und ohne Richter, nicht verordnet, nicht verhängt. Einfach so!

„Helft mir! Helft mir doch!" Immer wieder schrie sie es tonlos hinaus. Das verstopfte sie. Sie war ein starrer, mit Haut überzogener Popanz, eine groteske Vogelscheuche. Der Körper bewegte sich nicht mehr. Aber sie lebte. Wo? Innen drinnen? In einem Betonblock? Aber nein. Ihre Haut war warm und kalt und spürte Berührung. Der Körper vollführte die täglichen Verrichtungen. Nahm Wasser und Essen auf. Er schied Exkremente aus, wenn auch nur mit Nachhilfe. Sie lebte in einem Kokon, gebildet aus eigener Haut, den eigenen Knochen. In der Zwangsjacke des bewegungslosen Körpers.

Zwei Jahre zuvor war sie zwölf gewesen und ihre Erfahrungen mit dem lieben Gott waren bisher wechselweise intensiv oder gleichgültig. Als Kind war sie gezwungen gewesen, jeden Sonntag mit den Eltern in die Kirche zu gehen. Die Mutter hatte geglaubt, dieser Gang sei zu verschönern, wenn sie dem Kind ein frühes Pelzmäntelchen kaufte, ein hübsches weiches graues Fellchen, das das Kind durchaus gerne streichelte. Aber das protzende Wohlmeinen der Mutter hatte das Kind Spießrutenlaufen lassen. Kein anderes Mädchen trug so ein Mäntelchen. Wenn eine Schulfreundin ebenfalls vor der Kirche stand, dann war es weniger bedrückend, dann durfte das Kind auch kurz zur Freundin hingehen und sie begrüßen. Ansonsten hatte es bei den Eltern zu stehen. So stand das Kind – trotz oder vielleicht auch wegen seines teuren Mäntelchens eine graue Maus – auf dem Kies des Kirchplatzes, langweilte sich stumm, wand sich, ausgesetzt in Pein, verhielt sich verstockt, weil es nicht wusste, wie es sich benehmen durfte, grüßte und schüttelte Hände, wenn es befohlen war, denn es hatte gelernt, dass alles befohlen wird, das meiste aber verboten war, in jedem Fall nicht nach eigenem Willen, eigener Meinung, eigenen Wünschen zu handeln ist. Es war ein niedliches Kind, ein Kind, das immer schöner wurde – und gut dressiert. Vor allem die Mutter zeigte es gerne vor.

Dann kam die Periode des sinnlich-erotischen Andrangs zu Gott. Es war wohl zur Zeit der Maiandachten. Ein kleines Altärchen aus einer Streichholzschachtel selber gebastelt, mit einem goldenen Stückchen Stoff überdeckt. Rechts und links zwei winzige Kerzen, dahinter das kleine papierene Marienbildchen. So stand das ehrfürchtig platzierte Dingelchen auf der Kommode in der Kammer, die das Kind mit seiner Großmutter bewohnte. Die Kerzchen durften nicht angezündet werden, denn dann wären sie ja gleich weggeschmolzen und das Altärchen zerstört gewesen. Von hier aus flatterten kleine, stumme, aber inbrünstige Gebete gen Himmel.

Oder besser noch in der Kirche: Das Kind versuchte mit allen Kräften und Sinnen in Ekstase zu geraten, sich von den Weihrauchschwaden betäuben zu lassen, sich dem Gesang hinzugeben, in der weiten Kirchenhalle aufzugehen, sie ganz mit sich zu erfüllen, von ihr erfüllt zu werden. Sie versuchte es – drängender noch als vor seinem Privataltärchen – sehnsüchtig, schmelzend, zerfließend – mit Kraft und hartnäckigem Begehren. Es gelang nicht. Gott offenbarte sich ihr nicht. Da er sie nicht wollte, lehnte auch sie ihn ab. Sie wurde ungläubig – meinte sie. Doch danach im Krankenhaus, da kamen – wie gesagt – die Nächte. Da machte sie endgültig den Aufstand. Sie ganz allein gegen Gott. Allerdings nur, wenn sie allein war, wenn es niemand hörte. Da hatte sie von vornherein schon verloren. Das aber konnte sie noch nicht begreifen. Da trotzte sie wieder. Dann flehte und wimmerte sie. In sich hinein: „Warum geschieht mir so etwas. Wenn Du Gott bist! Warum? Warum? Warum gerade mir?" Offenbar war das Kind in diesen Nächten der Meinung, die Lahmlegung hätte besser anderen zustoßen sollen. Es war übrigens tatsächlich Kinderlähmung. Die Schluckimpfung kam bald danach. Aber jetzt gab es noch keine Rettung. So hatte es sie getroffen, ausgerechnet sie, sie und nicht die anderen, sie war gezeichnet worden, erschlagen, vernichtet – warum? Warum gerade sie? Sie brüllte lautlos, sie tobte und zerbrach in hilflose Scherben. Denn niemand sollte ihre Qual hören. Und wieder heulte sie und schrie, bis sie in der Wortlosigkeit verelendete, im Schrei erstickte. Sie machte Gott die gröbsten Vorwürfe. Ihm persönlich. Sie pöbelte ihn an, sie spuckte ihm vor die Füße. Als die Anwürfe und der Jammer, die Klagen, die röhrende Verzweiflung, die Auflösung in Tränen, Rotz und Schleim, das fressende Elend und die lähmende Machtlosigkeit nicht mehr zu steigern waren, gab sie den lieben Gott auf, diesmal endgültig. Sie ließ ihn einfach in Ruhe. Er sie auch.

*

Das große unfassbar helle Alleinsein. Strenge Palastmauern. Häuserreihen zum unerbittlichen Viereck gestellt, blendendes Licht, undurchdringlich. Du kannst dich nicht verstecken. Ein Schornstein dahinter, der alles überragt. Daran hält sich mit letzter Kraft ein erstarrtes Rauchwölkchen. Im Wind erfrorene Fahnen auf den Hausgiebeln. Zwei Figuren, die über den riesigen Platz wandern und lange schwarze Schlagschatten werfen. Wo ich?

Die Kröte

Das randlos schwarze Loch könnte der Eingang zu einer Höhle sein. Da sitzt sie, breit hingelagert und unbewegt. Gegenwärtig ist sie sesshaft im ungeformten Raum. Keiner hat sie kommen sehen. Ihre quellenden grüngoldenen Augen blicken groß. Überspielt vom matten Schimmer ihre dunkle Kastanienhaut. Nicht Samt, nicht Leder, pulsierendes Leben, auf dem rote und blaue Lichter schwimmen. Sie ist, was sie war und sein wird: die Mut-

tergottheit des Unfassbaren, Bedrängenden. Keine schwarze Königin, sondern die Einzige, die Göttin des Schleims und des Kots, der Samenflüssigkeit und des Blutes, das rot fließt und stockt und zu stinken beginnt. Schlimmer noch: halb getrocknetes Menstruationsblut, ranzig, schmierig, aus weiblichen Leibern geflossen.

Doch Auswürfe des Körpers sind die Opfergaben, die sie entgegennimmt – ohne Regung. Dunkle Erscheinung einer gärenden, faulenden, lösenden Unterwelt. Nur sie ist hier zu Hause. Sie nimmt den Zerfall nicht übel. Im Gegenteil. Sie beherrscht ihn. Sie ist die Schönheit. Sie ist der Trost. Sie ist.

Die weißen Rosen

Sie war eine junge Krankenpflegerin von den Barmherzigen Schwestern. Das sind die mit den großen, weißen, steifen Flügelhauben, die bei jedem Schritt nicken. Dazu freundliche, oft lachende dunkle Augen. Einfach, kräftig und zupackend. Die Blumen, die das Mädchen von seinen zahlreichen Besuchern bekam und die ihr das Liebste an diesen Besuchern waren, nahm die Schwester nach spätestens einem Tag an sich – für die Krankenhauskapelle. Das bürgerte sich so ein. Weil das Mädchen sehr jung war und verschwenderisch viele Blumen bekam, konnte es großzügig sein. Aber die weißen Rosen, ein überwältigender Strauß weißer Rosen, so kostbar, kalt und unwirklich – den wollte sie nicht hergeben. Ansonsten arrangierte sie sich mit Gott: Als sie Monate später raus war aus der Quarantäne – denn Kinderlähmung ist ansteckend – und der Pater zur Beichte angekündigt wurde, teilte sie sich mit ihrer Zimmernachbarin die Sünden – damit ihnen nicht langweilig wurde und er nicht enttäuscht war.

Aber die Kirche rächte sich an dem Mädchen in Person eines neuen Krankenhaus-Pfarrers. Er war jünger und galt als fortschrittlich. Doch er behauptete, dass man nicht grundlos zu seiner Behinderung komme. Das würde immer mit den Sünden zusammenhängen, die man begangen habe. Das Mädchen war fünfzehn und ganz sicher, dass er kapitalen Schwachsinn redete. Aber seine Sinnfindung zu ihren Ungunsten hatte sie doch tief getroffen. Sie konnte lange Zeit nicht von dem Gedanken loskommen, musste ihn immer und immer wieder empört zurückweisen, sich erregen, mit Worten wehren und mit höhnischem Lachen. Und erzählte es allen. Und alle mussten sich gemeinsam mit dem Mädchen empören und bestätigen, dass es nicht so war, nein, auf keinen Fall, was für eine Unverschämtheit, was für ein mittelalterlicher Kirchenspaß, was für ein mitleidsloses Gerede bei einer sowieso mit schwerem Schicksal geschlagenen Jugendlichen. Das war dem Mädchen auch wieder nicht recht. Denn sie war nicht arm, nicht geschlagen, nicht zu bemitleiden. Sie war stolz, schön und dieselbe, die sie immer gewesen war.

*

Sie fühlte so viel Kraft, dass sie vor Gelächter zerbarst.

*

Atmen ist Schwerarbeit.

Die Eiserne Lunge

Am Tag war es hell. In den Nächten dunkel, oder vielleicht auch hell. Wer weiß. Ihr jedenfalls bedeutete das nichts mehr. Sie lebte in sich hinein. Außer Kopf und Gesicht konnte sie nichts bewegen. Wie hätte sie also nach außen leben sollen. Nach außen greifen. Die Eiserne Lunge war eine große Tonne auf einem Untergestell, die man mit einem gewölbten Deckel öffnen konnte. In diesen länglichen, rundgeformten Sarg, ähnlich einer Jahrmarkts-Rakete oder wie das Unterwasserfahrzeug aus einem James-Bond-Film, nur nicht so windschlüpfig und schick, eher plump, da hatten sie sie hineingehoben, als sie kein Glied mehr rühren, nicht mehr atmen konnte. Dann wurde sie mit dem eisernen Deckel verschlossen. Bloß der Kopf schaute vorne heraus. Der Kopf vom Rumpf getrennt. Geköpft. Der abgetrennte Kopf auf einem Kissen, in einer Art flachen Körbchen, wie bei den Geköpften der Französischen Revolution, nur, dass sie nicht tot war, sondern nur untot. Oder vielleicht doch tot.

*

Wie ungerecht von Gott, ein Kind in die Welt zu schleudern, ihm Gaben mitzugeben, die hoffen lassen, hoffen auf eine prächtig sich entfaltende Zukunft, und sie dann mit fünfzehn in einen unbeweglichen Körper zu sperren und sich selber dabei zuschauen zu lassen.

Und wenn es Gott nicht war, dann war es die gleichgültige Natur, der man keinen Vorwurf der Benachteiligung und der Unachtsamkeit, der Untreue und der Vernachlässigung machen kann. Denn sie ist einfach und befördert oder zermalmt alles, was da ist, ohne Anlass, ohne Grund, ohne Absicht.

*

Es gibt nichts Unbarmherzigeres als eine Winterlandschaft, in der es schneit und schneit bis ans Ende der Welt und aller Zeiten. Dunkelgrau der Himmel, aschgrau die Landschaft mit eckigen oder rundgebogenen Zweigen an den Bäumen, die leblos hineinragen, hineinstarren in den grauen Brei aus Landschaft und feuchtem Dreck und schmutzigweißen Flocken, die auf den fahl wässrigen Boden fallen, ihn um Feuchtigkeit und Dreck bereichern und alles ertränken in diesem unerbittlich gleichmäßigen Flockenfall. Tauet Himmel den Gerechten. Wolken regnet ihn herab.

*

Der größere Rest ihres Körpers wurde beatmet. Mit einer genau eingestellten Frequenz. Alles sehr sachlich. Das tröstete nicht. Aber es forderte Aufmerksamkeit. Der junge Arzt, der ihr erklärte, was sie zu tun hätte, wenn er die Maschine kurz abstellen würde – atmen, fest atmen, so gut es ging. Sie atmete, obwohl es nicht ging. Sie versuchte, Luft hineinzuziehen in sich. Sie schnappte nach Luft, sie röchelte. Nach einer Minute Erstickungsübungen wurde die Maschine wieder angestellt und atmete ihre lahme Lunge zuverlässig. Gott sei Dank. Am nächsten Tag eine Minute mehr ersticken, am nächsten noch eine dazu und so weiter, bis sie nach etwa einem halben Jahr ins Bett gelegt werden konnte und tagsüber ohne Eiserne Lunge auskam. Aber das ist zu weit vorgegriffen.

Der junge Arzt gefiel ihr, und da sie mit der Übersiedlung ins Krankenhaus, in die Gruft der eisernen Lunge, ihrem Familienkindergefängnis entronnen war, konnte sie jetzt anfangen zu leben, ein neues Leben, ein wirkliches Leben, ihr eigenes Leben. War es wirklich ihr eigenes? Darüber machte sie sich damals noch keine Gedanken. Sie war herausgerissen worden aus der Familie. Für sie klang das nach „ausreißen". Wenn es nicht so gekommen wäre, wäre sie sowieso bald von daheim durchgebrannt – nirgendwohin, überallhin, nur nicht mehr umzingelt von den Eltern, der Mutter.

Als sie zwölf gewesen war und, ohne es selbst richtig wahrzunehmen, voll schüchternem erotischem Interesse einen jungen Mann angestarrt hatte, war ihr Vater mit zerschmetternden Worten über sie hergefallen. „Ah, schau sie an, wie sie Männer anglotzt, anhimmelt! Was willst du denn von den Männern? Wie dir die Augen rausfallen!" So grob, so viel Spott, so viel Hohn, so viel gemeiner Vorwurf – das war sie von ihm nicht gewohnt. Sie erstarrte und merkte es sich vorläufig lebenslang: Männer nicht anschauen, Männer nicht bemerken sollen. Dieser so massiv begonnene Sexualkundeunterricht war fortgesetzt worden. Mit Sorge, mit Angst um die Kleine. Sie sollte nicht vorzeitig ein Kind bekommen. Es gab ja die Pille noch nicht. Und außerdem war Sex etwas Übles, Ekliges, daran sollte sie immer denken. „Sie haben ein paar Minuten ihren Spaß mit dir, die Männer, und dann sind sie auf und davon", sagte ihr Vater, der selber ein Mann war und noch dazu ein zarter, mit verächtlich-wütendem Abscheu.

Jetzt also war sie überraschend entflohen aus der Familie. Sie war über Nacht erwachsen geworden, ihr eigener Herr. Ihre eigene Herrin. Sie wollte dem jungen Arzt zeigen, dass er ihr gefiel. Sie konnte es jetzt, denn sie war frei. Sie wusste damals noch nicht, dass lebenslang behinderte Menschen niemals mehr frei sind, keine Menschen sind, sie sind Patienten, bestenfalls Klienten, Objekte, Anschauungsmaterial. Wie zeigt man seine Kleinkinderliebe, wenn man schüchtern gemacht worden war, fünfzehn Jahre lang? Sie sang ihm einen sentimentalen, aber hochaktuellen Schlager vor – „Cindy, oh Cindy, dein Herz muss traurig sein ..." – und immer im Takt der Atemmaschine, die dir jeden Laut nimmt, wenn sie für dich einatmet und dir erst zu reden gestattet, wenn sie dich ausatmet. Sie sang also einen Schlager, mit Atemlücken versetzt, dessen Text sie stolz auswendig wusste. Sie hatte damals nicht begriffen, dass der Angebetete gebildet war, ein Akademiker, der Schlager verachtete, die kleine Bewegungslose in der Eisernen Lunge verachtete. Aber er interessierte sich immerhin für das Stück Treibgut, das ihm da angeschwemmt worden war. Deshalb kam er öfter ins Zimmer und betrachtete immer wieder neugierig seine Versuchsanordnung, die Reaktion des Karnickels, wohlwollend durchaus. Beispielsweise als die Eltern die Fotos von den letzten unbehinderten Ferien mitbrachten. Vom Urlaub am Strand von Caorle.

Sie hatte das Foto lange angesehen. Sie schaute es immer wieder an. Man hatte es auf ihren Wunsch an dem Spiegel befestigt, den die in der Eisernen Lunge Liegenden vor dem Gesicht hatten, damit sie ein wenig hinter sich schauen, wenigstens irgendetwas anschauen konnten. Das Foto machte sie stolz, denn sie war schön auf dem Foto, und machte sie sterbenstraurig, denn was sie jetzt von sich wahrnahm, diese Überreste ihres schönen Körpers, war, ja war – das Gegenteil: war unnennbar, behängt nur mehr mit sich ablösenden Hautfetzen einer mühsam erworbenen italienischen Sonnenbräune. Und unter der abblätternden braunen Haut war ein neues Lebewesen erschienen, hatte sich etwas Unfassbares entpuppt: Der auf dem Foto wohlgeformte Körper war formlos geworden, knochig, schlaff, mit einem Wort unkenntlich – und doch war sie es, ja, sie war es. „Ich bin auf einen Schlag alt geworden, ich werde mein Leben lang alt sein", sagte das Mädchen mit weit aufgerissenen Augen zu dem jungen Arzt und starrte ihn ungläubig an. Wie sollte sie auch jetzt schon begreifen, was ihr geschehen war. Später erst verstand sie selbst, was sie damals mit dem Satz gemeint hatte. Ihr Körper, also sie, war nicht mehr begehrenswert, ihre Haut konnte nicht mehr zu Markte getragen werden. Sie war im Zeitraffer in ein anderes Leben gerutscht. In eine andere Welt. In die Welt der Minderen, der Wertlosen.

*

Das Foto von den Ferien in Caorle zeigte eine Großaufnahme von einem jungen Mädchen, einer jungen Frau im Bikini. Ein altmodischer Bikini, aus den 50er Jahren eben. Aber das macht nichts. Denn die Kleine ist schön, hochgewachsen. Gerade Schultern, lässig hängende Arme. Wohlgeformte Beine. Gleichmäßig gebräunt, den lockigen dunklen Pferdeschwanz nach vorne über die Schulter herabhängend. Auffallend die Augen, das Gesicht. Ausdruck und Haltung einer Amazone. Ernst, trotzig, stolz, herausfordernd, abweisend – ein untrügliches Zeichen für Unsicherheit. Und älter als fünfzehn, vielleicht achtzehn oder neunzehn. Wenn sie mit dem jungen Schäferhund den Strand entlangging, oder mit ihm um den Stock stritt, den er haben wollte, mit ihm Fangen, Springen und Kasperle spielte, dann war sie ein kleines Mädchen, das außer der Großmutter nie einen Freund gehabt hatte. Aber sobald sie sich aufrichtete und ging, vor sich hin ging, dann war sie ein schönes, ernstes, verlorenes Wesen von nirgendwoher. Etliche Männer wagten es trotzdem, sie anzusprechen, neben ihr herzugehen, den langen Strand entlang. Sie schlugen ihr vor, beim Schönheitswettbewerb heute Abend mitzumachen. Sie würde gewinnen, ganz sicher, sie hätten nie ein schöneres Mädchen gesehen. Das schmeichelte ihr, machte sie verlegen, spröde, sprachlos. Sie wäre gerne in den gelben Sand versunken, sagte Nein, auch wenn sie gewollt hätte, denn da war ja immer das Damoklesschwert des Vaters: keine Männer. Du wirst bestraft, wenn du dich mit ihnen einlässt. Bist verachtenswert, nur noch. Nicht, dass sie das geglaubt hätte, aber er war ja stets in der Nähe. Außerdem war da noch der Hund. Der schreckte ab. Er war zwar ein junger, gutmütig verspielter Schäferhund, war aber ein Schutz, nicht vor den Blicken und Worten, aber vor dem Anfassen, denn offenbar merkten die Männer nicht, dass er zwar groß, aber kindergartendumm war, und machten deshalb manchmal einen Bogen um das Mädchen und den „schwarzen Teufel", wie die Fischer ihn nannten. Sie suchte außerdem selber oft die Einsamkeit mit dem Tier, wollte mit ihm allein sein, mit sich allein sein. So schwammen sie zusammen über den türkisgrünen Fluss, dort, wo dieser beinahe schon ins Meer mündete, wo auch die Fischerboote vertäut waren. Einmal suchte sich der Hund recht ungeschickt eine Stelle aus, an der er gar nicht ans Ufer kam: zwei Taue waren so niedrig gespannt, dass er nicht darunter durchkriechen konnte, aber auch nicht oben drüber. Sie hatte das Ufer schon erreicht und war unter den paarungsgeilen Blicken der Fischer und ihren feixenden Gesichtern, Gesten und Worten aus dem Wasser gestiegen. Schnell rannte sie zu den Tauen und hob mit Mühe eines so hoch, dass der schwarze Hund sich flach machen und durchzwängen konnte. So war sie jetzt nicht nur seine Freundin und Spielgefährtin, sondern auch seine Retterin. Das erfüllte sie mit zärtlichem Stolz und noch mehr herzwarmer Verbundenheit. Und weiter ging das Spiel, sie lief davon, der Hund hinterher, holte sie ein, sie fielen geschickt-ungeschickt übereinander, balgten sich, sie spielte Hund, ging auf allen Vieren, bellte ihn an, er zog die Nase kraus, legte den Kopf schief und schaute so dumm, so dumm. Dann bellte er fröhlich und zog sich leise knurrend rückwärts aus der Affäre. Sie war – glücklich. Das erste Mal in ihrem Leben. Momente irren Glücks. Die heiße Sonne, der gleißende Sand, das Tier – so unwissend wie sie, so vollkommen hingegeben – das unendlich sich ausdehnende, atmende Wasser. Sie verlor sich darin, wurde überhell hochgeschleudert. Das Glück war ein Blitz, ein allmächtiger Augenblick.

Wollen wir wieder einmal nach Venedig?", fragten die Eltern. „Nein, ich will lieber hierbleiben", antwortete das Mädchen. Aber sie musste mit, denn sie musste immer alles gemeinsam mit den Eltern machen.

Venedig

Mit zwölf Jahren hatten die Eltern sie das erste Mal in diese Stadt mitgenommen. Damals stand das Kind verzaubert auf dem Vaporetto, dem leicht auf dem Wasser hüpfenden, wendig an der nächsten Haltestelle anlegenden kleinen Straßenbahnboot, das sich so sicher durch die Kanäle schob. „Isola San Giorgio", schrie der Schaffner, und „Murano" und dann „Torcello". Weit draußen in der diesig grauen Lagune waren sie angelangt, sie und ihre Eltern. Sie konnte nicht sprechen vor Entzücken. Durfte sich sowieso nie zu etwas äußern. Also fiel sie auch nicht auf in diesem Augenblick leuchtender Bewegtheit. Stumm berauscht ließ sie das Wunder über sich ergehen. Sie trieb in einem lautlos tobenden Gefühlsmeer und, obwohl die Lagune gleichmäßig still glitzerte so weit draußen, war sie aufgewühlt von diesem gewaltigen Andrang unfassbarer Schönheit. Dann zurück zur Piazza San Marco, wo die lärmende Menge von Touristen und Einheimischen sich in den Glanz mischte, ihn aufwirbelte. Ein amerikanisches Ehepaar hatte sich mit dem Strom der Wartenden auf das Vaporetto strudeln lassen. Jetzt wandten sie sich dem Mädchen zu: „Oh, was für ein hübsches Kind – dein Name?" Eine warme Welle von Liebenswürdigkeit überströmte das Mädchen. Durfte sie antworten – diesen fremden Leuten? Sie wurde rot und blieb stumm, peinlich sich windend in der Angst, etwas falsch zu machen, wie immer. Stumm flehend schaute sie zur Mutter hoch. „Wie heißt du?", fragte die freundliche Amerikanerin noch einmal. „Du kannst deinen Namen ruhig sagen", gestattete nun die Mutter. Verschämt nannte das Mädchen seinen Namen – viel zu spät – und wurde noch röter, denn sie wusste, dass sie blöde erscheinen musste, wenn sie so lange wartete, um etwas so Einfaches wie einen Namen zu sagen. Blöd, blöd, blöd! Und dabei war sie gar nicht blöd! Nur – wie sollte sie wissen, wann sie ihren Namen nennen durfte und wann nicht. Wenn sie etwas falsch machte, würde sie schwer bestraft werden – mit tagelangem grimmigem, vorwurfsvollem Schweigen der Mutter würde sie in Angst, Schrecken und schlechtem Gewissen gehalten werden. „Wie hübsch du bist", sagten die Amerikaner beide noch einmal. Und wieder wurde sie rot und schlug die Augen nieder. Denn sie durfte ja nicht eitel sein. Auch das war verboten. Da stiegen die Amerikaner aus. „Bye, bye", sagten sie. Und sie hätte so gerne auch „Auf Wiedersehen" gesagt. Aber vorsichtshalber lächelte sie nur verlegen – und hatte das Gefühl alles verpatzt und eine wunderbare Begegnung verfehlt zu haben. Venedig war trüb und grau geworden.

Am nächsten Tag wieder zurück in Caorle, wieder über den Fluss mit dem Hund, den leeren Strand entlang, men-

schenlos, links das gewaltige Meer, rechts ein hoher Schilf-
gürtel, der den Strand entlang mäandernd einmal näherkam
und sich wieder zurückzog. Im blassgelben, blendweißen feinen Sand, der durch die Zehen quoll, den man stampfen,
aufwirbeln konnte, sich hineinlegen, alle Körperteile einzeln
hineindrücken, sodass die Hohlform der eigenen Gestalt zu-
rückblieb, wenn man sich lachend noch einmal umdrehte
und sein Phantom sah, ausgestochen aus dem Sand wie ein
Weihnachtsplätzchen, und Hunderte von Muscheln, die das
Meer ausgespuckt hatte auf diese feinkörnige Spielwiese.
Stundenlang mit dem müd' gewordenen Hund den Strand
entlang. Oder ins Meer hinausschwimmen. Weit. Viel weiter
als die Eltern und die Strandwache es gestatteten. Aber sie
wussten es ja nicht. Allmählich wurden die Badenden zu
Spielzeugfiguren, ununterscheidbar kleines machtloses Ge-
wimmel, sogar die übermütigen Strandgeräusche wurden zu
Gemurmel, verstummten so weit draußen, unter den Füßen
noch ab und zu eine Sandbank, dann nichts mehr, nur die
Sonne brennt das Gesicht, zerbeißt, zerkaut es unmerklich.
Da stieg eine leichte Abenteuerangst in ihr hoch und sie
drehte schnell um und schwamm zurück, schwamm,
schwamm und atmete auf, als sie die erste Sandbank unter
den Füßen spürte. Niemand hatte bemerkt, dass sie so weit
hinausgeschwommen war. Niemand. Das war ein Zugewinn,
da war wieder etwas von dem, was sie für sich allein hatte,
ganz für sich alleine. So sammelte sie das Wenige, das ihres
war. Nur der Hund erwartete sie freudig bellend am Strand
und sprang auffordernd mit allen vier Beinen gleichzeitig in
die Luft, setzte sich bei der Landung ungeschickt auf sein
schmales Hinterteil, legte den Kopf schief und sprang wieder
hoch, um das unendliche Spiel weiterzutreiben, weiter und
immer weiter. So auch sie. Ganz sie und ganz verloren.

Wollte sie wirklich so alleine sein? Nein. Sie wollte es nicht. Da war ein Feuerwerk angekündigt, an der großen Mole von Caorle. Da durfte sie hingehen mit der Großmutter, die sie liebte, spät abends um zehn Uhr noch. Da war ein Junge, ein Jahr älter als sie. Er Gymnasiast. Sie Klosterschülerin. Er wohnte in der Nähe ihrer Schule. Wollte sie, zurück in München, einmal nach der Schule treffen. Ach. Jetzt begann es, das Feuerwerk. Aber die bunten Garben, der Farbregen, die leuchtenden Sprühsterne – all das war nicht wichtig, war nur Vorwand. Er hatte den Arm um ihre Schultern gelegt, was ihr einen angenehm kitzelnden, wohligen Schauer verursachte und sie schrie bei jedem Raketenknall ein wenig erschrocken, aber reizend erschrocken auf, obwohl sie gar nicht erschrocken, überhaupt nicht schreckhaft, eher mutig war. Aber immer, wenn sie leise schrie, so wie Frauen das eben machen, zog er sie männlich an seine Schulter und ihre Wange streifte kurz an seiner Wange. Was den kleinen wonnigen Schauer noch ein wenig verstärkte. Woher wusste das Mädchen, dass man das so macht, dass man sich bei Männern immer kleiner macht, damit sie sich größer fühlen und einen beschützen können und mögen? Wer hatte sie das gelehrt? Es machte die Sache peinlich, mühselig, unsicher – aber sie hielt es für unumgänglich, denn sie wollte nicht auf diese Erregung verzichten. Warum aber war sie nicht so, wie sie war, warum dieses Sich-angenehm-machen, Sich-herunterspielen, dieses vorauseilende Anschmiegen? Hätte er sie sonst stehen lassen?

Einige Tage danach fuhren sie nach Hause. Nach München. Sie machten noch einen Tag und eine Nacht Halt am Kalterer See. Es war ein Aufschub. Mit dem Vater, den sie schüchtern liebte, obwohl er ihr die herzklopfende Unschuld erster Liebeserlebnisse genommen hatte, kletterte sie durch die grüngoldenen Laubwälder hinauf zur Burgruine. Zwischen den halb zerbrochenen Fenstern sitzen und hinunterschauen auf das leicht zitternde, Sonne schluckende Grün, auf den kleinen See. Wie majestätisch grellfahl war das Meer gewesen. Wie zauberisch war dieser See. Grün, kühl grün, mit einem warmen bräunlichen Schimmer auf der Oberfläche des Wasserspiegels. Ein Hauch Lila darüber, denn es wurde langsam Abend, ein inniger Spätsommerabend, der alles in sanft schmelzende Wärme hüllte. Im leise zischelnden, schwatzenden Grün der Bäume, dieser stille See. Glatt, sirenengrün. Vielleicht war es die Kröte, die sich an goldgrünen Tagen mit ihrem Rücken hinaufdehnt bis an die Wasseroberfläche. Die Kröte, die Allwissende. Die Trösterin.

Abends im einfachen Hotelzimmer zog sich das Mädchen aus. Sein Blick fiel unabsichtlich auf den Spiegel und blieb dort hängen. Die Brüste. Sie war beinahe erschrocken über so viel Schönheit. Keine pubertäre Eitelkeit. Sie nahm kaum wahr, dass es ihre eigenen Brüste waren. Es war ein heidnischer Schrecken, eine heidnische Freude, blitzartig erhellend. Und schon vorüber.

Eine Woche danach lag sie im Krankenhaus. Im Krankenhaus rechts der Isar. Verdacht: Polio Myelitis. Kinderlähmung. Man hatte sie verschleppt aus der häuslichen Abgeschiedenheit und zur öffentlichen Person gemacht. Jeder konnte nun in dem Zimmer, in dem sie ein Bett mit ihr belegt hatten, aus und eingehen. Ohne Grund, ohne Ankündigung, ohne anzuklopfen. Einfach so.

*

Nun begann ihr zweites Leben. Lebt man selber oder leben dich die anderen?

2. KAPITEL
Abgeschnitten von sich selbst

Die Eiserne Lunge, diese runde Tonne, diese strenge Atem-Maschine, stand auf hohen Beinen. Damit diejenigen, die sich mit ihrem Körper beschäftigten, ihn wuschen, ihn spritzten, ihn drehten, seine Ausflüsse entsorgten, damit diese hilfreichen Menschen ihren Rücken schonen konnten bei all den Verrichtungen. Die Eiserne Lunge, gut verschlossen, schnaufte laut, regelmäßig und zuverlässig. Zog die Luft ein und stieß sie lärmend wieder aus. So blieb der Brustkorb des lahmen Kindes in Bewegung. Zwang es zu atmen. Außen der Kopf. Drinnen der Körper mit Eisen umpanzert. Nicht mehr vom Kopf gesteuert. Sich selbst überlassen und dem Atemzwang. In der stählernen Intimität der Eisernen Lunge konnte sie mit der rechten Hand ihre spitze Hüfte erfühlen, und wenn sie sich anstrengte, mit dieser selben Hand auch in ihre Bauchmulde krabbeln, Zentimeter um Zentimeter. Was sie spürte, das war wohl sie. Auch die Finger der linken Hand ließen sich bewegen. Ein wenig. Aber nicht von der Stelle. Das waren ihre Spaziergänge. Ungezählte Tage und Wochen.

Irgendwann, irgendwann nach langer Einkapselung in die Sprachlosigkeit begann das Mädchen zu reden. Hilfe heischend viel und mit allen. Die Verstörung hatte sich nach innen zurückgezogen. Mit Wörtern reichte sie jetzt hinaus, heran an die anderen. Diese redeten zurück. Jetzt hatte der Ring wechselnder Menschen um sie herum einen Anhaltspunkt und war dankbar. Sie lasen ihr vor. Sie fragten, wo sie in die Schule gegangen war, erklärten ihr die Station, auf der sie lag, und wer hier arbeitete. Erzählten ihr von jungen Mädchen, die nebenan in einem großen Zimmer lagen und daneben viele junge Männer und noch ein kleineres Zimmer mit Männern, die alle nicht ganz so lahmgelegt waren wie sie, nicht in der Eisernen Lunge abgelegt. Sie, nur sie also, sie gehörte wieder nicht dazu, war die Sonderabteilung unter den Ausgesonderten. Aber sie erhielt Aufmerksamkeit. Ließ sich vom Tagesablauf auf der Station berichten. Er wurde langsam auch der ihre. Zumindest versuchte sie sich zu beteiligen. Denn sie war im richtigen Alter, nicht mehr ganz Kind, aber auch noch nicht erwachsen. Verspielt, neugierig, gierig auf Überraschungen. Vernünftig und anpassungsbereit, wenn man es von ihr verlangte – und stolz darauf.

Und da das Leben jetzt so scharf und schmerzhaft einschnitt, erreichte sie einen Grad von Wachheit wie nie zuvor. Das Überreale hatte eine Zwangsläufigkeit, die unbarmherzig, aber auch erleuchtend war.

Staunend erkundete sie die neue Welt. Eine Welt hinter dem Spiegel, von der sie nichts gewusst, noch nie gehört hatte. Deshalb war sie jetzt plötzlich so unbefangen. Vorläufig. War neugierig und wurde auch ein wenig frech. Und sie lernte. Lernte alles. Schwestern, verschieden beliebt, weltliche und die mit den weißen Flügelhauben. Dieser junge Arzt, der bald versetzt wurde. Und die schöne Gleichaltrige mit dem honigblonden langen Zopf, die auch gelähmt war, nur an den Beinen allerdings. Im Rollstuhl kam sie in das kleine Zimmer gefahren und schaute hinauf zum Kopf des Mädchens, das in der Atemtonne eingeschlossen war. Das Mädchen wartete jeden Tag darauf, dass die mit dem langen Zopf wiederkommen würde. Renate hieß sie und sprach Allgäuer Dialekt. Dadurch bekam ihre Schönheit etwas Bodenständiges, Erdiges. Und sie war bald ihre Freundin. Mitentdeckerin und Miteroberin noch anderer, damals noch ferner Welten.

Wenn es dunkel wurde, erschien die Gestalt einer Nachtschwester am kleinen Horizont des Mädchens. Sie ließ sich neben dem Kopf der Lahmgelegten nieder. Eine schwere, zerknitterte Frau, herbeigerufen extra zur Bewachung der beatmeten Nächte. Es gab wohl keine Krankheit, der sie nicht zugesehen und keinen Tod, den sie nicht begleitet hatte. Da saß sie also. Und das Mädchen redete. Redete viel damals. Denn ihre Lust am Reden wurde immer stärker. Vielleicht war das der alten Frau zu viel gewesen. Nach etlichen gleichförmigen Nächten jedenfalls, bewacht von der still neben ihr Sitzenden, abgelegt in der Gruft der Eisernen Lunge, in die das Mädchen eingefüllt worden war, um langsam zu einem steifen Skelett zu schrumpfen, um zu überleben, denn Atem ist alles, kam der leitende Arzt eines Morgens ins Zimmer gerauscht. Ob das Mädchen denn nichts gemerkt hätte? Was denn? Die Station war aufgeregt und raunte halblaut. Der Arzt brüllte. Schließlich klärte die Putzfrau sie auf: Die Hüterin ihrer Nächte hatte ihr, der Schutzbefohlenen, jeden Abend Morphium gegeben, damit diese im Rausch versank und sie selber schlafen konnte, denn sie war wohl sehr müde von all den durchwachten Stunden ihres Lebens. Jetzt herrschte finstere Entrüstung auf der Station. Die Morphiumspenderin wurde entlassen. Empörte Freunde der Eltern fragten, ob das nicht ein Fall für die Zeitung sei. Die Eltern wiegelten ab. Sie fürchteten, dass eine Skandalmeldung ihrem Kind nur schaden würde. Das Personal würde sich vielleicht an ihm rächen.

Das Mädchen aber bedauerte leidenschaftlich, dass ihr keiner etwas vom Morphium gesagt hatte. Sie hatte sich die neugierige Ahnungslosigkeit der Fünfzehnjährigen erhalten, obwohl sie doch mit einem Schlag alt geworden war: Was für eine verpasste Gelegenheit! Ein verbotenes Rauschmittel hatten sie ihr auf dem Silbertablett serviert. Welche Bevorzugung! Aber sie hatte es nicht einmal wahrgenommen. Was für ein Versäumnis! Auf der Station hatten sie dann doch gemerkt, dass das Mädchen am Morgen nicht so recht zu sich kam, lethargisch wirkte, weggetreten. Was nicht seinem inzwischen gewohnten Naturell entsprach. Das doch eher lebhaft war und ein wenig frech geworden, weil sie sich befreit fühlte von der Familie und nun fröhlich über die Stränge schlug – soweit eine Lahme in der Eisernen Atemtonne das überhaupt kann.

Und die Tonne atmete sie und atmete sie. Stupide und lebensverlängernd.

Und sie lernte. Dass vorlaute Sprüche auch honoriert werden und nicht nur bestraft, so wie daheim. Sie lernte, auf sich aufmerksam zu machen. Sie lernte, dass nichts mehr galt von dem, was zuvor gegolten hatte. Sie lernte, dass die Welt eine helle Wildnis war. Brutstätte abenteuerlicher Gedanken. Offenes Gelände für ihre gefesselten Raubzüge – die ihr sehr verwegen erschienen. Sie lernte, dass die Welt größer war als ihr Kleinmädchen-Hirn. Unermesslich, aber auch für sie gemacht. Vielleicht sogar speziell für sie. Die tote Seele erwachte aus dem Gefängnis ihrer Erziehung – und saß fest im Gefängnis ihres Körpers, der sich nicht mehr bewegen, nicht einmal mehr atmen wollte. Sie litt fassungslos – aber sie siegte und siegte und siegte. Auch über ihren Körper.

Denn irgendwann atmete sie, atmete alleine, ohne die Eiserne Lunge. Eine Minute, dann drei. Dann eine halbe Stunde. Sie forderte sich und überforderte sich. Denn einmal wurde sie blau, und schnell schalteten die herbeigeeilten Schwestern die Eiserne Lunge wieder ein. Doch das Mädchen hatte der schwerfälligen Atemtonne bereits den Kampf angesagt. War auf dem Weg. Lag jetzt schon stundenweise in einem weißen Bett neben der Eisernen Lunge.

Einmal – nach vielen, vielen Monaten – kam einer der jüngeren Ärzte zu ihr. Er rückte einen Stuhl an ihr Bett – also nicht nur ein lustlos berufsmäßiger Besuch. Das ließ sie aufhorchen. Was aber dann? Kindisch bemüht war er. Und sie doch schon eine junge Erwachsene! Er fragte nach ihren Schulerlebnissen. Was sonst kann man wohl mit einer Fünfzehnjährigen bereden, dachte sie gekränkt spöttisch. Sie erzählte, dass sie immer eine Eins im Turnen gehabt hatte. Was sonst sollte sie ihm sagen, ohne etwas preiszugeben von sich. Aber das war es, das gefundene Fressen für ihn, die Gelegenheit, die er gesucht hatte! Sie sah es an seinem plötzlich erhellten Gesicht. Ob sie wisse, dass sie in Zukunft nicht mehr turnen würde? Er schaute sie bedeutungsvoll an. Dass sie sicherlich keine Eins mehr – ausgerechnet in Turnen! –, dass sie ganz sicher keine Eins bekommen würde! Turnen – das wäre, das gäbe es in Zukunft nicht mehr für sie. Das war verlorenes Gebiet. Ein Raum, den sie nie mehr betreten würde.

Seine Worte stolperten unsicher, strauchelten schnell, wurden gegen andere ausgetauscht, umtanzten das Mädchen wie ein rohes Ei und versuchten sie doch totzuschlagen. Ja, sagte sie, das wisse sie schon. Und schaute ihn verständnislos an, denn am Turnen war sie gar nicht mehr interessiert. Sie brannte jetzt auf andere Dinge. Auf welche genau – das wusste sie noch nicht. Aber für sie hatte sich etwas getan, etwas aufgetan. Das aber konnte er nicht wissen, nicht erkennen. Er glaubte, dass sie nur das Ausmaß ihrer persönlichen Tragödie noch nicht begriffen hatte, das Unglück nicht ausgemessen. Sie würde nie mehr turnen können, wiederholte er mit dem tragischen Stottern des Boten, der die tödliche

Nachricht überbringt. Und er wiederholte es mit eiferndem Nachdruck.

„Ja", sagte sie, das wisse sie, und war verwundert darüber, dass ihm seine Hiobsbotschaft so kostbar war. Er darauf Wert legte, dass sie den Schrecken auch wirklich schluckte, kaute, sich den Magen daran verdarb. Warum ist es wichtig, dass man sein Unglück begreift? Wem nützt das? Außerdem hatte sie bereits begriffen. So viel sie konnte jedenfalls. Und sie war an der genauen Bemessung ihrer Tragödie zu diesem Zeitpunkt nicht interessiert, denn da war so viel unerhört Neues, Aufregendes: Die vielen Menschen auf der Station, die sich irgendwie mit ihr beschäftigten – das war etwas ganz anderes als ihre bisherige Kindereinsamkeit! Die großen Aufgaben, die man ihr anvertraut hatte, die sie bewältigen musste. Überleben. Und – atmen sollte sie. Atmen, atmen, atmen.

Und sie tat es. Zäh, verbissen, am Rande des Erstickens entlang, täglich, stündlich, aber mit Erfolg! Sie war erfolgreich! Sie lag jetzt doch schon etliche Stunden in einem Bett neben der Eisernen Lunge, dann halbe Tage! Sie hatte das geschafft, sie ganz allein! Sie war gefragt, konnte sich bewähren, ohne vorher die Mutter gefragt haben zu müssen. Sie war plötzlich auf sich selbst gestellt und ihre Mutter auf die Seite gedrängt, beseitigt. Sie selber war jetzt die maßgebende Instanz in ihrem Leben, die Herrscherin. Sie war auf einem Planeten gelandet, der seine eigenen Gesetze hatte und sie eine Aufgabe darin. Sie musste Land erobern. Und sie war schon aufgebrochen. Sie war die Eroberin. Sie war wichtig. Sie war jemand. Was sollte sie also mit seinem von Mitleid und Unbehagen schwangeren Blick und dem sie zermalmenden Hinweis darauf, dass ihr Leben vorbei war?

„Ja klar. Glücklicherweise ist das alte Leben vorbei", dachte sie und man sah es ihrem zufriedenen Gesicht an. Das verstand er aber nicht. Also fühlte er sich unwohl. Man hatte ihn, den mordenden Götterboten, doch ausgeschickt, um ihr den Rest zu geben – zu ihren Gunsten. Um ihr zu sagen, dass es endgültig sei. Sie sollte sich keine Illusionen machen. Leben, das normale Leben? Nie mehr. Aber sie begriff es offenkundig immer noch nicht, dachte er wohl.

„Der kapiert nicht, dass mich das alles nichts mehr angeht", dachte hingegen das Mädchen, schaute ihm verwundert in die fürsorglich kalten Augen, und sagte dann mit fröhlicher Ungeduld: „Ja, ja, ich hab' schon verstanden!"

Und sie lernte. Sie lernte, dass man nicht stehen muss, um umzufallen. Sie lernte, dass man sich verlieben kann, auch wenn man tot ist. Sie konnte die rechte Hand schon besser bewegen, und die linke Hand sowie auch den rechten Unterarm ein wenig hochheben. Manchmal. Sie lernte einen Holzstab, der in einer kleinen blauen Plastikhand endete, zu halten und sich damit an der Nase zu kratzen. Was anderes kannst du tun, wenn es dich juckt, oder sollen es die anderen tun? Willst du das? Willst du überhaupt, dass sie dir so nahekommen? Du willst es nicht, aber was willst du dagegen tun? Es war schrecklich manchmal, was sie lernte, vernichtend. Anderes wiederum war so befreiend, dass die Fetzen flogen, und ihr Kopf summte vor Glück, bis er fast zersprang!

Sie lernte, dass es möglich ist, selber etwas zu wollen. Sie lernte, dass eine Lahme keine Marionette sein muss. Sie lernte mit Wörtern zu herrschen. Und sie lernte Schach spielen. Spielte tagelang, wenn sie außerhalb der Eisernen Lunge im Bett lag. Spielte gut. Spielte besser als die lahmen Männer der Station.

Und manchmal reichte das alte Leben noch herein in ihr neues.

Die Mädchen ihrer Klasse hatten ihr einen Plattenspieler geschenkt. Was sollte man auch mit einer anfangen, deren Schicksal einen zutiefst erschreckte, die man bedauerte, von der man aber wusste, dass sie nie mehr zurückkehren würde in die tuschelnde Vertrautheit der Mädchenklasse. Sie war schon vorbei. Doch man tat so, als sei alles ganz normal, als hätte man noch eine Freundin, als hätte man sie nicht bereits zurückgelassen. Sie sammelten für einen Plattenspieler, überbrachten ihn mit den Unterschriften der ganzen Klasse, und kamen dann nie mehr wieder, vergaßen sie schnell, oder auch weniger schnell. Was hätten sie auch tun sollen? Ihr Weg war ein anderer und sie hatten ihr freudigen Herzens das geschenkt, was sie selber am meisten in glückliche Erregung versetzte: Elvis-Platten zum Plattenspieler. Das entlastete sie. Und das Kind, das keines mehr war, hörte Elvis, „Love me tender, love me sweet"!

Aber sie war mit Überleben beschäftigt. Da war kein Raum für mädchenhafte Sehnsüchte. Auch wenn sie sich manchmal verliebte. Sie musste es vertuschen, vor sich und vor den anderen. Eine solche wie sie durfte sich nicht mehr verlieben – zumindest durfte es niemand wissen. Oder vielleicht doch?

Und eines Tages stand die dunkle Direktorin ihrer von Ordensfrauen geleiteten Schule in der Tür. Die weißgesichtige Mumie im langen schwarzen Nonnenkleid betrat geräuschlos das Krankenzimmer. Nur die Falten ihres Rockes raschelten leise. Eine Erscheinung, die schon in der Schule das Blut in den Adern der Mädchen hatte gerinnen lassen, wenn sie von der Treppe hoch langsam nach unten geschwebt war. Sie hatte immer nur einen stummen Blick auf das Chaos der allen Schülerinnen gemeinsamen Garderobe geworfen, die abgestandene Kleinmädchen-Dünste ausströmte. Sonst nichts.

Und eben dieses schwarze höhere Wesen stand nun direkt im Krankenzimmer, hinter dem Kopf, der aus der Eisernen Lunge herausschaute. Das Mädchen sah sie im Spiegel, der über ihrem Gesicht angebracht war. Die Schwarze setzte sich neben den Kopf und sagte nichts. Sie saß aufrecht da, eine ungebetene Norne, und durch den Kopf des Mädchens raste der flehentliche Wunsch: „Hoffentlich geht sie bald wieder, hoffentlich geht sie sofort wieder!"

Die Mutter rettete das vor Verlegenheit zerfließende Mädchen, indem sie der Schwarzen beflissen den Leidensweg der Kleinen schilderte. Da sagte die strenge Frau: „Ich bewundere dich, mein Kind! Du bist auserwählt!"

Das Kind erstarrte. Das war Hohn, purer Hohn und Spott. Das Kind erfror. Warum verspottete sie jemand, der wissen hätte müssen, dass sie nicht weniger litt als der, den sie ans Kreuz genagelt hatten. Aber die schwarze Frau verachtete die Kleine gar nicht. Im Gegenteil: An Leidenswunder gewöhnt, hatte sie das Kind aufgenommen in ihren christlichen Kosmos – hatte ihm sogar einen der besten Plätze zugewiesen, eine Erhöhung vorgenommen, eine Heiligung. Doch dies konnte das verstörte Mädchen nicht begreifen und über lange Jahre dachte es mit Bitternis daran, dass es verhöhnt worden war, nicht wahrgenommen in seinem Leid. Erst später, als sie längst nicht mehr unter ihrem neuen Leben litt, verstand sie, dass die Nonne recht gehabt hatte: Sie war zwar nicht auserwählt, aber es war ihr Leben, ihr ein und einziges. Sie hätte kein anderes leben können, leben wollen!

Die unregelmäßigen Auftritte des dicken Paters Ansgar hingegen hatten von Anfang an etwas Anekdotisches. Alle freuten sich, wenn er – seinen Bauch wendig vor sich herschiebend – auf die Station wuselte. Er hielt sich immer nur kurz auf und machte kleine, gemütliche Witze, routiniert und ohne Gefühlsüberschwang. Als er einmal das mit lahmen Mädchen vollgestopfte Krankenzimmer betrat und die gedrückte Stimmung spürte, fragte er nicht nach den Gründen, sondern posaunte dröhnend: „Mädchen, seid froh, dass ihr Kinderlähmung habt! Denn wenn ihr nicht froh wärt, dann hättet ihr trotzdem Kinderlähmung!" Zwinkerte mit den kleinen, tief in Speck gebetteten Augen und verschwand, hoheitsvoll seinen Bauch vor sich hertragend. Dieser Satz wurde zum geflügelten Wort auf der Station und blieb es lange. So absurd wurde das Absurde, das den Lahmen passiert war, verständlich. Jedenfalls konnte man es gemeinsam belachen. Und kurze Zeit war das Leid gefangen, konnte sich nicht endlos ausdehnen, sich nicht zum Herrn aufspielen.

Manchmal kamen auch Nachbarinnen und Bekannte der Eltern an das Bett des lahmen Mädchens. Aus Mitleid oder aus Neugierde. Sie wussten nicht, was sagen zu so einem Unglück, und sie wussten nicht, was fragen. Auf die euphorische Darstellung der Mutter, die jeden Tag am Krankenbett weilte, über die Fortschritte ihrer Tochter, was sie schon alles wieder konnte und wie es vorwärtsging, ohne dass sie sich bewegte, fragte einmal eine mitleidsäuselnde Nachbarin, was sie, die Lahme, denn später einmal machen wollen würde, so als Beruf vielleicht, obwohl sie doch ein unbeweglicher Krüppel war. Das Mädchen, belästigt von so viel anmaßender Wissbegierde, sagte trotzig: Tänzerin, ja Tänzerin wolle sie werden. Daraufhin wusste die Besucherin nicht weiter und verabschiedete sich eilig. Wie kam eine Lahme dazu, ausgerechnet Tänzerin werden zu wollen? Das Mädchen wusste es. Sie, die ihre Trauer, ihr Unglück nie sich getraut hatte, hinauszuschreien, sie hätte das gerne im Tanz getan, wortlos, aber mit der Intensität eines gestählten Körpers, mit der schamlosen, schonungslosen Deutlichkeit perfekter Körperbeherrschung.

Das Mädchen war nach dem Besuch der Nachbarin begeistert von sich selbst. Das erste Mal war sie in Gegenwart der Mutter aufmüpfig gewesen. Hatte die ungebetene Besucherin gekonnt vertrieben.

*

Zeit ohne Namen und ohne Zahl.

Einmal kam ein Priester mit der letzten Ölung. Wann war das gewesen? Egal. Was galt jetzt noch die Zeit. Das Mädchen jedenfalls erschrak nicht, denn auf den Tod wäre es nicht gekommen. Den hatte sie schon hinter sich. Die anderen fürchteten ihn wohl doch. Sterbensernst war es denen. Der Priester vollführte ein leises, wisperndes Ritual mit vielen auf die Brust geschlagenen Kreuzzeichen. Dann ging er wieder. Was hätte er auch tun sollen. Danach reihten sich die Nächte wieder aneinander. Tage gab es kaum. Jedenfalls schrieben sie sich weniger ein in ihr zermartertes Hirn, ihr abgewürgtes Herz.

*

„Jeder verdient eine zweite Chance," sagte die Richterin. Aber bekommt er sie auch? Auch der, der plötzlich im Rollstuhl sitzt? Nutzt er sie? Kann er das? Oder haben die andern sie ihm ein für alle Mal vertan? Vor Gericht sind alle Menschen gleich. Vor dem Jüngsten Gericht auch?

*

Weiterleben. Heilung ausgeschlossen. Woher sollte es auch kommen, das Heil?

Wächter des Fortschritts

Je besser sie außerhalb der Eisernen Lunge atmen konnte, desto häufiger konnte sie tagsüber in einem normalen Bett liegen. Liegen und gelegentlich auch so etwas Ähnliches wie sitzen, mit drei dicken Kissen im Rücken, unbequem, atemraubend, aber anders, neu, nicht immer nur liegen. Mit der rechten schwach beweglichen Hand machte sie ungelenke Schreibversuche auf einem Blatt Papier, das man ihr millimetergerecht unter den Handballen schob. So, ja so könnte es gehen. War sie glücklich über die ersten Erfolge? Oder traurig über die unendlichen, unüberwindlichen Einschränkungen, die nie verjähren würden? Ja, sie war glücklich, so jämmerlich die mühsamen Versuche anderen erscheinen mochten, so neugeboren fühlte sich das Mädchen. Sie war glücklich und man lobte sie, was sie ebenfalls glücklich machte, denn sie war – wie gesagt – immer eine gehorsame Schülerin gewesen und war es auch jetzt wieder, im Dressurakt des frisch beginnenden Lebens.

Und nun, nachdem ihr Lebensraum nicht mehr nur aus der schweren Atemtonne bestand, sondern auch aus einem Bett in einem schmalen Einzelzimmer, stellten die Wächter ihres Fortschritts fest, dass es vorwärts, nein, sogar aufwärts ging! So begannen sie mit jener ganzkörperlichen Folter, vor der sie in der Eisernen Lunge verschont geblieben war: Gnadenlose Streckübungen, die eine junge Frau an ihr vollbrachte – unerbittlich und ohne dass das Mädchen deren Nutzen einsehen konnte. Dazu waren die Schmerzen zu groß. Das Mädchen hatte Angst vor jedem folgenden Tag, vor der Stunde, zu der die Gebieterin vernichtender Qualen bei ihr auftauchen würde und zu der sie auch pünktlich erschien, um im knappen weißen Kittel, mit frischem Eifer an den Gliedern des

Mädchens zu reißen, an Gliedern, die sich in langer Unbeweglichkeit, in der Eisernen Lunge abgelagert, zusammengezogen hatten. Die Muskeln an Armen und Beinen waren geschwunden. Die Sehnen hatten sich verkürzt, verhärtet und hielten die Glieder eng am Körper, als ob sie das Paket für immer schnüren, eisern zusammenklammern wollten, was noch übrig war. Diese Glieder nun wieder zu lockern, das galt als neue Beweglichkeit. Es war aber nur die Bewegung, die die Krankenmobilisiererin mit ihr ausführte. Sie selbst blieb Gefangene der Schwerkraft. Ausgeliefert. Sie wurde bewegt. Nur noch. Und so ihr ganzes Leben lang. Wozu brauchte sie dann diese kreischende Folter, wenn nichts anderes mehr sein würde, als bewegt zu werden? Wozu?

Langsam ging es voran, Tortur über Tortur.

„Die Patienten bekommen täglich Krankengymnastik." Der Stationsarzt führte einen Kollegen aus Belgien durch die Zimmer, in denen die Lahmen wohnten. Dann auch in ihr Zimmer. Der Kollege war beeindruckt. Er wusste ja nicht, dass man das Mädchen folterte. Und wenn er es gewusst hätte? Er hätte verständnisvoll genickt, denn er war ja ebenfalls gelernter Heilsbringer.

So wurde ihr Bein gestreckt und hochgehoben, jeden Tag einen Millimeter höher und noch mal und noch mal und noch einmal. Wozu? Dann nach außen, jeden Tag einen kleinen Millimeter nach außen, dehnen zwischen Bein und Scham, diese gottverdammte Sehne dehnen. Wozu? Sie weinte still. Die Krankenbewegerin war tüchtig. Das Mädchen zerquält. Auseinandergerissen. Bei lebendigem Leibe. Gedemütigt. In ihrer Seele bedroht, denn es war zu viel. Aber es geschah zu ihrem Besten. Sie sei eben so schrecklich versteift, oh wie versteift! Es musste sein. Sie sollte nicht weinen, sondern dankbar sein. Sie sah es ein und sah es nicht ein, war wieder eine gute Schülerin. Es war eine Vorbereitung aufs Leben. Auf die Zukunft. Auf welche Zukunft?

*

Im Vergessen versinken. Im Versinken vergehen. Komm. So komm doch, Trösterin Kröte! Warum herrschst du so willkürlich? Warum bin ich so allein?

*

Wollte das Kind sterben damals? Was sonst. Aber nein, auf keinen Fall! Leben, leben!

Auf der Schaukel – fliegen und atmen

In der Eisernen Lunge war das Gerippe, das sich langsam aus ihrem Körper herausschälte, nicht bekleidet worden. Nur bedeckt mit Laken und Tüchern. Als sie tageweise ins Krankenbett übersiedelt war, zog man dem Mädchen ein Krankenhemd an, dieses berüchtigte Kleidungsstück, das man zur Strafe trug, weil man ins Krankenhaus eingeliefert worden war. Ein Büßerhemd, gefertigt aus einem steifen, weißen Stück Stoff, zwei Ärmel dran und hinten offen, mit einem Bändchen am Hals zu befestigen. Ein Kleidungsstück, das ohne Knöpfe auskam, so wie das Totenhemd. Es war sicherlich praktisch, wenn man sich in der Lage des Mädchens befand, denn einen Rock, einen Pullover, eine Hose über diese stangenförmigen, steifen, leblosen Glieder zu zerren, wäre Quälerei gewesen. Also nie mehr normale Kleider. Nie mehr. Außerdem hätte die einzige diensthabende Krankenschwester das Anziehen auch nicht geschafft. Und darauf kam es an, auf einer Station mit zu wenig Personal.

Aber sie war stark, die junge Barmherzige Schwester mit den dunklen Augen. Sie schaffte alles. Sie bewältigte ein großes Pensum alleine, war immer da, auch an den Wochenenden. War immer fröhlich. Immer hilfreich. Und sie trug das Mädchen auf ihren starken Armen hinaus in den Flur auf das Schaukelbett. Ein Bett, das schaukelte, mit elektrischem Antrieb heftig sich bewegte – Kopfende hoch, Fußende runter, Fußende hoch, Kopfende runter – auf dem lag sie herrlich ausgebreitet, wurde raumgreifend bewegt! Das Bett hatte der Stationsarzt bestellt. Es unterstützte die Atmung, es trainierte sie. So war es angekündigt worden und so wirkte es.

Auf dem Bett schaukelnd fühlte sich das Mädchen leicht, der Atem durchströmte den Brustkorb so spielerisch, so selbstverständlich! Das Mädchen flog durch die Luft und erinnerte sich an die Schiffschaukel auf der Auer Dult. So ungefähr war das gewesen. Hoch – und der Magen sank, einen kurzen Moment blieb die Welt weit unter einem, und man selber tauchte in den Himmel – und dann wieder herunter – der Magen stieg und man sackte schwer in die Wirklichkeit zurück, aber nur, um sie gleich wieder zu verlassen, himmelwärts. Davon war der Kleinen regelmäßig schlecht geworden. Und die Mutter hatte geschimpft und nicht verstanden, dass das Mädchen immer wieder in die Schaukel wollte, in das Schiff, das steil in den Himmel fuhr. Hatte nicht verstanden, dass sie verbissen darum kämpfte, sein winziges Taschengeld für eine Runde Schiffschaukel ausgeben zu dürfen. Dafür nahm das Kind riesige Wellen von Übelkeit in Kauf, Nachmittage lang. Wie leicht war das zu ertragen, wenn man zuvor geflogen war, sich die Welt gedreht, auf den Kopf gestellt hatte, begleitet von der scheppernden Musik, die vom Autoscooter herüberdröhnte.

Auf dem Schaukelbett blieb man nüchtern, aber das Atmen war leicht, ach so leicht. Ein Spiel! Und es machte fröhlich. Wenn nur eines nicht gewesen wäre: der Transport. Transporte sind oft das Grausamste. Die Barmherzige Schwester mit den weichen braunen Augen und der gestärkten weißen Flügelhaube, die allen wohl wollte, diese Frau mit den starken Armen trug sie jeden Nachmittag zur Schaukel – einen Arm unter ihrem Rücken, einen unter den Knien – heraus aus ihrem Bett im schmalen Zimmer, über den Krankenhausflur und hinauf auf das Schaukelbett. Dabei öffnete sich hinten das Hemd, das keines war, und klaffte auseinander. Man sah das eingefallene Gesäß des Mädchens, man sah die Schamlippen zwischen ihren knöchernen Beinen. Man sah die übergroße Nacktheit, auch wenn sich gerade niemand auf dem Krankenhausflur befand, und man sah sie, wenn ein paar Patienten rauchend und Bier trinkend herumstanden und dem Transport gelangweilt oder gar nicht nachschauten.

Was ist schrecklicher, nicht beachtet oder lieblos betrachtet werden? Sie war nicht einmal mehr weibliches Fleisch. Sie war nur noch Haut, Knochen und oben ein Kopf drauf. Kinder ließ man nackt herumlaufen. Das machte nichts, denn sie waren ja noch ohne Geschlecht. Auch alte Menschen in den Heimen ließ man nackt herumlaufen. Da machte es nichts mehr aus. Die spielten schon keine Rolle mehr. So auch das Mädchen. Man entblößte es. Niemand dachte sich etwas dabei. Das Mädchen schon. Sie wurde bloßgestellt. Sie war nicht mehr vorhanden. Es gab sie nicht. Und wahrscheinlich – so dachte das Mädchen später – ist die Barmherzige immer im vollen Schwesternkleid in die Badewanne gestiegen. Denn bei diesen frommen Frauen herrschte eine strenge Verord nung von Scham und Keuschheit. Aber nicht mehr bei dem Mädchen, dem Unglückswurm, der aus Italien das Grauen mitgebracht hatte.

Hatte sich das Mädchen über diese Behandlung empört? Sich dagegen aufgelehnt? Doch, schon, tief innen. Wo sie alle Kränkungen, alle Verwundungen sammelte, schwer davon wurde. Aber der Barmherzigen konnte man deswegen nicht böse sein, die traf kein Bannstrahl. Denn die war doch so lieb, sie meinte es doch so gut! Sie rackerte sich ab. War immer bereit, zuversichtlich und zur Stelle. War die Güte selbst. Außerdem war man auf sie angewiesen. Also schwieg das Mädchen schmerzensreich. Sie schloss die Augen auf dem Transportweg und hoffte, dass keiner sie sehen würde, so lange sie die Augen zupresste. Und war niemand mehr.

Sie lernte, dass es viel mehr gab, als sie bis dahin geahnt hatte. Fremde Landschaften von zermalmender Schönheit. Ungreifbar nahe. Glänzend leere Horizonte. Für sie ausgewiesen, ohne Verkehrszeichen. Sie lernte die Gabel selber zum Mund zu führen – sie konnte wieder selber essen! Gibt es jemanden, der weiß, was das für ein Glück ist? Sie lernte, dass Menschen Bücher geschrieben hatten, von denen sie früher nie gehört hatte. Nietzsche und Kant. Wie schwierig, wie undurchdringlich sind Philosophen, wie unwiderstehlich! Ungezügelter Ehrgeiz, die Sprachdenkrätsel zu entziffern. Zornige Trauer, wenn es nicht gleich gelang. Das Buch mit den pornografischen Fotos hingegen konnte sie nicht kaufen, denn ihre Mutter wachte über ihr Taschengeld. Schade. Wenigstens theoretisch hätte sie brennend gern mehr gewusst!

Sie lernte zu verbergen, sich zu verbergen, mehr noch als sie es früher schon getan hatte: ihren Neid, ihre Scham, ihren Hass, ihre Tränen, ihre Qualen, ihre zaghaften Wünsche. Keinem konnte sie sich anvertrauen. Aber wozu auch. Sie hatte ja ihre Welt, die sich in rasendem Tempo nach allen Richtungen erweiterte. Rotviolett saugte die Trauer an ihr – in den Versen von Trakl fand sie das wieder. Novalis, lilienfein. So rätselhaft wie langweilig und fromm. Dostojewski. Zum irrewerden, diese geheimsten Geheimnisse, die man nur zu gut kannte und nicht wissen wollte.

Unerwartet klangvoll die englische Sprache, wenn der an Stöcken sich schleppende Dolmetscher aus dem Männerzimmer nebenan den anderen Lahmen und ihr auch Unterricht gab und Verse deklamierte. Sie lernte, sich immer geschmeidiger zu bewegen in diesen fremden Wörtern. Welche Lust! Und dann brachte die schöne, blondbezopfte Freundin ein Buch über expressionistische Malerei mit. Diese Bilder – sie explodierten sofort in ihrem Kopf. Ein Universum, das sie anschrie und sich ihr entgegenbäumte. Ein farbig schillernder Stern, der sich auftat, um sie einzunehmen, restlos. Ihre weit aufgerissenen Augen schluckten alles. Rasend, sich überstürzend. Sie fraß alle diese kreisenden Flammen und Wirbel in ihr Hirn hinein, bis dieses platzte. Dann begann sie von vorn zu blättern und zu fressen. Das Leben war ein ungeheurer Rausch! Sie lernte.

Wiederum irgendwann setzten Nierenkoliken ein. Diese Schmerzen waren neu für sie und alles überbordend. Der Stationsarzt erschien. Hohe Stirn, die sich allmählich zur Glatze dehnte, mit einem Saum aus blassblondem Haar, bleichblauen Augen, stets geröteter feiner Gesichtshaut. Er war nicht immer beliebt bei denen mit den gelähmten Gliedern, weil er wenig Verständnis an den Tag legte für ihre tränenden Herzen. Was hätte es auch genützt? Diesmal zeigte er Besorgnis und Mitgefühl: „Ich weiß, die Schmerzen sind mindestens so schlimm wie beim Kinderkriegen", sagte er.

Dann war es wohl angemessen, dass sie in schmerzzerstörten Nächten, an teigig sich ziehenden Tagen unter den sie überrollenden Schmerzen, den umstülpenden, zermalmenden, schließlich 21 kleine graue Nierensteine gebar. Die wanderten in ein zierliches Schächtelchen und blieben lebenslang ihr Kinderersatz. Sie hatte übrigens nie einen Kinderwunsch, wie ihn angeblich alle Frauen haben. Sie war wohl keine Frau.

Als nach einem halben Jahr jemand – das Mädchen selber konnte es ja nicht – mit einem Blick zwischen ihre Beine feststellte, dass endlich wieder Menstruationsblut floss, beglückwünschten sie die allzu vielen, denen die Neuigkeit sofort mitgeteilt worden war. Jetzt reagiere der Körper wieder normal, das sei ein gewaltiger Fortschritt! Wohin schritt sie fort, sie, die nie mehr schreiten würde und mit diesem fremden Blut zwischen ihren Beinen nichts anfangen konnte? Vorher nicht, jetzt nicht und später auch nicht.

Auf der Station, auf der das Mädchen eingeliefert worden war, lebten viele junge, gelähmte Menschen. Monatelang, jahrelang. Rehabilitationsprogramme gab es keine damals. Sie wurden medizinisch versorgt, soweit nötig, und aufbewahrt. Wofür wusste niemand.

Diese jungen Menschen mit den beschädigten, verkümmernden Gliedern flohen so oft wie möglich aus ihren vollen Zimmern, Bett neben Bett, das ihr Zuhause war, und trafen sich auf dem Krankenhausflur. Schlecht beleuchteter Vorhof aller Höllen, der nach billigem Reinigungsmittel und Essensresten roch. Wo sonst sollten sie, die Lahmen, dem Leben nachjagen? Sie spielten Karten und Schach. Sie flirteten und sie hingen aneinander, zusammengeschweißt ohne Gemeinsamkeit, waren neidisch und hinterhältig, kameradschaftlich und liebevoll, intrigant und fröhlich auch.

Und plötzlich begann das Mädchen dazuzugehören. Ein wenig zumindest. Denn irgendwann hatten sie es probiert mit ihr. Und da saß sie. Saß im Rollstuhl! Sie saß im R-o-l-l-s-t-u-h-l! Mit einem Mal war alles möglich! Da ließ sich das Mädchen ebenfalls nach draußen schieben, auf den breiten Flur, wenn jemand es aus dem Bett gehoben und hineingesetzt hatte in den Rollstuhl. Sie spielte wieder Schach, diesmal im Sitzen. Sie konnte es nicht glauben, aber es war so. Das war ein Fortschritt, der das Herz jubeln, das Hirn taumeln ließ: Auch sie, auch sie saß jetzt im Rollstuhl. Auf spitzen Sitzknochen, die nach kurzer Zeit schmerzten. Sie konnte die Position, in die man ihren Körper mühsam gebracht hatte, keinen Millimeter verändern. Aber trotzdem. Allem zum Trotz und unter Tränen: Sie, die eisenumhüllte Jungfrau, die ewig Bettlägerige, die, wenn sie die Augen geöffnet, immer nur die Zimmerdecke im Blick gehabt hatte, sie thronte auf vier Rädern! Den Blick nicht mehr nach oben, sondern nach vorne gerichtet. Was für ein Perspektivenwechsel. Was für eine schlagartige Ausdehnung in die Unendlichkeit des Raums! Die Mutter hatte ihr einen Pullover von zu Hause mitgebracht, leuchtendrot, und um die Beine wurde eine Decke gewickelt. Wer hätte gedacht, dass sie je wieder sitzen, von der Stelle bewegt werden könnte. Nicht mehr eisern ortsgebunden. Auf Rädern! Vorwärts!

Zuerst ging es immer nur in die Krankenhauskapelle, am Sonntag. Ein Ort den sie normalerweise freiwillig nie aufgesucht hätte, nie mehr Kirche. Aber was für ein Ereignis, diese Sonntagsausflüge! Dann auf Entdeckungsfahrt. Die Mutter richtete es so ein, dass sie jeden Mittag kam, das Mädchen in den Rollstuhl setzte, in den Krankenhausgarten schob zu den anderen, die da auch saßen, in der Sonne unter den schattigen Bäumen, die Kaffee tranken und Kuchen aßen, Schach spielten, scherzten, sich angifteten, Übles wünschten und taten, sich stützten, sich verachteten, beneideten, sich wohl und verlassen fühlten. Oder bei schlechtem Wetter durch die langen Gänge über ein Kanalsystem von Aufzügen und unterirdischen Gängen in den Krankenhausladen, wo es Zeitschriften und Süßigkeiten zu kaufen gab. Auch Essen brachte die Mutter mit, selbst gekochtes. Denn das Krankenhausessen war öde geworden inzwischen, es erschien ohne Würze, ohne Geschmack, wie das Leben der Insassen. Das offizielle Leben. Nicht ihr geheimes, das im Kopf! Das war von Funken sprühendem Überfluss, ein Fressen wie im Schlaraffenland!

*

Nach zwei Jahren Krankenhaus hatte sie sich wieder eingewöhnt ins Leben – wenn man diese monströs bevölkerte Inselkolonie, das Einsinken in den menschlichen Bodensatz, weit weg vom richtigen Leben – das man herbeisehnte, aber noch mehr fürchtete – wenn man dieses Krankenhausdasein so nennen kann. Sie war nicht undankbar. Es ging schon vorwärts – wohin aber?

Sie war am Ende angekommen. Und dieses Ende sollte sich nun ein Leben lang hinziehen.

Auf dem langen, bleichen Flur vor den Zimmern der Poliostation lernte sie auch, dass es, wenn man sich nach dem anderen Geschlecht sehnte, nicht wichtig war, ob man gut Schach spielte oder nicht. Ob man rauchte oder nicht. Dabei fühlte sie sich so aufregend verrucht mit der ersten Zigarette in den schwächlichen Fingern ihrer rechten Hand. Sah das denn niemand? Es genügt auch nicht, dass man hübsch ist, wenn man sich nicht bewegen kann. Das lernte sie ebenfalls.

Aber sie war fest entschlossen. Zu allem. Das Leben an sich reißen!

Wortlose Gewalt

Um feststellen zu lassen, ob ein Schub Nierensteine bereits in die Blase gerutscht war und bald austreten würde, sollte sie auf die urologische Station, zwei Stockwerke höher. „Wozu?", fragte sie. Hauptsache, die Nierensteine gehen irgendwie weg. Doch, doch – das sei nützlich! Sie, die Gehorsame, fügte sich. Es hatten ja immer die anderen gewusst, was gut für sie war. Das hatte sie in ihr neues, ihr unvergleichliches Leben mit herübergenommen. Dies und vieles andere, wie sie später begreifen sollte. Also mit dem offenen Hemd auf die Bahre gehoben und auf die Urologische gefahren, durch kalte, gleichgültige Gänge, unter Neonlichtern hindurch, ganze Alleen von bläulich glimmenden, nichts erhellenden Röhren und hinein in einen Wartesaal.

Unbestimmtes Unbehagen. Angst. Anschwellend. Was wäre, wenn sie jetzt aufs Klo müsste? Endlich. In ein Untersuchungszimmer geschoben. Warten.

„Auf den Stuhl", befahl eine leise Männerstimme, deren Besitzer sie nicht sehen konnte, da sie hinter ihr zu vernehmen war. Der Stuhl, den er gemeint hatte, stand schräg vor ihrer Bahre. Er war wie ein gynäkologischer Stuhl. Lehne leicht nach hinten gelegt, Armstützen und breite Auflagen für die Beine.

„Nein", sagte sie, da könne sie nicht liegen. Die beiden Krankenwärter hielten inne.

„Es muss aber sein", sagte die Stimme hinter ihrem Kopf, „sonst kann ich sie nicht untersuchen."

Sie hoben sie hinüber, stießen ihr Schienbein an das Eisengestell der Bahre, zerrten sie unter den Achseln und unter den Knien hoch – sie wäre ihnen beinahe aus den Händen gerutscht, denn auf so viel Unbeweglichkeit waren sie nicht gefasst gewesen – und da lag sie. Die Beine leicht gespreizt, das Hemd über den Bauch hochgeschoben, an Ober- und Unterschenkeln mit Riemen an den Stuhl fixiert. Warten. Sie fror. Dann kam die Stimme wieder. Sie gehörte einem Mann, der jetzt in ihr Gesichtsfeld trat. Ein unauffälliger Mann mit unbewegten Zügen, unbewegten Augen. Mithilfe einer Mechanik, die sie nicht sehen konnte, spreizte er ihre Beine auseinander, mehr, immer mehr. Sie schrie, „Hören Sie auf, hören Sie auf, das tut weh, das tut wahnsinnig weh. Ich bin doch versteift, versteift!"

Er sagte nichts. Und spreizte weiter. Sie schrie und heulte, Wasser rann aus den Augen, aus der Nase. Den Mund weit aufgerissen, die Augen krampfhaft zugekniffen, warf sie den Kopf hin und her und schrie. Doch sie war nicht vorhanden. Er verrichtete sein Handwerk wortlos, ruhig und gekonnt. Da stieß sie nur noch gurgelnde Schreie aus und ein hohes Heulen. Sie war das Stück Vieh, das man brandmarkte, doch eines mit Verstand, Gefühlen und Bewusstsein, glaubte sie immer noch. Als er die Beine soweit gespreizt hatte, wie es ihm nötig erschien, weiter als ihre zusammengezurrten Sehnen es zuließen, hielt er inne, und holte ein metallenes Instrument aus der Schublade. Das führte er ein. Die Öffnung, in die er eindrang, war eine andere. Doch da war kein Unterschied. Wortlose, namenlose Gewalt – zu ihrem Besten. Ein Ozean von Gewalt.

Die wundersame Zone

Zwei Frauen. Sie lassen sich sacht unter die Wasseroberfläche sinken. Von oben scheint weißglühendes Sonnenlicht auf die Fläche, die es bricht und gedämpft nach unten schickt, in ein weich umfangendes, lichtes, scheues Dämmern. Einzelne Strahlenbündel dringen noch tiefer, bis fast auf den Grund, den man nicht sehen kann, so tief ist er. Das Licht schwimmt, blinkt leise, wogt wie Algen fließend, ist dunkelgleißende Bewegung, leuchtende Verschwommenheit. Die Frauen verharren genuss-schwer in der wundersamen Zone nicht weit unter der Ober-fläche. Mit trägen Bewegungen der Beine, leicht steuernden Armen schwanken sie sanft an immer derselben Stelle. Sie sehen selber aus wie Wasserpflanzen, die schläfrig geschaukelt werden. Sonst nichts.

Und aus dem Nichts schwimmt der Schatten eines Fisches langsam näher, direkt auf sie zu. Sein Körper ist – als er sie bei-nahe erreicht hat – überscharf konturiert, schneidet wie silber-nes Metall in das formverweigernde Wasser. Eine der beiden Frauen streckt langsam die Arme aus, wartet, bis der Fisch an sie herangeglitten ist, fasst dann kräftig mit beiden Händen sei-nen Leib, dreht ihn, sodass er senkrecht zur Wasseroberfläche zeigt, drückt zu – weich und doch kräftig – und lässt ihn aus ihren Händen nach oben spritzen. Der geschmeidige Fischkör-per schießt empor, durchbricht die glitzernde Linie zwischen Meer und Himmel, beschreibt einen Bogen in der Luft und taucht wieder ein ins grell blitzende Wasser, um mit schnellen Flossenschlägen das Weite zu suchen. Da nähert sich der nächste Fisch. Wieder umfasst die Frau ihn vorsichtig mit bei-den Händen und lässt ihn kraftvoll in die Höhe schnellen. Und noch einen und noch einen, silberne Raketen, die hochschießen, in dem Moment, in dem sie die Grenze durchbrechen, Wasser,

Licht und Luft vereinigen und sich wieder auflösen in Funken,
Schuppen, Bläschen, Lichtgeflimmer. Ein nimmermüdes Spiel
mit aufsteigenden Fischpfeilen, die silberhell hochfliegen, gelb-
golden wieder eintauchen und im geheimnisgrünen Dunkel
verschwinden. Und dann wieder lange, zeitlos lange nichts,
kein Laut, nur die unsagbar langsamen, genussverzögernden,
genusssteigernden Schwimmbewegungen der Frauen.

Da formt sich aus dem Dunkel plötzlich ein ganzer Herings-
schwarm. Er nähert sich, Fischleiber dicht an dicht, nebenei-
nander, übereinander. Ein gleißender Zopf, dessen leuchtende
Flechten ineinandergleitend sich vorwärtsbewegen. Goldenes
Licht auf silbernem Schuppenfließ, atmendes Schimmern, trä-
ges Flossenschlagen. Nur ein klein wenig über den nach oben
gerichteten Gesichtern der Frauen, die fast bewegungslos unter
dem geschmeidigen Band der Fischkörper verharren, zieht der
Schwarm vorüber.

Als die eine der beiden aus der Verzauberung erwacht, wird
ihr bewusst, dass sie nicht unter Wasser atmen kann. Sie bäumt
sich in Panik nach oben, durchstößt grob die schützende Grenze
– und wird von der Sonne verbrannt. Verglüht. Asche. Nur
mehr ein Häufchen.

3. KAPITEL
Einübung in den Ungehorsam

Als das Mädchen achtzehn war, also volljährig, unreif und bedürftig, spätestens dann war es endgültig. Oder doch nicht? Hatte sie es jetzt wenigstens begriffen? Oder begriff sie das Unfassbare nur allmählich, im Lauf der Zeit, oder jede Stunde, jeden Augenblick wieder? Oder nie? Niemals? So viel hatte sie kapiert: Ihr Körper war, sie war mit den Menschen, die sich bewegen, die selbstständig laufen, sitzen und stehen konnten, nicht mehr vergleichbar. Denen war das Mädchen unterlegen, es war hintangestellt, aussortiert, denn ihr Körper hatte seine Form und fast jede Bewegung verloren. Wenn sie lag, lag sie. Wenn sie Pech hatte und sich niemand fand, der ihr helfen würde, dann würde sie ewig liegen und schließlich verfaulen. Da musste also ein anderer Mensch kommen, um sie aufzustehen. Wenn sie im Rollstuhl saß, saß sie. Es sei denn, es fand sich ebenfalls ein hilfreicher Mensch, der ihren Körper nach quälend gedehnter Sitzorgie wieder hinlegte. Ein Hampelmann war sie geworden, dem einer die Glieder biegt, wie immer er will. Immer und ewig hilflos – ein Leben lang. Aber konnte sie denn nicht sagen, nicht klarmachen, nicht durchsetzen, nicht aushalten, nicht annehmen, wann sie und was die anderen mit ihr, oder für sie machen sollten, und wie? Nicht immer, keineswegs immer. Wenn sie um etwas bat, dann kostete das Kraft, herkulische Anstrengung. Hilferuf und Entsetzensschrei in einem. Tränen rannen übers Herz und es machte müde, sterbensmüde. Sie konnte sich keinen Zentimeter bewegen, aber keiner sollte sie anfassen. Sie musste bewegt werden und spürte Abscheu davor.

Sie war antastbar geworden – und unberührbar. Verdammnis. Klumpend durch den Fleischwolf gewürgt.

*

Aber etwas Bewegung war da doch noch! Beide Hände konnte sie glücklicherweise bewegen und den rechten Unterarm auch. Unterarm angewinkelt und ausgestreckt, rauf und runter, rauf und runter. Ohne Kraft, zittrig, ungelenk. Das Glas, das sie zum Mund heben wollte, durfte nicht zu schwer sein, nicht zu groß. Also musste ihr im Lokal einer helfen beim Trinken, oder sie musste ein anderes Glas verlangen. Welche Pein, welch bodenlose Scham. Sie war gezwungen zuzugeben, dass sie behindert war, minderwertig. Welche Schande war es, behindert zu sein. Nicht einmal seinen Orangensaft selber trinken können! Wie nichtig war sie geworden. Zu den einfachsten Verrichtungen brauchte sie die helfenden Hände anderer, zu allem und allem und allem! Damit ihr Körper sich wie ein zivilisierter Körper verhielt, sich und sie erhielt, ihr ein wenig nützte, ihr körperliches Leben verschaffte. Körperleben, wo doch Körpertod war. Aber in dem toten Körper pulsierte ein Herz, rasselte schleimiger Atem. Er spürte Schmerzen, der Körper, und Wohlbehagen – wenn auch selten. So lebte sie also im Panzer aus Unbeweglichkeit.

Duftende Frucht

Und eines Tages kam er. Er trug dunkelgelocktes, mit Gel an den wohlgeformten Kopf frisiertes Haar, einen hellen, teuren Anzug, der ihn so beiläufig kleidete, als hätte er nichts gekostet. Bewegte sich mit geschmeidiger Eleganz. Langsam kam er auf sie zu. Im Moment seines Erscheinens schon war sie überwältigt. Hätte ihm gerne gefallen, liebend gerne! Hatte aber nur einen einzigen brennenden Wunsch: von ihm übersehen zu werden, nicht zu existieren! Sie hielt den Atem an, bis sie fast erstickte. Er war schon sehr nahe. Da japste sie hörbar nach Luft, blöd wie ein Fisch. Er überging es. Aus seinem markant geschnittenen Gesicht blickten herrscherliche, nachtschwarze Augen, die, obwohl er so nah war, über sie hinwegglitten, ihre sich windende Verlegenheit gar nicht sahen, ihre Person überhaupt nicht in Betracht zogen. Das Mädchen erkannte das, als sie ihm rasch ins vernichtende Antlitz blickte und ebenso rasch wieder weg. Sie wurde rot. Dafür schämte sie sich so, dass die Röte in ihrem Gesicht noch stärker glühte. Er lächelte, ein wenig höhnisch, denn er kannte seine Wirkung und sie langweilte ihn. Ihre Sucht nach Anerkennung und Liebe hatte er durchschaut. Und er hörte es, hörte, wie sie stumm darum bat, neben denen, die dazugehörten, bestehen zu dürfen. Und ließ sie es spüren. Hatte ja schon zuvor einen Schlussstrich gezogen unter sie.

Als er drängend dicht vor ihr stand, griff er in die Tasche seines Jacketts und holte einen Apfel hervor. Sein Mund lächelte. Die Gleichgültigkeit, mit der er ihr die glänzende, tiefrote Frucht zeigte, traf sie todbringend. Nachlässig drehte er sie in der Hand. Das betörende Rot verwandelte sich in giftiges Grün, das ausfloss, um sich in klebriges Rosa aufzulösen. Das ergoss sich in ihre Hirnschale, bis diese schwer und satt war und nicht mehr zu befreien. Warum zertrat der HERR jemanden, der sich schon auf dem Boden krümmte? Er streckte den Arm aus und hielt ihr die duftende Frucht dicht vors glühende Gesicht, sodass sie das Kinn krampfhaft heben musste, um den Apfel nicht zu berühren. Tränen stiegen in ihr hoch.

„Nimm ihn", befahl er.

„Nein", flüsterte sie und schüttelte heftig den Kopf, „den nehm' ich nicht."

„Nimm ihn, er gehört dir."

„Nein! Warum sollte ich?", fragte sie mit eingeschüchtertem Trotz.

„Schau doch selbst", höhnte er und blickte angewidert an ihr herunter. Sie folgte seinem Blick. Ihr Körper war, wie sie ihn nie gesehen hatte. Und doch war er, war sie es. Die Arme von müder Haut umhängt, schlaffes Gewebe. Dürre fleischerne Stangen die Beine, ein vorgewölbter Bauch, nicht mehr von Muskeln gestützt, matt, schrumpelig, verdorrt.

„Schau dich an und nimm den Apfel", zischte er leise, mit gelangweilter Ungeduld. „Nimm ihn endlich."

Sie nahm ihn. Und war ihre eigene Feindin geworden.

An den Rollstuhl gefesselt?

Wie war das früher gewesen, im fußgängerischen Leben? Damals? Hatte sie das vergessen? So rasch vergessen?

Wie war der Geschmack ihrer eigenen Haut gewesen? Wie fassten sich ihre Füße an? Was spürte sie, als sie noch im hohen Sommergras lag? Was roch sie, so nah an der Erde, zwischen den Hummeln, Ameisen, Würmern, Käfern, Heuschrecken, Mücken, zwischen all diesem sirrenden, taumelnden Getier? So nah, dieses übereinander wimmelnde Leben, das so heftig erregte und abstieß und anzog. Wie ist das, wenn man schwimmt, nackt am besten, wenn das Wasser den Körper entlang gleitet, ihn streichelt bei jeder Bewegung, ihn liebkost, ihn eng umhüllt und doch nicht hält, ihm Schwerelosigkeit einredet, schmeichelnd? Sie war abstrakt geworden. Sie saß im Rollstuhl und war mit nichts mehr auf Tuchfühlung, Hautfühlung. Ins Gras gelegt werden, das würde weh tun. Ihre Zehen waren weit weg von ihr: „Soll das heißen, meine Zehen sind nicht ich? Wo bin dann ich? Im Kopf, nur mehr in meinem Kopf?"

Sie saß im Käfig der Lahmheit, so eingeschlossen wie ausgeschlossen. War festgenagelt, wenn sie niemand bewegte, war auf den Punkt gebracht. Auf den Punkt am Ende der Existenz? Das beschränkte ihr Dasein aufs Schauen. Schmecken. Riechen. Hören. Tasten. Tasten? Nein! Anfassen konnte sie wenig, da reichte sie einfach nicht hin. Aber das, was blieb, oh ja, das war gar nicht wenig. Sie war auch keineswegs undankbar. Das war sogar sehr viel. Aber den Arm ausstrecken, fest zupacken, senkrecht stehen, aufrecht gehen, im Rhythmus des Laufens die Arme schlenkern, auf etwas zustürzen, sich hineinkrallen in ein weiches Fell, den anderen Körper umarmen, sich vornüber beugen bis das Blut in den Kopf steigt, die Schultern hochziehen, die Haare aus dem Gesicht streichen, jemanden wegdrängen, heranziehen, sich fallen lassen, wieder aufstehen, sich an der Nase kratzen und an den Schamlippen – all das existierte nicht mehr für sie.

Die Leute sagten: „Sie ist an den Rollstuhl gefesselt." Das war allerdings der übliche Schwachsinn, den sie in ihrer Sprachlosigkeit plappern, weil sie meinen, zu Fuß gehen und den Abwasch machen sei unentbehrlich für ihr Glück. Offenbar aber nur für ihres. Denn viele von ihnen gehen ebenfalls nicht zu Fuß, fahren nur Auto, sind also ans Auto gefesselt. Fassen alles an, tapsen überall herum und spüren nichts. An was sind sie gefesselt? An ihre Gespürlosigkeit. Also war sie die große Feinfühlige? Selbstüberhebung der Verachteten. Immer wieder neue Strategien entwickeln, um mit der Auslöschung leben zu können. Arroganz zum Beispiel. Sie war gelähmt, also untermenschlich? Nein, im Gegenteil, sie war besser als sie, sensibler, in Leid und Kummer geschliffenes Material – ein Edelstein. Also überlegen. Sah mehr, fühlte intensiver, hatte mehr erfahren, mehr erkannt. Sie – gegen das Heer der gedankenlos Laufenden, der fühllos Bewegten. Lange Jahre war ihre Verachtung der einzige Schutzschild vor der Verachtung der anderen, ein Schutz vor Selbsthass und Selbstekel gewesen. Später musste sie sich nicht mehr vergleichen. Sie war gleich. Sie war ich. Oft jedenfalls. Nicht herausgehoben, kein Diamant, aber näher bei sich. An den Rollstuhl gefesselt? Was für eine grandiose Erfindung, dieser Rollstuhl! Was täte ich ohne ihn!

Im Biotop der Lahmen

Es war eng geworden um sie. Und das war gut so. Etwas anderes hätte sie nicht verkraftet. Das glaubte sie jedenfalls.

Das Leben auf der Poliostation des Krankenhauses rechts der Isar und danach im Krankenhaus Schwabing, das war ihr Leben. Denn weg aus der schützenden Burg weißer Betten und kalter Neonleuchten wollte sie nicht mehr. Nie mehr. Draußen lauerten die Blicke, die sie zum Ungeheuer machten. Wieder und immer wieder. An jeder Ecke überfielen sie sie. Ein Leben im herdenfernen Zauberberg, aufgehoben, aufgegeben, das war das einzige, was blieb. Ein Ersatzleben in der zusammengepferchten Angstgemeinschaft, die dem Mädchen weismachte, dass es hier am Platz sei, angekommen, normal, einzig hier und nirgendwo sonst. Außerhalb hatte das Mädchen kein Leben. Dahinaus machte es nur Ausflüge, gelegentlich. Die waren angenehm, natürlich! Waren mehr sogar! Waren erregend, berauschend – aber erkauft mit der Angst vor den Blicken, die sie abstießen, von sich wiesen, in den Dreck zogen. Doch glücklicherweise war sie denen ja nicht auf Dauer ausgeliefert. Konnte immer wieder zurückkehren in die Schattenwelt des krankenstationären Alltags. In das Spiel vom Leben – drinnen, abgeschirmt vor den Blicken, die ihr deutlich zeigten, was für ein ungeheuerliches, zutiefst abstoßendes Insekt sie geworden war. Immer hier bleiben also, im geschützten Biotop der Lahmen. Das war ihrer jetzigen Natur angemessen. Darüber musste sie gar nicht nachdenken, nicht davon sprechen, das war so selbstverständlich wie das Leben selbst. Hier wohnten ja die, die genauso waren wie sie, behindert, beschränkt, aus der Bahn geworfen und festgesetzt. Hier rollten sie bei schönem Wetter gemeinsam in den Krankenhausgarten, flirteten, beschäftigten sich mit Intrigen, Gerüchten und mit dem Schachspiel – diesmal im Freien. Bei Regen wie immer auf dem abgestandenen Krankenhausflur. Die Lahmen waren unter sich und das Personal an sie gewöhnt, nicht erstaunt, nicht erschreckt bei ihrem Anblick. Hier fühlte sich das Mädchen gut und angenommen, so glaubte sie wenigstens.

Sie sang gerne den Schlager „Mit siebzehn fängt das Leben erst an!", denn in der elend unfreiwilligen, aber ängstlich gesuchten Abgeschiedenheit, die ihre Welt war, gab es im Nachbarbett eine geifernde Blondine, deren Lebensgefährte sich gerade abgesetzt hatte und die einen besonders laschen Bauch zur Schau trug. Unübersehbar dieser Hängebauch, nicht zu verstecken. Dagegen war das Mädchen doch wirklich schön, viel schöner, wirklich! Sie gehörte zu den Schönsten unter den Hässlichen. Das schien ihr ein Wert.

Dann war sie neunzehn. In dieser Welt des verhinderten Aufbruchs trug sie ihre langen dunklen Haare im Fasching grün gefärbt und erlebte ihren ersten Alkoholrausch. Ein paar sexuelle Erfahrungen – dieses gegenseitige Herumfingern an den gegenseitigen Geschlechtsorganen, ein zigarettenverschleimter Kuss, Handlungen ohne Lust, die sie schon während sie im Gange waren, als jämmerlich empfand, aber immerhin. Nein! Nicht immerhin. Nicht besser als gar nichts! Das hatte sie plötzlich begriffen. Anspruchsvoll wurde sie. Und wurde es immer mehr. Aber wohin mit diesem Anspruch, diesem wahnwitzigen Wollen?

Erwartungsseligkeit

Sie hatten oft Ausgang, denn sie waren ja austherapiert, wurden nur aufbewahrt. Weg aus dem Krankenhaus also, über Pfingsten mit den Eltern. Erwartungsseligkeit – eine Menge davon. Durch Apfelblüten-Täler und geneigte Narzissenwiesen den See entlang. Ankunft im Kastaniengarten des abgelegenen Wirtshauses. Ein sicheres, da einsames Paradies, wo niemand Zugriff hatte auf sie. Schwäbische Maultaschen gab es und eine handfeste Wirtin, die sie nicht bemitleidete, ihren Rollstuhl offenbar gar nicht wahrnahm, die nur meinte: „Iss Mädle, iss, damitschd was werschd. Schau, i han a schens Marmalädle für di, selba gmacht. Des sind Abrikosa von meim eigene Baum. De schenk i dir. Und komm amol wieda!"

Und wieder diese Wiesen von zärtlich überschäumender Schönheit, ein plätschernder Bach, an dessen geschweiften

Ufern sich dicke Büschel strahlend gelber, kräftiger Sumpfdotterblumen entlanghäkelten. Darüber der schwere sonntägliche Glockenton aus dem nahen Kloster.

Nach einem leuchtenden Tag am Ufer des Sees und einer stillen Übernachtung im Schutz dicker Klostermauern folgte der Morgen der Abreise. Die Eltern waren hinuntergegangen, um zu bezahlen. Sie saß allein und schaute gebannt aus dem hohen Fenster des barocken Baus, das einen allmächtigen Blick gewährte. Vor Saft schmatzende, im Rundblick sich darbietende Natur. Ausgewaschen die Landschaft vom duftenden, nächtlichen Regen. Die ausladende Fassade der nahen gelben Barockkirche von hohen Buchen flankiert. Die Enden ihrer sanft wippenden Zweige mit den zarten Blättern, die noch ganz pelzig waren oder hochglänzend, schwangen weich zu Boden. Kaskaden von Zweigen und Blättern, hinunterzitternd bis zum Gras, wehend im unverbrauchten Hauch der frühen Stunde. Dann der Blick über schwebende grüne Hügelketten, deren Farbe in der Ferne langsam ausdünnte, von der heraufsteigenden Sonne überhell beleuchtet. Wärme quoll herein. Frühe Sommerhitze. Sie saß am schweren Holztisch und schaute mit großen Augen auf dieses Panorama des Glücks.

Sie lächelte. Selbstvergessen nahm sie den Spiegel in die Hand. Blickte hinein und sah – nichts. Da war kein Gesicht. In die Seele erschreckt drehte sie den Spiegel herum. Aber auch die Rückseite gab ihr Gesicht nicht wieder, und auch nicht den gedrungenen Schrank, der doch hinter ihr an der Wand stand, gerade noch gestanden hatte. Nur die grauweiß spiegelnde Oberfläche. Sie bohrte die Augen hinein, machte eine so hektische Bewegung, dass der Spiegel klirrte, wollte es herauszerren, das Gesicht. Herausreißen! Doch da war nur die weißliche matte Fläche, die sich langsam ausbreitete. Lähmende Stille. Ein stumpfes, erstickendes Weiß.

*

Es waren die anderen. Nein. Nein, es waren nicht die anderen. Ich. Ich war mir verloren gegangen, bevor ich mich hatte finden können. Abgrund jetzt. Brüllender Abgrund.

*

Stille göttliche Kröte. Die du dasitzt und atmest. Keine Bewegung sonst. Blickloses Auge in unsichtbare Ferne gerichtet. Manchmal ist der Spiegel durchlässig für mich und ich komme zu dir, um von dir gesehen werden. Dann fühle ich mich aufgehoben. Denn am Grund deiner schlammigen Untiefe sitzt du breit hingeduckt. Belagerst sie. Füllst sie ganz aus. Bergrücken und weit gebreitete Ebenen. Schneefelder und eisige gletscherblaue Abstürze. Und darüber dein dunkelleuchtendes Bild. Königin des Unsagbaren. Des Unbenannten, nie Erblickten,- aber schmerzensreich Erfahrenen. Stürze ich auf ewig? Trösterin, Kröte – wo bist du?

Geduldetes Dasein

Viereinhalb Jahre Krankenhaus, eine Schule in Selbsthass und Selbstekel. Aber – geduldetes Dasein. Die Zeit der Euthanasie war schon vorüber in den 50er Jahren des 20. Jahrhunderts. Das Mädchen hatte erst viel später erfahren, wie nah die Gefahr noch gewesen war. Die Zeit, in der die nationale Zuchtauslese offizielles Programm war, hatte sie dank der späten Geburt gerade noch versäumt. Doch vielleicht kommt so etwas ja wieder. Abgebremst. Humaner. Von Wirtschaftlichkeit bestimmt, also unvermeidlich. Indem man die Krüppel zusammenpfercht in Heimen. Weil das billiger ist.

Aus Amerika erreichte Deutschland damals eine Hilfswelle und der Versuch, Menschen mit Kinderlähmung für normal zu erklären. Ganze Reihen von steif in den Rollstuhl Gezerrten mit ungewöhnlichen Körperformen, unförmig, als verkrüppelt abgestempelt, geisterten durch wohlmeinende Medienberichte, gründeten Vereine und versuchten krampfhaft, das Leben nachzuahmen, das die meisten für normal hielten. Und dann rollten sie los, die Armeen von Rollstuhlfahrern, die Heerscharen von Hinkenden, von Krücken- und Prothesenträgern. Sie zogen sich Bikinis über die unförmigen Glieder, auch wenn dieses Kleidungsstück sie bloßstellte, sie hinkten Modetänze, auch wenn man sie heimlich verlachte, sie gründeten Musikkapellen, auch wenn sie niemand trommeln oder geigen hörte, weil das Publikum vollauf damit beschäftigt war, auf die Verzerrung ihrer Gliedmaßen zu starren. Man nahm sie nicht als die Seinigen wahr, sondern isolierte sie, grenzte sie ein oder aus, betrachtete sie als Sonderfall, Abfallprodukt, um sie sodann umständlich wieder zu integrieren, wie das hieß. Herausgeschnitten wie Pappfiguren aus dem Ganzen klebte man sie wieder drauf, auf den bunten Bilderbogen der Gesellschaft, die gar nicht so bunt ist, wie sie vorgibt. Obwohl sie es eigentlich ist. Nur – sie will es nicht sein, will einheitlich sein, will Mustern und Vorgaben entsprechen, will uniform sein, will normiert sein, will passen und erfüllen. Will nur das enge, einfallslose Spektrum des Vollkommenen, Gewöhnlichen, Gewohnten leben. Und eben da konnten sie nicht mithalten, die Krüppel, die Ungewöhnlichen, an die man sich nie gewöhnen wird, und werden es auch nie können.

Deshalb müssen jetzt alle paar Jahre Paralympics her, die Olympischen Spiele auch für die Gegenwelt, fürs Schattenreich, für den ungeordnet hinkenden, wackelnden, schlurfenden, stolpernden Haufen derer, die dem griechischen Ideal aufs schärfste widersprechen: kein gesunder Geist in keinem gesunden Körper. Parallelwelt verkrüppelter Athleten. Von den meisten Medien ignoriert. Was einige wenige kritisieren, wodurch es doch noch zu einiger Beachtung der Krüppelspiele kommt, Afterbeachtung. Dabei ist alles genauso wie bei den albernen Olympischen Spielen der Nicht-Lahmen – ganz genau so! – bis hin zur Lunge herauskeuchenden Selbstzerstörung, bis hin zur Siegerehrung auf dem Treppchen, das sie nicht erklimmen können, bis hin zur absoluten chemischen Steigerung der sportlichen Potenz erfüllen die Krüppel brav und verkniffen, fanatisch und verbissen alle Bedingungen, alle Vorgaben, alle Vorbilder – oh, schöne heile Welt der Krüppel! – und zeigen gerade dadurch, wie wenig sie der geforderten Norm gerecht werden, wie sie nie und nimmer werden mithalten können mit dem Bild, dem Trugbild von den heilen Wettspielen der schönen Weltjugend.

*

Man hatte das Mädchen, als es schon im Rollstuhl sitzen konnte und die Eiserne Lunge nicht mehr brauchte, um atmen zu können, da hatte man sie gedrängt, doch mitzumachen. Es gäbe eine Polio-Zeitschrift in Amerika, in der alle, die eine Polioinfektion hinter sich und deren lähmende Folgen behalten hatten, Autobiographisches veröffentlichten. Sie hätten das Leben alle so beeindruckend gemeistert, wie auch sie es getan hatte. Als ob man das Leben je meistern könnte! Es meistert dich und bestenfalls überlebst du das – eine Weile. Aber das Mädchen fühlte sich geschmeichelt damals. Alle sagten, sie hätte es geschafft. Und so schrieb sie einen Bericht über sich, wie sie es ebenfalls gemeistert hatte. Aber spröde. Überheblich. Sie mochte die begeisterte Naivität nicht, mit der die anderen sich mitteilten. Dagegen schrieb sie an. Trotzdem erhielt sie einige Zuschriften aus Amerika, von solchen, die auch schon über sich berichtet hatten, positive Erfahrungen vermittelnd, verkündend und erweckend, denn sie selber waren erweckt worden. Die amerikanischen Briefe waren schlicht und es ergab sich etwas, was man Brieffreundschaft nannte. Wieso eigentlich? Das Mädchen las und war unzufrieden. Da fragte einer: „Wie viele Geschwister hast du, wie siehst du im Bikini aus – schick ein Foto, welches sind deine Hobbys? Die meinen sind Briefmarken sammeln und Musik. Ich habe fünf Brüder. Der älteste ist schon weggezogen aus unserer Stadt. Schreib mir bald."

Da schrieb sie wütend zurück, ihr Hobby sei Blumenkohl essen. Nicht dass sie etwas gegen Blumenkohl gehabt hätte, aber etwas Dümmeres, Banaleres, Provozierenderes war ihr nicht eingefallen. Die Antwort, die sie ohne Zögern erhielt, war arglos und ernsthaft: Wie schön, er esse auch gerne Blumenkohl! Das beschämte sie. Und ärgerte sie. Da brach sie den Briefwechsel ab. War sie enttäuscht? Ja. Denn sie war gierig nach Nähe und Zuwendung. Aber sie wagte nicht, danach zu verlangen. Und auch bedürftig sein wollte sie nicht.

Umfassende Freundschaft

Da aber war Freundschaft. Umfassende Freundschaft. Eine Seelenverwandtschaft, die sich nur mit der Vollkommenheit zufriedengab: Das Mädchen und Renate, die Freundin mit den honigbraunen, ihre schlanke Gestalt umhüllenden Haaren, diese schöne, bewunderte, geliebte Gleichgesinnte, ebenfalls wegen gelähmter Glieder auf der Poliostation, aber nicht so lähmend behindert wie sie, denn sie bewegte sich selbstständig im Rollstuhl, mit schlanken Armen rollte sie sich voran. Das erfüllte das Mädchen nicht mit Neid, keineswegs, denn Renate war ja ihre Freundin. Renate und sie – gegen den Rest der Welt. Beide in Rollstühlen, die man zusammengeklappt im roten VW Käfer der Eltern unterbringen konnte. Denn an den Wochenenden und Feiertagen wurden sie oft gemeinsam vom Vater des Mädchens abgeholt und mit nach Hause genommen. Und dann begann es, das unausgesetzte Fest des Wochenendes, unterbrochen immer nur von der Krankenhauswoche – Montag bis Freitag. Nur fünf Tage mussten überstanden werden, dann fuhren sie wieder los, dann kochte die Mutter wieder, was die Mädchen sich wünschten. Sie probierte viele neue Gerichte aus. Mit Ingwer, Kurkuma, Kardamom und anderen geheimnisvollen Spezereien aus „Tausend und einer Nacht". Das Mädchen staunte über dieses Wunder kulinarischer Zuneigung, denn es wäre der strengen Mutter früher nie eingefallen, nach den Wünschen des Mädchens zu fragen! Und manchmal holte die Mutter auch die Zärtlichkeit nach, die sie früher nicht vorrätig gehabt hatte, oder nicht hatte zeigen können. Das aber war dem Mädchen nicht recht. Da erstand die alte, undurchdringliche Wand. Der alte Schrecken, die Erinnerung an die Gewalt des Dressuraktes, den sie hatte überleben müssen. Doch aushalten konnte das Mädchen die neue Annäherung der Mutter – wegen der nie vorher verspürten, weichen Bereitschaft der Frau, ihrem Kind Gutes zu tun, ihr das Schwere zu erleichtern. Und das Mädchen konnte ja immer wieder zuverlässig aus der Familie fliehen, zurück ins Krankenhaus, am Sonntagabend.

Auch der Vater orientierte sich neu. Er war stets gerne ins Theater gegangen, aber jetzt begleitete er die beiden Mädchen in die Oper, in klassische Konzerte, in Kunstausstellungen, in jede Buchhandlung, in der die beiden Lahmen ihr Taschengeld verprassten. Und vieles davon gefiel auch ihm. Aber er und die Mutter taten es vor allem für das Kind. Und trotz dieser gesteigerten, alles übertünchenden, hysterisch göttlichen Dauerfestivität, in die das Mädchen sich an den Wochenenden fallen lassen konnte, in der sie schwelgte, die trösten, entschädigen, heilen hätte sollen, aber nur kurzzeitig den täglichen Höllensturz verbarg, obwohl sie von süchtig machender Großartigkeit war – eine Welt von Trauer ausschließender Herrlichkeit, ein Kosmos sich verschwenderisch öffnender Genüsse und Erkenntnisse –, trotz alledem waren die beiden Freundinnen, diese ausgehungerten Lahmen, eigentlich nicht daheim da draußen, außerhalb der sicheren Krankenstation. Fühlten es manchmal schwer auf sich lasten, dieses Draußen. Draußen vor der Tür. Die tätige Liebe und die unablässigen Bemühungen der Eltern konnten daran nichts ändern.

Die beiden Mädchen waren und blieben die Fremdlinge vom anderen Stern, die grünen Männlein mit den Glubschaugen, schleimig, unansehnlich. Antastbar, unberührbar. Jedes entsetzte Gesicht auf der Straße, jeder Passant, der ihnen nachgaffte, jede Familie – Vater, Mutter, zwei Kinder – die aus dem Autofenster hingen und fast an den Baum fuhren, weil sie das Monster im Rollstuhl anstarren mussten, nicht mehr wegschauen konnten, von dieser abartigen Loreley auf Rädern, alle die, die sich offenbar nur mit Schrecken einer solchen Missgeburt zu und rasch wieder abwenden konnten, zeigten es ihr, zeigten es beiden, immer wieder, rieben es ihnen hin. Mit der Lähmung und deren Umständen konnten die Freundinnen fertig werden, umgehen, sie tragbar finden, sie handhaben, sie wegträumen, wegreden. Damit nicht. Schutz gewährten immer nur das Krankenhaus und vorübergehend die Wohnung der Eltern – die Wohnung der Eltern und Station 5, die Station der Übriggebliebenen. Sonst war überall freie Wildbahn und sie das Freiwild, im Dschungel des immerwährenden, schrill sirrenden Ausgeliefertseins. Peinigend. Tropfen für Tropfen, Schlag auf Schlag, Schrei um Schrei.

Jeder Spaziergang am ahorngelben, herbstlich milden See eine Folter, die man überstehen können musste. Und auch der Rhododendren-Hain im Botanischen Garten – er war doch ein strahlendes Geschenk! Aber selbst die zart schimmernde, feucht warme Sinnlichkeit, die erleuchtete Farbenpracht und duftige Magie dieses Zaubergartens waren nur mit Anspannung zu überstehen. Verwandelten sich in ein Höllenparadies. Denn das Mädchen wurde durch diesen Wundergarten geschoben – geschoben! Von außen besehen saß sie aufrecht im Rollstuhl mit ihrem dunklen Pferdeschwanz und die Mutter hatte sie sorgfältig herausgeputzt, so wie damals, als sie noch ihr kleines Kind war. Das Kleid hatte das Mädchen jetzt allerdings selber ausgesucht, mit orangeroten Blüten auf weichen Stoff gedruckt, der ihren jugendlichen, lahmen Oberkörper eng umhüllte. Das war Mode damals und auch sie wollte modisch sein.

Aber es half ihr nichts. Sie blieb die abstoßend Fremde, schaute krampfhaft an den Blicken der anderen vorbei. Zog sich innerlich zusammen, schrumpfte, wurde wahrnehmungslos. Wollte unsichtbar sein und doch gesehen werden. Aber nicht so angeschaut. So nicht!

Aber dann. Wie wurde das Mädchen dann groß, klug und mächtig? Wie? Wie?

Es passierte. Es geschah einfach. So nach und nach.

*

Der Punkt, an dem du ganz schwerelos geworden bist, weil du zu viel Gewicht schleppst, alles Gewicht der Welt auf dir lastet, dieser Punkt ist ganz unten. Dort ist nichts mehr. Du hast nichts mehr, du kannst nichts mehr und vor allem: Du bist nichts mehr. Etwas hat dich hinuntergestoßen, mit leichtem Druck des überlebensgroßen Fingers dich angetippt, hat dich hinuntergedrückt, dich herabgezerrt von den Hügeln der Anerkennung, der Zuwendung, der Gemeinsamkeit, der fröhlichen Herdenteilnahme, hinab, hinab, immer weiter hinab, bis zum bodenlosen, lichtlosen, gestaltlosen Grund deiner entblößten Existenz, in den untersten Raum, den Raum ohne Eigenschaften. Und das war das Unfassbare, aber Tröstliche: Von einem solchen Ort aus kann es nur noch aufwärtsgehen. Naturgemäß. Logischerweise. Darunter ist nichts mehr. Nur noch darüber, nur im Aufsteigen erreichbar. Alles zu gewinnen und nichts mehr zu verlieren, denn alles ist über dir, alles vor dir. Alles was du tust, ist nur mehr Gewinn.

Auch die klassische Musik hatte das Mädchen inzwischen entdeckt. Renate hatte schon vor ihrem Krüppel-Dasein Klavier gespielt – ein höheres Wesen! Später wurde ein anderes Mädchen eingeliefert, dick und dunkelhaarig, das Geige spielte. Dies konnte sie jetzt immer noch, obwohl sie nun gelähmte Beine hatte. Also noch ein höheres Wesen! In den Briefen, die das Mädchen der bewunderten Überlegenen später schrieb, nannte sie die mollige Geigerin, „meine schöne Orange, mein Apfelsinchen!" So versenkte sich das geschundene Mädchen allmählich in eine Welt ästhetisch erhebender Gefühle, erfindungsreicher Gedanken, und der Hingabe an die unwiderstehlichen Reichtümer dieser Welt, oder nicht von dieser Welt.

Leben!

Es war das blanke Elend und es war ein Rausch – dieses Leben. Hingeschleudert. Zu Trümmern. Das Mädchen streng verkapselt. Trotzdem Leben, Leben. Tobendes Leben! Wasser stürzte ihr aus den Augen, rann aus der Nase. Der Mund schmerzverzerrt. Ein schluchzender Anfall, konvulsivisch in ihren neuen, engen Körper gesperrt. Krümmte ihn unbeweglich. Dieser Schmerz, diese Schönheit waren kaum auszuhalten. Du sitzt im Trauergrund angeschmiedet und das Leben zerreißt dich, zerfetzt dich! Leben! Leben!

Da gab es die vielen anderen jungen Menschen, die unterschiedlich erstarrt, unterschwellig lebensgierig auf der Station des Krankenhauses ihr ungeliebtes Dasein fristeten. Ab und zu verließ einer die Gefängnisinsel endgültig. Er hatte draußen, in der Welt der anderen, die im Allgemeinen nur gedämpft hereinschwappte, einen Strohhalm gefunden, an den er sich klammerte. Die Heirat mit einem Mädchen seines Dorfes, das er schon von der Schule her kannte, und das per Heirat mit einem Krüppel die Rolle der Dorfmärtyrerin übernahm, von allen bewundert, weil sie sich das Kreuz dieses lahmen Menschen geschultert hatte. Oder eine Berufstätigkeit, die der Lahme verzweifelt und unter vorzeitigem Verschleiß seiner mageren Kräfte auszuführen begann, hartnäckig bis zu seinem Ende. Er war ja so ein brauchbares Rädchen im Getriebe unserer Gesellschaft geworden! Zurückgekehrt in die Gemeinschaft derer, die ihn nicht wollte.

Und das Mädchen? Es weigerte sich beharrlich. Nie ausziehen aus dem vermeintlichen Schutzraum des Krankenhauses. Niemals mehr. Das stand fest. Darauf würde sie alle ihre Energie verwenden und die war grenzenlos! Aber sie entdeckte auch sich selbst allmählich, das war wichtig. Ei-

gentlich das Wichtigste. Nur das. Nur sie. Ihre Wut, ihre An-
maßung! Ihre berserkerhafte Kraft!

Sie entdeckte die freche Unbedingtheit ihrer Forderungen
und Ansprüche und – ihre Hirnlust. Die war es, die sie immer
mehr in Bann schlug. Allem sonst verweigerte sie sich. Sie
kochte über vor Wissensdrang, Ungeduld, Erkenntniswut
und Verwirrung und Verzweiflung. Nietzsche las sie, ihr
Vater hatte ihr als Kind schon einen alten roten Band geschenkt, den er im Krieg mit sich herumgeschleppt hatte –
Also sprach Zarathustra –, und den *Faust*, aus dem der Vater
bis zu seinem Tode immer wieder den Osterspaziergang zi-
tierte, dieses Stück Erweckung, an dessen Wirklichkeit er
nicht glaubte. Aber die Worte hatten auch ihn verführt. Sie las
griechische Philosophen und ackerte sich mühsam durch die
Hochbeete ihrer Gedankenwelt. Sie wand sich durch die
deutsche Romantik und verstand nicht so recht, was das sein
sollte. Nur die Märchen Brentanos, die Märchen waren klar,
betörend und lebendig. Waren einsames Leben. In der frommen Stube. In der heiligen Natur. In der tödlichen Natur. Im
duftigen Klang kunstvoller Wörter. Danach kam der „Sturm
und Drang" an die Reihe – ja, diese Wucht, diese Kraft im Untergang, die konnte sie spüren. Das Aufbäumende, Schöpfe-
rische, Zerstörende, Platzgreifende, das wurde jetzt immer
mehr das ihrige.

Zusammen mit ihrer Freundin Renate entdeckte sie beharrlich die Welt, in der Körper keine Rolle spielten. Bewegung musste ja nur im Kopf stattfinden. Das genügte. War das
einzig Bedeutsame! Denn diese Bewegung war mächtig, frei
von Erdenschwere und mit Zugriff auf alles, alles! Da gab es
viel einzusammeln für zwei emsige, ungehemmt herumstru-
delnde Eichkätzchen, die sich gierig alles anfraßen. Das
merkten die beiden bald und genossen es immer mehr. Die-

ses schrankenlose Spielfeld für Kopfvagabundinnen ließ sich ausbauen. Atemberaubend und beflügelnd – diese gewaltigen Aussichten auf leuchtende Ebenen, ungeahnte Räume, die man besetzen, berauben, brandschatzen konnte! Und so begaben sich das Mädchen und seine schöne Freundin auf eine maßlose Entdeckungsreise, auf Raubzüge, von denen sie sicher waren, sie würden ihr ganzes Leben andauern, würden sie erhöhen, auf erhabenen Wellen fortspülen, über alles hinwegtragen. Weg, weg von allen Schrecken? Oder hinein ins Zentrum? Ja, das glaubten sie.

Die Krankenhausbibliothekarin war eine willfährige Komplizin. Die froh war, dass wenigstens zwei Insassinnen ihre Schätze würdigten, sie verschlangen. So kam sie, eine unauffällige kleine Frau mit dicken Brillenaugen zweimal in der Woche mit ihrem Bücherwägelchen und lieferte schwierige Denker, Freud und die gesamte Psychoanalyse, Buddha, Laotse, Dostojewski und die übrige Literatur der Welt und auch glänzend schöne Kunstbücher! Blätterte den ganzen kostbaren Luxus hin als wäre es nichts. Und sie konnten ungehindert zugreifen. Prassen! Gemeinsam entdeckten sie die Bilder van Goghs, seine seelenverbrennenden Weizenfelder, seine aufgepflügten Blauhimmel. Gauguin und seine trägen Frauen in geschmolzener Landschaft, alle die blauen Pferde und roten Rehe, die rollenden Häuser und die gelben Mädchen am See.

Mit dem Vater des Mädchens besuchten sie – wenn sie an Wochenenden und Feiertagen wieder Ausgang von der Station hatten – jede der großen Münchner Kunstausstellungen, sammelten bunte Kunstpostkarten, bis ihre dürftigen Nachttischchen im weißen Krankenzimmer davon überquollen.

*

Und sie wagten sich immer weiter hinaus. Nach Wien. Sogar nach Italien. Vom Gardasee aus wollten sie nach Venedig fahren mit dem Vater und der Mutter. Alle vier mit zwei Rollstühlen in dem kleinen roten VW. Auch der Bungalow, in dem sie für einige Tage am See hausten, war nicht viel größer. Die Mutter jedoch entschied sich plötzlich für das Rasten am See, wollte sich genüsslich in die Sonne setzen, faul sein, sich erholen, sagte sie. Da zogen die drei alleine los, weiter nach Süden. Venedigs Biennale, die berühmte Ausstellung moderner Kunst, war der Zauberort, der für die beiden Freundinnen intellektuell und ästhetisch anspruchsvolle Genüsse bereithielt, kunstbeflissen wie sie geworden waren.

Erste Station – ein Riesenparkplatz, auf dem schon einige Autos aus München standen. Und jetzt? Jetzt auf das unberechenbar kokett schaukelnde Boot, das hier als Straßenbahn diente. So wie damals, als sie noch das schüchterne Kind war. Mit beiden Mädchen im Rollstuhl und der Vater ganz allein. Aber es ging. Denn der Vater war jung und kraftvoll und hatte Lust, alles zu ermöglichen. Seine Geschicklichkeit im Umgang mit Rollstühlen erreichte gelegentlich akrobatische Dimensionen: Den Rollstuhl nach hinten kippen, sodass die Vorderräder sich über die Schwelle heben, sie jenseits der Schwelle abstellen, dann die Hinterräder über die Schwelle und - hopp! – in Sekundenschnelle. Dann den zweiten Rollstuhl. Schon fuhr das Boot tänzelnd wieder los. Sie hatten es geschafft, ohne den schwimmenden Straßenbahnfahrplan lahmzulegen. Als das Mädchen dicht neben dem Rollstuhl der Freundin stand, ihr der Fahrtwind ins Gesicht blies, sodass sie die Augen leicht zusammenkniff, aber die Seele sich staunend öffnete, als die leichten, manchmal hüpfenden, schlingernden Wellenbewegungen sich über den Rollstuhl bis in ihren Körper fortsetzten, da war sie sicher, dass sie alles im Leben erreichen würde. Alles. Die alten gotischen Paläste zogen vorbei, sonnengrell, ochsenblutrot, oder gelb bräunlich abblätternd, das brackige Wasser, die fischigen Düfte, die schon so viele Venedig-Begeisterte beschrieben hatten. Aber was bedeutete schon Literatur in diesem Augenblick. Um sie und in ihr war pures Leben! Es war ihr Leben! Und sie war in diesem Moment eingedrungen in ein Paradies – von dem sie geglaubt hatte, es würde nur mehr den anderen gehören.

Schließlich erreichten sie den Ort der Biennale. Den Höhepunkt, den sie sich vorgestellt, sich überdimensional ausgemalt hatten. Das Eintauchen in die Kunst. Das Aufgehen im Schauen. Hier einige Bilder von ihnen unbekannten Italienern, da ein paar Stelen aus rotem Stein, gewöhnungsbedürftig, rätselhaft und da vorne – der deutsche Pavillon. Sie rollten hinein und es traf sie wie ein Schlag: Aus den Bildern des deutschen Malers Antes schauten sie ihnen entgegen, die Kopffüßler! Nichts als ein riesiger Kopf und kleine unbedeutende Beine dran, Füßchen. Archaisch, mit blickstarren Augen und monumentalen Nasen. Abbilder dessen, was sie geworden waren: der Kopf, die Kopf-Gottheit, die keine Füße braucht, um sich die Welt zu erwandern, erträumen, erfühlen, aneignen, erobern, heraustreiben, erschaffen! Da lachten sie beide, zwei beglückte Irre, von niemandem verstanden, aber erstmals – wenn auch vorübergehend – sich selbst erkennend, sie selbst geworden: Es gab sie! Sie existierten. Sie waren nicht nichts, sie waren völlig normale Kopffüßler und als solche ganz und heil und göttlich!

Und wieder hinauf auf das Straßenbahnboot mit den beiden Rollstühlen. Den ganzen Tag und viele Tage hätte das Mädchen so weitermachen mögen: Im Fahrtwind des Bootes, der ihr warm ins Gesicht wehte, die sonnenblitzende Wasseroberfläche, verwoben mit den Palästen, auf deren Fassaden dieses Wasser sich in feurigen Zeichen spiegelte, an deren Fundamente es mitleidslos und unfeierlich klatschte und anrannte, die summenden Geräusche der Schiffsmotoren und der Menschen, der Farbensog und die triumphal vorüberziehenden Schneckenformen von Santa Maria Salute, sich auflösend im Sonnenglitter, Traum und gefeierter Untergang und Lebenstaumel. Und nachdem das Mädchen weich geworden war nach vielen Stunden sie verwandelnder, durchbohrender, großzügig verwehender Schönheit, kehrten sie zurück zum riesigen, asphaltierten, vom täglichen Touristenabfall übersäten Parkplatz, zurück zur Banalität und in die stickige Luft des kleinen, von der Sonne aufgeheizten VW Käfers. Aber der Traum war nicht zerstörbar. Er hatte sich in Energie verwandelt, ein gebündelter Wille, eine klare Kraft hatte sich heraufgeschoben. Und vorwärts. Vorwärts!

Die Außenseiterin

Die Wohnung der Eltern lag im Münchner Stadtteil Giesing, im Hochparterre. Über sieben unüberwindlichen Stufen. Den Rollstuhl rückwärts nach hinten gekippt, in dieser Stellung von einem Mann gehalten, zwei andere Personen rechts und links zur Sicherheit an den Armlehnen – so ging es Stufe für Stufe hinauf oder hinunter. Immer musste man jemanden fragen, immer jemanden bitten, alle waren gutwillig, hilfsbereit, aber fragen musste man – „Ach bitte, könnten Sie?" – immer wieder fragen, lächeln, bitten. Das Auto stand gleich vor der Haustür. Wenn sie von einem Sonntagsausflug nach Hause kamen, hob der Vater das Mädchen mit einem Schwung vom Beifahrersitz hoch, einen Arm unter den

Knien, den anderen im Rücken des Mädchens und mit einer raschen Drehung in den Rollstuhl. Dabei sahen die Umstehenden die dürren, leblos baumelnden Stangenbeine des Mädchens. Das war unvermeidlich. Meistens waren Passanten oder Hausbewohner die zufälligen Zeugen dieses quälenden Transports. Das war zwar kein Grund, sich daheim zu verkriechen, aber so beschaut zu werden, war eine Qual – jedes einzelne Mal. Vor allem wenn Jugendliche im Alter des Mädchens vor der Haustür herumstanden, Jugendliche, zu deren Clique sie eigentlich, von Rechts wegen, wenn das Leben nicht so gegen sie angelaufen wäre, gehört hätte – ebenfalls gaffend, gelangweilt, den Freunden imponierend. Aber sie war jetzt die Außenseiterin, die andere, und würde es ewig bleiben. Damals trug sie noch Kleider. Es war das bunte Sommerkleid, großgeblümt, mit orangefarbenen und roten Blütenblättern. Da der Vater den Rocksaum hinten nicht richtig in die Hand bekommen hatte, wehte das Kleid nach unten. So hob er sie aus dem Auto, hielt sie hoch auf dem Arm und zeigte unfreiwillig, was unter ihrem Rock zu sehen war: Ein weißer Schlüpfer und die schlaffe Haut ihrer immer dünner werdenden Beine, wie sie am eingefallenen Hinterteil hingen. Vielleicht hätten andere, wissendere Menschen rasch wegschauen können, aber die Jugendlichen konnten es nicht. Aus Hilflosigkeit nicht und wegen jugendlicher Verwirrtheit. Da starb sie wieder einmal einen der alltäglichen Tode.

*

Sie war voller Gier. Und Liebe zu allem, Liebe, die sie irgendwo parken musste. Gleichwohl wurde ihr Realitätssinn immer schneidender und ihre Beobachtung schärfer. Und Hass und Verachtung. Mein Gott, waren die Menschen leicht zu durchschauen! Sie nicht, denn sie hatte längst begonnen, eine Mauer um sich zu errichten.

*

Und dann erschien die Neue im Krankensaal. Ein weitaus höheres Wesen noch als die beiden musizierenden Künstlerinnen Renate und Apfelsinchen. Sie kam aus einer ganz anderen, elektrisierenden Welt. Marlene hieß sie und war eine dunkelhaarige, zierliche, vollbusige Schönheit, der sich alle Männer der Station hypnotisiert zuwandten. Was das Mädchen mit Neid erfüllte, wenn es ehrlich war, aber mehr noch mit Zuneigung. Denn es war schwer für sie, endgültig von der Schönheit Abschied zu nehmen und warum sollte sie auch? Und Marlene war verlockend großäugig, weißhäutig und wohlgeformt. Mit delikat rasierten Brauen und reizvoll geschminkten roten Lippen im ovalen Gesicht. Sie ließ ihre gleichmäßigen Zähne sehen, wenn sie lachte. Und sie lachte viel und auffordernd.

Marlenes Mutter fuhr einen alten Mercedes mit Heizöl und war mit einem autohandelnden Herrn Gregorius Uposchinski verlobt. Mit ihm stritt sie sich beinahe so häufig wie mit der Tochter, die sie gelegentlich besuchte – immer in mondäner Aufmachung, zwischen Dame und Halbwelt. Marlene, nur an einem Bein leicht behindert, bekam eine Auswahl hochmodischer Pullover aus einer Schwabinger Boutique ins Krankenhaus geliefert. Sie durfte sich einen oder zwei aussuchen – und auch selber bezahlen. Denn sie hatte ihr Erbteil schon auf ihr Bankkonto überwiesen bekommen. Davon lebte sie. Warum also sollte die Mutter etwas für sie kaufen. Das einfache Mädchen mit dem kindlichen Pferdeschwanz war gefangen von diesem Gruppenbild gleißender Halbwelt. So viel Glanz würde sie nie erreichen! Sie, die sie schon viel länger einsaß, sie, dieses unerfahrene Ding, das so brav und dümmlich bieder war, und sich doch so wild und kühn vorkam. Dieses kleine, angestrengte Mädchen, das schon so viel geleistet hatte, der Eisernen Lunge entronnen war, wieder selber atmete und gerade irgendwie mühsam erwachte und sich doch schon groß glaubte, ein Riesenzwerg also, klug und viel wissend, dieses großspurige Mädchen staunte plötzlich hingerissen über solch ungeahnte Selbstverständlichkeit und Weltläufigkeit: Ein eigenes Bankkonto und ein Schneewittchenkampf mit der Mutter vor dem Spiegel – wer ist die Schönste im Land! Das war ihr noch nicht untergekommen. Des Mädchens Eltern waren ganz anders. Schlicht, aufrichtig, treu und geübt im Durchhalten. Das merkte sie jetzt. Die Welt der Marlene – am besten französisch ausgesprochen, ohne das e am Ende, so etwas hatte sie bisher nur in Romanen gelesen, im Fernsehen bewundert – diese Welt war ganz unwirklich für sie. Aber staunenswert, anbetungswürdig! Und jetzt hatten sich diese Romanfiguren plötzlich im Krankenhaus rechts der Isar eingefunden, waren greifbar geworden und spielten hier, vor den hingebungsvollen Augen des Mädchens die Seifenoper ihres aufregenden Lebens!

Und da war auch noch das Allerwichtigste, das, was der mit allen Sinnen und Fasern Lernenden einen neuen Blickwinkel bescherte: Die verführerisch schöne Marlene schimpfte deftig und irdisch über ihre Mutter, sie erzählte von deren bösen Tricks, von ihrem miesen Verhalten dem Liebhaber gegenüber, der zum Ausgleich jedoch Gleiches mit Gleichem vergalt. Sie hatte keine Angst, die Schwächen der Mutter und anderer öffentlich zu machen – lauthals. Da fiel es dem Mädchen wie Schuppen von den Augen: Auch Eltern waren Geschöpfe, die man kritisieren konnte, mit denen man sich nicht bis zur Selbstaufgabe identifizieren, die man nicht schönfärben musste. Sie staunte mit offenem Herzen, atmete auf und war ein befreiendes Stück gewachsen. Aber ihre Eltern liebte sie trotzdem. Oder doch nicht?

Liebesmahl

Rehpastete korianderbraun mit Pistaziennüssen, Kartoffelschnee im weißgeschäumten Milchrand, vom Salat die hellen, sanft gekräuselten Herzen, Zitrone und Ambra darüber, drei Tropfen. Träg-golden schwappte die Soße, als die Frau, die Mutter, sie auf den Tisch stellte. Sie holte noch die Weincreme: mürb-lila Erinnerung an die Glut des südlichen Weins. Der Mittelpunkt ihres Reiches war der Herd – und der Staubsauger, nein, doch eher der Herd.

Das lahme Kind saß in der Ecke und schaute und sah.

Von morgens bis abends raspelte die Frau, knackte, wiegte, rührte schaumig, steif und sämig, saugte und wischte Staub, machte Betten, ging einkaufen – günstig, um sein, des Gatten und Vaters Pensionärsgehalt zu sparen –, dekorierte Obstschalen, kochte Marmelade ein und reinigte den Backofen. Den ganzen Tag durchzogen wechselnde Duftschwaden die Wohnung: Die Kaffeewolke am Morgen, durchwebt mit feinem, warmen Brot- und Honigduft. Dann zunehmend würzige Nebel: leichte Salbeigerüchlein, spritzig frische Kresse, weißer Dunst von Rinderbrühe, Nelken und Wacholder in Apfelessig, der sich beim Warmwerden zu entfalten begann, dann sommersattes Kräutergewölk aus der Provence und schwerer Knoblauchglast, und schließlich der heiße Dampf von Zucker und Zimt über rahmig gequirlter Landbutter.

Und da diese Wolken ganztägig durch die Wohnung schwebten, und das jeden Tag, Jahr aus Jahr ein, ein Leben lang, hatten sich die Gerüche, die früher in lebhaftem Streit aufeinandergeprallt waren, inzwischen vereinigt und verdichtet zu einem unklaren Wirtshausgeruch, hatten sich kondensiert zu einem fetten Film – nicht unähnlich dem, der nach getanem Abwasch auf dem Spülwasser schwamm – hatten alles graubraun belegt, zäh und fettschleimig und nirgends mehr wegzuwischen.

„Lachs von der Farbe früher Aprikosen, dann Flugente auf Rosinen-Wein-Sauerkraut und danach Apfelküchlein von köstlicher Herbstsäure, in heißem Fett schwimmend und zischend golden geworden – was sagt Du?", fragte sie. „Großartig", sagte er.

„Du bist unglaublich verwöhnt", sagte sie.

„Ja", sagte er überzeugt und voll Vorfreude auf die Mittagsgenüsse.

Danach: abspülen, aufräumen, Betten überziehen, Bad putzen. Er hingegen machte seinen Nachmittagsspaziergang, der ihn zu seinem ersten Bier in immer dasselbe Wirtshaus führte, zu immer denselben Zechkumpanen, deren einfache Gespräche über Fußball und Politik ihm nicht unbedingt gefielen. Er saß einfach daneben, für sich, und manchmal hörte er zu. Sein Reich war das Bett. Nicht weil er die Freuden der Haut zu schätzen wusste. Er hatte nie erkannt, dass sie das äußerlichste und zugleich innerlichste Organ war, die Oberfläche und das Verborgene, durch Berührung Entstehende. Er schlief in seinem Bett. Ausschließlich. Er schlief alles weg, seine Nöte, seine Wünsche, auch weg von ihr und dem Kind. Er schlief sich Klarheit und Erkenntnis, oder wenigstens einen gewissen Ersatz dafür. Jedenfalls erschlief er sich Lebenserträglichkeit.

Das Essen jedoch, das sie kochte, das konnte er genießen! Nicht nur mit dem Gaumen, auch mit den Augen, der Nase, der Mundhöhle und den Schlund hinunter. Er drehte und wand seine Zunge im Sud aus Frühlingskräutern, zerquetschte langsam einen Artischockenboden am Gaumen, senkte seine Nase über die blumige Dillsoße, in der die Bratklößchen schwammen. Er wiegte die rote Glätte der reifen Tomate in der Hand, spürte, wie die gespannte Schale des Apfels unter seinem Biss auseinanderplatzte, strich voll Genugtuung über die knusprig rauen Narben des Brotlaibs, rieb vorsichtig mit der Kuppe seines Zeigefingers über die pelzige Haut der Orange.

„Was ich alles für dich tu", sagte sie beleidigt herausfordernd.

„Ja", antwortete er friedvoll. Er war zutiefst dankbar. Aber Staubsaugen hätte er nicht wollen.

„Was kochen wir morgen?", fragte er. Er sagte immer „wir", weil er gelegentlich Petersilie hackte und unablässig in die Töpfe und Pfannen schaute, somit ständig, am Vormittag jedenfalls, dem Kochvorgang beiwohnte. Auch wenn er meistens spät aufstand und erst in die Küche kam, als sie schon müde war. Heute auch. Sie war abgehetzt und unkonzentriert. Er runzelte kurz die Stirn. Die Mandelcreme köchelte leise vor sich hin. Seine Stirne glättete sich. Er nickte zufrieden. Sie zerrte das Handtuch vom Tisch und griff nach dem kleinen Porzellangefäß mit den feinblättrig geschnittenen Steinpilzen. Rotgoldene Paprikaschoten lagen daneben. Butterschmalz und perlmuttschimmernde Zwiebelringe blubberten schon in dem breiten, geschwungenen Topf – eine Schicht, darauf die Paprikaschoten und dann die Hammelkeule, bestrichen mit Honig-Lavendel, sirupdick. Sie rückte den Topf ungeduldig hin und her, die Kastanien waren immer noch nicht weich.

„Und das alles nur für dich!", sagte sie vorwurfsvoll und hatte es verführerisch sagen wollen.

„Ja", sagte er, lächelte versonnen, und das Wasser lief ihm im Mund zusammen, sodass er schlucken musste.

„Heute geht wieder alles schief", sagte sie und verbarg die panischen Augen hinter der Brille.

„Nein, nein, keine Aufregung", sagte er, „alles wird bestens." Teilnehmend betrachtete er die saftstrotzenden Paprikaschoten, wie sie im heißen Butterbad langsam schlaff wurden, sich ins Zwiebelbett schmiegten und ihren Saft ohne Widerstand mit dem der Zwiebelringe mischten.

„So ein Aufwand – wie ich ihn immer treibe!", sagte sie gereizt, Vergebung und Beifall heischend.

„Ja", sagte er und wandte seinen Blick unwillig ab von den sich wohlig im Zwiebelsaft suhlenden Paprikaschoten, deren Rot immer wärmer wurde. Sie rieb hektisch Muskat und riss mit dem Messer ein Stück Schale von der Zitrone.

„Au", schrie sie wehleidig, sie hatte sich geritzt, und drehte sich beleidigt nach ihm um.

Er verließ die Küche. Sie kochte weiter, schneller, ängstlicher. Sie kochte übrigens gut. Eigentlich kochte sie göttlich. Doch da war keine Hingabe mehr. Sie kochte aus Not und um ihr Leben.

„Es ist bald so weit", schrie sie mit schriller Stimme in den Flur, wo sie ihn vermutete. Sie war dem Weinen nahe. Doch er hatte sich – er wusste es nicht genau, aber irgendetwas verstimmte ihn und das vor einem solchen Essen! – er hatte sich deshalb in sein Bett zurückgezogen.

Als sie die weichflockigen Hirnklößchen in der Brühe mit den orangefarbenen Mohrrübenstückchen aufkochen ließ, lief das Mandelmus über.

„Wo bist Du?", schrie sie wild, „ich koche hier stundenlang für dich und du hilfst mir nicht!"

Durch das Scheppern einer Pfanne wachte er auf und kehrte quer durch das blassbraune Gespinst aus Bratenduft und Mandelhauch in die Küche zurück.

„Hilf mir doch – wenigstens ab und zu – wenn ich schon alles für dich mache!" Sie warf die zerbrechlichen Pilzscheibchen fahrig in der kleinen Schüssel durcheinander und fauchte, „Wo ist die Zitrone?"

„Saft von der Zitronenschale, Kefir, Wildfenchel …", betete er die Zutaten herunter, „hast du den Fenchel schon zerteilt?"

„Wenn du nicht wenigstens staubsaugst oder im Bad den Spiegel putzt, werde ich nie fertig!"

„Ja", sagte er ernüchtert. Er fürchtete für den feinen Geschmack der Pilze.

„Ich muss wieder einmal alles selber machen, und hinterher gehst du weg", schrie sie hasserfüllt.

„Hör auf", erwiderte er unwirsch.

„So ist es doch, du bist nie da und alles bleibt mir, das Geschirr, die ganze Arbeit, tagaus, tagein."

„Du kochst doch so gerne!"

„Ja, weil du so gerne isst!"

„Aber nicht, wenn du dich so aufregst."

„Du hast leicht reden! Dann lass das Kochen doch!"

„Aber du willst doch gut essen!"

„Ja, aber dann mach heute wenigstens keine Nachspeise."

„Sie ist schon fertig!"

„Wenn du so hysterisch bist, schmeckt mir die Nachspeise nicht."

„Du willst doch sonst immer eine!"

„Nein."

„Doch."

„Nein, heute eben nicht."

„Du bist undankbar!"

„Und du vergiftest mir den Genuss!"

„Das ist doch kein Wunder bei so viel Arbeit!"

„Keiner verlangt, dass du so viel arbeitest!"

„Dich möcht ich hören, wenn du dein Essen nicht kriegst."

„Ich will kein Essen!"

„Dich möcht ich sehen, bei Jägerschnitzel und Pommes Frites!"

„Genau das bestell ich mir – denn ich geh jetzt!"

„Nein, du gehst nicht!"

„Doch!"

„Nein!"

„Doch!"

„Nein, schau doch, was ich für dich gekocht habe: die zarte Hammelkeule, das Pilztöpfchen!"

„Ich will das nicht mehr. Ich geh."

„Bleib da, ich koch doch nur für dich!"

„Genau das will ich aber nicht."

„Was soll ich denn allein?"

„Lass mich los, ich geh jetzt."

„Bleib!"

„Nein."

„Bitte iss doch! Bleib! Bleib!"

Als er die Tür zuschlug, fiel sie tot zu Boden.

Das lahme, beinahe schon erwachsene Kind saß in der Ecke und glotzte. Das hatte es nicht gewollt.

4. KAPITEL
Griff nach der Macht

Gestern hatte jemand von der Station gesagt, dass sie alle nach Hause entlassen werden sollten. An ihrem Zustand würde sich nichts mehr ändern. Und das Krankenhaus könne sie ja nicht ewig behalten, die Krankenkasse nicht ewig bezahlen, nicht wahr? Nein, nicht wahr! Es durfte nicht wahr sein! Das Mädchen atmete verzweifelt. Stöhnte vor Entsetzen. Schlug innerlich aufheulend mit dem Schädel gegen die hohe Kopfstütze ihres Rollstuhls. Das durfte nicht sein! Damit hatte sie nicht gerechnet. Niemals! Draußen wartete nicht der Tod, aber die endgültige Vernichtung auf sie.

Dann verließ die Freundin das Krankenhaus, die geliebte Freundin Renate. Freiwillig unfreiwillig. Den Gehapparat, den sie ihr verpassen wollten, dieses Gestell aus Leder und Stahl, in das man sie hineinklemmen und darin festzurren musste, das wollte sie nicht. Eine Zumutung war das, eine Ganz-Körper-Fesselung der übelsten Art. Die Erinnerung daran ließ sie erschauern: Zwei starke Männer von der orthopädischen Werkstätte hatten sie auf dem Bett liegend hineinverkeilt. Ihr Körper und sie hatten dem nur mühsam standgehalten – unter keuchendem Unwohlsein. Dann wurde sie von den beiden aufgestellt, wie ein Roboter, „Los jetzt, Mädchen!", und sollte mit steifen, mit Eisen verschienten Beinen dahinmarschieren. Sie schaffte keinen Schritt, keinen einzigen. Der Apparat war zu schwer. Und selbst wenn sie sich in der Rüstung irgendwie hätte bewegen können, dann nur vom

Bett zum Fenster tackern und wieder zurück. Was hätte das genützt und wem? Da zog sie es vor, im Rollstuhl sitzenzubleiben und ihn mit kräftigen Armen vorwärts zu treiben, dahin, wohin sie wollte. Sie entschloss sich, das Krankenhaus und den ihr drohenden Gehapparat hinter sich zu lassen und in ihrem Heimatort eine Stelle anzunehmen als Sekretärin, ebenfalls in einem Krankenhaus. Diesmal gehörte sie zum Personal, zur herrschenden Klasse also. Außer – ja, außer wenn ihr im Winter, bei Eis und Schnee niemand half, den Rollstuhl aus dem Kofferraum ihres Autos zu heben, um vom Autositz auf den Rollstuhlsitz übersetzen zu können. Wenn sie draußen warten musste, obwohl pünktliche, regelmäßige Hilfe abgemacht war und versprochen. Da war sie wieder ausgeliefert. Ohnmächtig.

So ohnmächtig wie das hinterbliebene Mädchen. Obwohl – dieses Mädchen hatte im Krankenhaus ja rasch entdeckt, dass sie so ohne Macht gar nicht war. Sie hatte ihre Sprache und handhabe sie immer genauer, war nicht mehr das stumme Kind, wie daheim in der Familie, hatte sich die Sprache genommen, hatte frech zugegriffen und über die Wirkung dieser Sprachanmaßung gestaunt: Sie war tatsächlich gelegentlich wer! War zumindest die, die man hörte, der man manchmal zuhörte. Die Sprache war ein Schatz, ihr größter Schatz! Sie redete mit wachsender, ausufernder Lust und gegen den Tod an. Sie genoss es, wenn ihr die Sätze gelangen. Sie redete, um sich zu verteidigen. Sie redete, damit sie wahr- und manchmal ernst genommen wurde. Immer noch schüchtern gelegentlich. Sodass man glauben konnte, sie sei dumm, einfältig, begriffsstutzig. Allmählich aber gelangen ihr die Wortgewebe, die Satzläufe geschmeidiger, überraschender. Und sie verwandelte sich zusammen mit ihrer Sprache, wurde noch frecher, unverschämter und schließlich auch sicherer, schlagfertiger, ironischer, der Worte mächtiger. Blitzschnell attackierend gelegentlich. Wie Florettfechten war das. Auf keinen Fall mehr schutzlos sein, kein verfügbares, braves Trottelchen. Nein, das nie mehr! Nie mehr! Das Gegenteil würde der Fall sein künftig!

Macht. Das Mädchen litt trotz dieser wachsenden Sprachfertigkeit unter der Macht, die andere aufgrund ihrer Behinderung über sie ausübten. Sie wollte selber die Macht – um jeden Preis, schrankenlos. Aber wie, wenn man die Glieder nicht bewegen kann, sich nicht vom Fleck rühren, sich nicht selber versorgen kann, wenn man wie ein Baby gefüttert werden und nach dem Stuhlgang der Kot von anderen abgewischt werden muss? Und wenn man sich schämt deswegen. Denn dadurch erst überreichst, überlässt du ihnen die Macht. Du servierst dich ihnen auf dem Silbertablett! So und nur so gewinnen sie gegen dich, allein durch das, was sie für dich tun, das Notwendigste eigentlich nur, damit du wenigstens existieren kannst. Von Leben kann da noch gar nicht die Rede sein. Sie haben die vollkommene Macht über dich und du hasst sie zutiefst verzweifelt dafür, auch wenn sie diese Macht gar nicht erkennen, oder nicht ausspielen.

Aber dass sie so selbstverständlich die Macht besitzen, du sie ihnen zugespielt hast und gar nicht anders konntest, denn du selber hältst dich ja für minderwertig, das, ja das und nur das – mach es dir klar – erhebt sie zu Tyrannen und dich zur Verfügungsmasse, zum Nichts. Du bist hoffnungslos unterlegen. Du bist auf ewig nur ein Mehlsack, etwas, von dem man nicht weiß, ob es Verstand oder Gefühle hat. Denn du glaubst ja selber nicht, dass du ein menschliches Wesen bist.

Macht. Auch du hast Macht, und nicht nur durch deine Sprachbeherrschung. Du kannst sie dir ruhig nehmen, diese

Macht, denn sie haben einen Mechanismus eingebaut, der dich oben schwimmen lässt: Es ist ihre Moral, ihre Feigheit, oder wie immer du es nennen willst. Sie trauen sich nicht, dich verkommen, dich verrecken zu lassen. Das ist heutzutage nicht üblich – vielleicht kommt es ja wieder – aber derzeit müssen sie dich zumindest am Leben erhalten, nicht nur, weil der Richter es so anordnen und im Vernachlässigungsfall bestrafen würde, sondern weil sie den Richter in sich haben. Sie müssen dich zumindest notdürftig erhalten – dich, etwas, das lebt, auch wenn es eigentlich keinen Verstand und keine Gefühle haben kann, eben, weil es sich nicht so bewegen kann wie sie.

*

Angst und Hass sind nie gerecht.

*

Draußen vor der Tür gehalten und drinnen eingesperrt. Weggeschlossen und vorgeführt. Welches Tier würde das aushalten?

Unbekannte Liebe, unbekannter Hass

Das Mädchen hatte aufgehört zu weinen. Obwohl es lange sehr betrübt war über den Verlust der allgegenwärtigen Freundin im Nebenbett. Sie blieben in engster Verbindung, schrieben sich alles und die Freundin kam immer wieder für ein Wochenende nach München zu dem Mädchen und seinen Eltern.

Inzwischen waren sie mit der ganzen Polio-Abteilung ins Schwabinger Krankenhaus verlegt worden, ein Krankenhaus mitten in einem Garten, voll von alten Bäumen und Wiesen zwischen den einzelnen Häusern, in denen die verschiedensten Stationen untergebracht waren. Eine davon reserviert für die übrig gebliebenen Polio-Patienten, von denen niemand wusste, wohin mit ihnen. Die Polio-Kinder unter fünfzehn waren eine Etage tiefer untergebracht und bekamen Schulunterricht von ehrenamtlichen Idealisten. Das Mädchen nicht. Es gehörte eben zu den Erwachsenen auf der anderen Station. Das kränkte sie jetzt. Dabei war sie bei ihrer Einlieferung so stolz gewesen, dass man sie, die Fünfzehnjährige, zu den Erwachsenen gezählt hatte. Nur wegen der Länge ihres Körpers. Das hatte sie übersehen und es wäre ihr damals auch egal gewesen. Hauptsache erwachsen erscheinen!

Nicht nur das Krankenhaus, auch die Station hatte sich verändert seit Freundin Renate, das Apfelsinchen, Marlene und andere Freundinnen und Freunde, die ihr wichtig waren und notgemeinschaftlich vertraut, und die vielen, an die das Mädchen nur beiläufig dachte, das Krankenhaus verlassen hatten. Sie selber, die im anderen Krankenhaus Zurückgebliebene, lebte hier unbeteiligter, die Atmosphäre der Station erschien ihr unpersönlicher. Neue Patienten waren eingeliefert worden. Von denen spielte aber nur ein Junge mit dunklen Haaren eine eher kleine Rolle für sie. So fühlte sich das Mädchen mehr denn je in der Abgeschiedenheit eingemottet, obwohl es neuerdings einen Aufenthaltsraum gab. Ein großes, schwach erleuchtetes, abgestanden riechendes Zimmer mit einem Fernsehapparat und drei Tischen und zwölf Stühlen. Abends wurden sie beide, der Junge mit den dunklen Haaren und sie, in dieses Fernsehzimmer geschoben mit ihren Betten. Nebeneinander hin. Dicht. Und die Schwester, freundlich, wünschte einen guten Abend. Sie wusste, dass sich die beiden angefreundet hatten. Das Mädchen und der Junge aus dem Nachbarzimmer. So blieben also auf ihrer Station bloß der Gemeinschaftsraum und der Junge im Nebenbett. Sympathisch war er dem Mädchen schon. Aber ob sie seinen Penis anfassen wollte, jeden Abend, das wusste sie nicht. Eigentlich nicht. Er hatte eine Elvis-Presley-Locke in der Stirn und große dunkle Augen. Sie konnte sich sehen lassen mit ihm. Er hatte auch so etwas wie Zärtlichkeit in der Stimme. Das war schon angenehm, obwohl ein wenig unbeholfen. Sie reagierte peinlich berührt – und unterdrückte es. Auf dem Bildschirm lief ein Liebesdrama. Auch das war peinlich. Eine der Schwestern hatte ihr außerdem ein Buch geschenkt, in dem von der mystischen Begegnung zwischen Mann und Frau die Rede war. Was sollte da schon mystisch sein, oder gar metaphysisch? Auch das war ihr unangenehm. Ist die Annäherung von Haut zu Haut immer nur peinlich? Auf dem Bildschirm küssten sie sich. Also mussten sie in den zwei Krankenhausbetten es auch machen? Nein. Das Mädchen dachte an den hübschen italienischen Jungen, als sie vierzehn Jahre alt gewesen war und Nachmittage lang unter einem verblühenden Jasminbusch im Park gelegen hatte. Sie hatten sich geküsst. Vielleicht hatte auch nur er sie geküsst. Jedenfalls taten ihr nach einer Stunde die Lippen weh. Und steif vom unbequemen Liegen war sie auch. Das Gras duftete und der Junge hatte einen angenehmen Geruch. Sie lagen nahe beieinander, aber nicht aneinandergepresst. Da war sonst nichts. Vielleicht auch, weil sie immer auf der Hut war vor Entdeckung durch Erziehungsberechtigte, von denen sie sich stets in die Enge getrieben fühlte. Aber der Jasminbusch verbarg sie gut, und bevor die Großmutter um die Ecke des Weges bog, der durch den kleinen Park nahe der Wohnung führte, waren sie schon aufgesprungen. Sie hatte das rote Kleid glattgestreift. Zusammen traten sie auf den Weg. Der Junge verkrümelte sich so unauffällig wie möglich. Großmutters dunkle Augen waren traurig und vorwurfsvoll als sie sagte:

„Komm, die Mutter hat mich geschickt, du darfst dich doch nicht mit den Buben herumtreiben. Komm jetzt, bevor sie dich sieht."

„Ja", sagte das Mädchen bockig und trottete neben der Großmutter her, die sanfte Vorwürfe machte: Die Mutter könne sie doch erwischen und schimpfen und mit Hausarrest bedrohen – nicht mehr ins Kino, nicht mehr zur Freundin, nicht mehr alleine spazieren gehen. Aber sie verriet das Mädchen nie. Heute nicht, gestern nicht und morgen auch nicht. Denn sie war der liebste Mensch, den das Mädchen hatte. Ein Mensch, an dessen Ohrläppchen sie so gerne zupfte und lutschte. Dessen samtene Haut sie gierig betastete, streichelte. Aufessen vor Liebe! Ein Mensch, der sie verstand. Das zärtlichste aller Wesen. Unangenehm wurde es nur, wenn die weich-warme, kleine Großmutter von der großen Mutter, die ihre Tochter war und viel mächtiger als das alte Frauchen, wenn diese kaum sichtbare, hilflose Person als Erziehungsberechtigte eingesetzt wurde. Dem wagte sich die Großmutter nicht zu widersetzen. Also lief sie schweren Herzens hinter dem Mädchen her und weinte, wenn sie ihre vergötterte Enkelin mit Jungen erwischte, weil das Kind damit Gefahr lief, von ihrer Tochter, der Mutter, bestraft zu werden.

Als das Mädchen den Jungen am darauffolgenden Tag wieder traf, sagte er ihr, dass sie die schönsten Füße habe, die er je gesehen hätte. Nicht Beine, Füße. Das fand sie auch. Ihre Beine hatte er ja noch nicht richtig gesehen, da konnte er ja noch keine Aussagen machen. Wieder küssten sie sich einen

Nachmittag lang und schwitzten, denn das Wetter war erregend sommerlich. Doch den Tag darauf war er nicht mehr da. Abgereist. Zurück nach Italien.

Das erleichterte der Großmutter eine Weile die schwere Aufgabe, über die Enkelin zu wachen, damit diese nicht ein ungeplantes Kind bekommen würde. Denn in diesem Fall waren sich beide, Großmutter und Mutter, einig und gemeinsam auf der Hut. Sie selber hatten es nicht leicht gehabt mit den Früchten ihrer Liebe. Großmutters Mann – konnte man ihn ihren Geliebten nennen? – war ein Revolutionär gewesen, ein Aufständischer. Und als sie die Straßen im Münchner Stadtviertel Haidhausen durchkämmten und ihn in einem dunklen Hinterhof entdeckten, haben sie ihn an die Wand gestellt. Ein Schuss nur. Aber für seinen Tod hatte es gereicht. Und als das Kind der Großmutter, die Mutter des Mädchens, bald darauf auf die Welt kommen sollte – ein lediger Bankert – lag die Gebärende im Krankenhaus und traute sich schließlich doch – von Angst zerfressen – zu fragen, wo das Kind, ihr Kind, denn rauskommen sollte. Da sagte die Schwester: „Du wirst ja wohl wissen wie es reingekommen ist. Da kommts auch raus!" Aber eben das wusste die Großmutter nicht, denn es war alles so rasch, angstgetrieben und verwirrend gewesen. Und als ihre Tochter, die Mutter des Mädchens, Jahre später ebenfalls schwanger war, waren die Zeiten wiederum miserabel. Der Vater des Mädchens war verschollen in den über Europa ausgebreiteten Hitlerschen Gräueln. Er kam zwar wieder, aber erst einige Zeit nach der Geburt des Mädchens. Denn so lange hatte der Krieg und das Internierungslager noch gedauert. Und deshalb waren beide Frauen gewohnt, auf sich selbst gestellt zu sein, zu überleben und ihr Kind durchzubringen. Und so sagten sie es auch dem zwölfjährigen Mädchen, das sie so energisch, aber auch mit Zuversicht in die eigene Kraft überwachten: „Solltest du ein Kind kriegen, dann hab keine Angst, lauf nicht weg, komm zu uns und sag es uns. Wir werden dir helfen, es groß zu ziehen. Wir werden durchkommen!"

Jetzt aber war das Mädchen schon viel älter und lag Bett an Bett vor dem Fernseher neben einem sympathischen, langweiligen und irgendwie peinlichen Jungen und wusste nicht, warum ihr Bett dem seinen so nahe stand und jeden Abend wieder so nahe geschoben wurde. Liebe! Liebe? Was sollte das sein? Wer sollte sie mit ihrer Behinderung noch lieben? Und wieso sollte ausgerechnet sie, die so schwer Getroffene jemanden lieben? Dabei liebte sie doch, und liebte – unersättlich und mit Wut, mit aller Kraft, die sie hatte. Und sie hasste, hasste mit Inbrunst und Lebensgier. Ein lodernder Phönix, der aufrauschte aus der Asche, der zusammenschrumpelte, wenn eine neue Demütigung sie traf, zu Asche zerfiel.

*

Gelegentlich wurde dem Mädchen vorsichtig geraten, sich mit ihrem Schicksal, wahlweise auch mit ihrem Unglück abzufinden. Das bedeutete – keine Wünsche, keine Sehnsucht, keine Hoffnung auf die Dinge, Umstände und Möglichkeiten, auf die sie hoffte und nach denen die anderen sich sehnen. Darüber hinaus, daran vorbei gab es also keine Hoffnung und keine Wünsche. Sie hätte – nach der Gebrauchslogik der Normalen – einen gegenwärtigen, unveränderlichen Zustand zu akzeptieren, mit dem süßsäuerlichen oder edelsüßen Lächeln einer Heiligen. Seligkeit über einen als unerträglich eingeschätzten Zustand empfinden. Das ist christliche Märtyrerhaltung, denn der, den Gott schwer prüft, den liebt er auch besonders. Dankbarkeit für ein schweres Los.

Oder wie Chiara Luce, die Siebzehnjährige, die wusste, dass sie an Knochenkrebs sterben würde, aber immer zufriedener, ausgeglichener, in Jesus getragener sich fühlte. Sodass ihr Tod die Erreichung eines Ziels war: Ganz in Gott aufzugehen!

Das Mädchen aber war nicht auf dem direkten, sicheren Weg zum Tod. Sie war auf dem Weg ins Leben. Zerstört, hasserfüllt, verzweifelt, stolpernd vorwärtstaumelnd, ohne sich bewegen zu können. Voller Verlangen und Gier. Sie war das Gegenteil von ausgeglichen. Zerfasert, wahnsinnig, mitten in einen Orkan von bösen Gefühlen versetzt und selber zum tobenden Naturereignis geworden. Ein gefesselter Abgrund.

Sie hielt nichts davon, ihr Leiden zu verklären. Sie litt in der Tat wie ein Hund unter dem Ausgeliefertsein, unter der gesellschaftlichen Hintansetzung, unter Selbsthass und Selbstekel.

Sie wollte aber nicht leiden. Sie wollte leben. Das volle Leben! Sie wollte lieben, streiten, sich selber schön finden. Sie wollte Anerkennung und wusste damals noch nicht, dass dies nur über Selbstakzeptanz zu erreichen war. Die anderen waren die Bösewichter, immer die anderen.

Sie wollte ein Leben leben, das ihr lebenswert erschien, lustvoll, voller Genüsse, Abenteuer, Herausforderungen, Siegen und Niederlagen – nein, lieber nur Siegen. Sie wollte nur tun, was ihr gefiel, ausschließlich. Sie wollte alles, wollte mehr als das Heer unbefriedigter Malocher. Wollte nicht zaghaft sein und nicht frühzeitig und stets Zufriedenheit vortäuschen. Wollte nicht sein wie die Faulen mit ihren seelischen Fettringen, die sich Monat für Monat ablagerten, bis sie einen festen Panzer ergaben und dann – aus und mausetot. Sie wollte dem Leben ihre eigene Lust entreißen – auf Leben und Tod!

War sie größenwahnsinnig? Ja! Nein, größensüchtig. Nein, gierig auf das volle Leben, koste es, was es wolle!

Sich abfinden? Das war für sie die sanfte Selbsttötung, der Verzicht auf menschliche Ansprüche. Sie hatte maßlose Ansprüche!

*

Beschäftigungstherapie hieß das damals. Das neue Zauberwort. Beschäftigungstherapie sollte es nun bald auch im Krankenhaus Schwabing geben. Neu ausgedacht, damit die Krüppel etwas zu tun haben würden, wenn sie schon lahmgelegt worden waren. Was das wohl wieder sein sollte, murmelte der Volksgeist auf der Station mürrisch. Man erwartete schließlich nichts Gutes von der ungeliebten Zufluchtsstätte. Als der Tag dann da war und alles eingerichtet in zwei ehemaligen Krankensälen, erschienen zwei blonde junge Frauen bei der lahmen Belegschaft, um sich vorzustellen. Eine war Esoterikerin. Die andere früher Erzieherin gewesen. Mit verblüffender Herzlichkeit begrüßten sie, mit sanften Stimmen warben sie: Alle Techniken könne man mit ihnen lernen, Batiken, Emaillieren, Seidenmalerei, Töpfern. Das Mädchen auch? Ja, natürlich, auch mit gelähmten Gliedern, wenn die Hände beweglich seien, warum denn nicht. Leicht würde das sein. Befriedigend. Erhebend. Sie würden jegliche Unterstützung geben. Man würde Lösungen finden. Quatsch! So ein Quatsch! Das war gar nicht möglich!

Aber die Prophezeiung der nachgiebigen, blonden Eindringlinge erfüllte sich. Das Mädchen lernte rasch Batiken, als man ihr den dicken Pinsel in die Hand gab. Sie lernte Seidenmalerei, als man entdeckte, dass man für sie die Seide in einen Rahmen spannen musste, der in der Größe auf sie abgestimmt war und immer wieder verändert werden konnte. Sie lernte Gefäße aufzubauen aus Tonwürstchen, und Schalen und Öllampen, ganz anders geformt als die antiken Lämpchen, die sie bei einem Antiquar gesehen hatte. Und sie genoss es. Sie genoss ihre wachsenden Fähigkeiten, ihr überraschendes, ihr selbst bisher nicht bekanntes Talent und das Lob der beiden angehimmelten Blondinen, die sich über die zunehmende Fertigkeit und Herrlichkeit glaubhaft ebenso freuten wie das Mädchen selbst. Das war Leben! Den ganzen Tag! Immer! Immer!

Abends konnte sie sich wieder mit ihrem Bett ins Fernsehzimmer schieben lassen. Wo alle rauchten und flirteten. Das war eher langweilig. Fad. Schmierig. Krankenhausabklatsch des Lebens.

*

Das Mädchen war nicht hinfällig, nur bewegungseingeschränkt, sehr, aber nur äußerlich. Sie war stark. Und sie wollte es allen zeigen. Zuerst denen, die sie im Krankenhaus kennengelernt hatte. Die sie beneidete, glühend manchmal, weil die sich ein wenig besser bewegen konnten als sie, humpeln, aufstehen, den Arm heben. Welch unerreichbarer Vorteil – für die anderen. Welche Hintansetzung für sie. Was für eine Hierarchie unter den Krüppeln. Wie viel Neid. Welche Missgunst. Und wilde Entschlossenheit – sie wollte nicht mehr die sein mit der am meisten einschränkenden Behinderung, wollte nicht mehr die Letzte sein. Allen wollte sie es zeigen, allen, auch denen da draußen, denen sie auf der Straße begegnete und die sie abschätzig, mitleidig und mit Abscheu betrachteten. Sie einordneten, auf einer Stufe, die unter ihnen war, minder, weniger, wertlos, beiseite, nicht zugehörig, draußen aus dem Leben. Sie, sie alle sollten es sehen, dass sie doch jemand war, jemand werden konnte, jemand sein würde.

Und während sie so in allen Möglichkeitsformen ihrer Zukunft gedachte, entwickelte sie einen machtvollen, umfassenden Hass, prächtig schillernder, wild gesträubter, mit blitzenden Messern bestückter Ableger ihres nur mehr müde glimmenden Selbsthasses. Sie plante einen Rachefeldzug gegen die, die sie verachteten, oder nicht einmal verachteten, einfach übersahen. Sie war nicht mehr nur beleidigt, triefäugig gekränkt, tödlich verletzt, weil das Schicksal sie schlecht behandelt hatte. Nein, sie hatte zugepackt! Hatte diesen Hass entstehen lassen, eine berserkerhafte Wut. Alles bewegend. Umstürzend. Und so begann ihr verborgener Krieg gegen sie alle, eine Raserei, die sie erst innehalten ließ als sie den Doktortitel auf dem Papier, in der Tasche, auf der Visitenkarte hatte und im Mund führen konnte.

Aber nein, das stimmt nicht! Der Hass hatte bei Weitem nicht bis dahin durchgehalten, hatte sich lange zuvor schon verflüchtigt. War kläglich verpufft. Und der Neid auch. Der Krieg war frühzeitig beendet. Den Titel hatte sie schon nicht mehr nötig. Stolz? Ja das schon. Ausdauer? Durchhaltevermögen? Ja! Die große Leistung? Ist auch nicht mehr so groß – wenn man einmal sieht, wie alles mit Wasser gekocht wird. Missgunst? Unnötig. Überheblichkeit – erloschen. Aber das war später. Viel später. Noch wusste sie nichts davon, denn noch hasste sie, raste in ihrer erstickend weißen Einsamkeit.

Größenwahn und Zerstörungslust

Die Vorweihnachtszeit im Krankenhaus war eine intensive, heimelige Zeit – auch wenn sich das niemand vorstellen kann. Sich eingerichtet habend mit Kerzen und allem vorweihnachtlichem Geglitzer, es wurden Sternchen und Kripplein und Engelchen gebastelt. Auch die schönen, traditionell rotgoldenen bayerischen Rauschgoldengel. Alles zielte auf die Geburt des Herrn. Das Mädchen ließ sich einhüllen, einlullen, denn der Advent und das Weihnachtsfest mit freundlichen und bedürftigen Gästen war daheim immer ein herzerweichendes Fest gewesen. Jetzt wiederholte es sich, wie jedes Jahr: Es wurde ausgeschnitten, gefaltet, geformt und geklebt, an schneeverhangenen Tagen Flöte gespielt und die ersten Plätzchen probiert – so köstlich waren die, so duftend und feinstofflich, wie sie an Weihnachten selbst gar nicht schmecken konnten! Kerzenlicht wollte den Neonröhren Konkurrenz machen. Ohne Aussicht auf Erfolg, aber immerhin.

Und dann versuchte ein engagierter junger Arzt die Weihnachtssache in seine leitenden Hände zu nehmen. Sie sollten alles so herrichten, wie sie es immer taten, Plätzchen und Kerzen und eventuell auch Glühwein, aber nicht zu starken. Und schließlich tauchten sie auf im Gemeinschaftszimmer, er und noch ein paar Ärzte und auch ein paar Schwestern. Sie setzen sich verlegen. Etwas abgerückt von den Rollstuhlpatienten. Dann stand er, der Initiator, auf und hielt eine Rede, unbeholfen und salbungsvoll. Und verlogen und voller falscher Töne, wie das Mädchen fand. Wieso mussten sie sich so etwas bieten, über sich ergehen lassen? Je länger er redete, vom Wert des Lebens und von der Bescheidenheit und dem kleinen Licht des Weihnachtsfestes auch für sie, desto wütender wurde sie. Kochte vor hilflosem Zorn und wusste nicht, wie sie ihn aufhalten, ihn niederschreien sollte – und war auch zu feige dazu. Doch im selben Atemzug, in dem er seine Rede beendete, fing sie plärrend zu singen an:

„Leise rieselt der Schnee ...“

Das war ihre Rache. Endlich. Einen erstarrten Moment lang wussten die Anwesenden nicht, wie sie es nehmen sollten. Sich empören? Sie zurechtweisen? Also zugeben, dass sie verstanden hatten? Nein, sie befriedeten die Situation weihnachtlich, hatten nichts bemerkt und fielen ein in das Lied vom rieselnden Schnee, einer nach dem anderen. Das Mädchen hatte nur ihre versteinerte Miene durchhalten müssen, um sie dahin zu bringen, wo sie sie haben wollte. Nun sangen sie alle dieses beschissene Lied. Gerettet war Weihnachten. Halleluja. Und deckte alles zu mit rieselndem, weißem, weißem Schnee.

*

Aber es war nicht nur diese Wut, dieser Hass, mit dem sie alles überschwemmte, weil alles sie erstickte. Gebündelte Energie war losgetreten worden. Sie trieb sich mit gewaltigem Stoß vorwärts, peitschte sich selber durchs Leben. Sie war hineingeprescht in einen Optimismus der unverwüstlichen Art, in Ansprüche, Größenwahn und Zerstörungslust, denn sie wollte jetzt hinaus! Sie wollte leben. Und nicht am Rande, sondern mittendrin, oder was sie dafür hielt. Sie ließ ihre Ansprüche zu. Und die waren anmaßend. Überprüfte andere Leben auf ihre Qualität. Und fällte Urteile. Abfällige meistens. Voll beißender Ironie. War eine streitbare unheilige Johanna. Auf dem hohen Ross. Und wollte jetzt niemals mehr, niemals so sein wie die anderen! Die Normalen.

Entsetzlich die Vorstellung, dass ihr Leben genauso aussehen würde wie das so vieler Menschen um sie herum. Kurz oder länger auf etwas hin warten und dann erst leben! Die Woche lang aufs Wochenende, das Jahr lang auf den Urlaub, das Leben lang auf die Rente. Ein Leben – endlose Zeit vorbereitend, also nicht leben und dann ganz kurz leben, richtig leben, voll leben – vielleicht – und danach wieder nicht mehr leben wie zuvor auch, oder überhaupt nicht mehr.

Das war eine so schreckliche Erkenntnis, dass das Mädchen daran verzweifeln wollte. Das konnte doch nicht sein, das konnte nicht wahr sein! Das konnte doch nicht das Leben sein! Das hatte ja mit ihren körperlichen Einschränkungen überhaupt nichts zu tun! So ein Leben, das vor lauter Selbstbeschränkung, freiwilliger Einengung, braver Vertrottelung gar keines war, das wollte sie nicht. Wenn sie es nicht schaffte, dass ihr Leben anders verlief, jeden Tag neu, überraschend, erfüllend, jubelnd, niederschmetternd und aufbauend, voll von sie ergreifenden Gefühlen, vernichtenden Niederlagen, blitzenden, alles durchdringenden Gedanken und Erkenntnissen, heiter oder traurig, oder verzweifelt, aber in jedem Fall, in jeder Minute bewegt, dann würde sie nicht leben wollen. Nicht die Behinderung war die Abtötung, auch nicht die Abwertung durch die anderen. Es waren ihre freiwillig geschluckten Pillen, diese Beruhigungsmittel, ihre lebenslangen, lebensumschlingenden, erwürgenden Zwänge, Regeln, ihre selbst angelegten Ketten.

Sie war verzweifelt bei so viel lauerndem Unglück, das da auf sie zukam, bei so viel zurückgehaltenem Leben um des wenigen Leben willens, solch lebenslangen, fronhaften, abstumpfenden, geduckten Wiederholungen ohne Leben! Sie schrie und tobte innerlich. Das nicht, nur das nicht!

Ihre Großmutter beispielsweise – diese heiß geliebte, weiche, gutmütige, faltige kleine Dulderin – sie hatte immer nur für ihre kleine Familie gelebt. Diese bescheidene Frau mit den schwarzen Haaren, die auch mit 80 noch kaum mit grauen Fäden durchzogen waren, dieses Gesicht mit den slawischen Backenknochen und den zigeunerhaft schwarzen Augen schränkte sich unermüdlich ein, schuftete, keuchte vor Anstrengung und arbeitete doch immer weiter und weiter. Sie putzte die Treppenhäuser reicher Leute und wusch deren Unterhosen und Bettwäsche, damals noch auf dem Waschbrett, in der eiskalten Waschküche im Keller, ohne Licht, Luft, im dampfenden Qualm der kochenden Kessel. Nur an den Sonntagen, da war sie frei und manchmal für sich selber da.

Ebenso ihre Tochter, die Mutter des Mädchens. Im Jubel der wenigen Urlaubstage, da war sie wer, war Freifrau, wie sie sagte, hängte sich den Schmuck um, den sie das Jahr über in einer Schatulle verschloss, und schlug über die Stränge – wie sie meinte – kaufte teuren italienischen Schinken und fette Trauben und himmlischen Käse, besuchte die Oper in der Arena von Verona, das Schönste, was es auf der Welt gab, sagte sie, und weinte ergriffen darüber, dass sie, die sich selber klein machte, so viel Schönheit erleben durfte! Das war für sie eine Gnade, wie auch die der gnädigen Weiber, die der Großmutter das übrige Jahr Arbeit gaben. Arbeit, in dem elf Monate dauernden Rest des Jahres, in dem sie nicht lebte, in denen sie aber ausreichend Arbeit und Geld bekam, damit sie das auf einen einzigen Monat beschränkte Leben am Strand von Desenzano am Gardasee zusammensparen konnte. Nein, das wollte das Mädchen nicht. Entweder jeden Tag leben oder gar nicht.

Die große Lustreise

So begann die gewaltige Energiekonzentration, die große Lustreise und die erstaunliche Karriere des lahmen Mädchens. So begann der Aufstieg der Lahmen, getrieben von einer Wut, deren mörderischen Kern sie sich erst später eingestehen konnte, vereinigt mit dem Erglühen eines paradiesischen Zukunftsbildes, mit der sicheren Gewissheit, dass für sie alles machbar sei. Alles. Unterfüttert mit der flehentlichen Bitte, doch angenommen und geliebt zu werden, trotz dieser körperlichen Unzulänglichkeit, dieser bewegungsunfähigen, kochenden Leidenschaft. Verknüpft mit einer Lebensleidenschaft, die nicht leiden wollte, die nur mehr das machen wollte, was sie genießen konnte, was ihrer gewaltigen Lebensgier angemessen war und ihre Lust erfüllte. Nur das wollte sie tun. Ihre ganze wunderbare Lebensfeier lang!

Das war der Tribut, den ihr die anderen, die laufen konnten, zahlen mussten. Denn irgendetwas musste die Lahmheit für sich haben. Alle hatten Mitleid, beispielsweise. Nun gut, das ließ sich auch gegen sie verwenden. Denn sie trauten sich nicht an sie heran. Niemand zwang sie eine Schule zu besuchen, dazu war sie doch zu behindert, niemand zwang sie einen Beruf zu ergreifen, das schaffte die Arme doch gar nicht! Niemand zwang sie in ein gesellschaftlich gefesseltes Leben, wie alle es führten, obwohl sie doch die Lahme im Rollstuhl war! Sie würden ihr ein wenig Sozialhilfe geben, damit sie in einem Heim überleben konnte. Sie würden sie als Bodensatz der Gesellschaft mitschleppen. Aber sie war ein Mensch, oder würde einer werden. Sie war mehr, war ganz anders. Hatte es schon erreicht. Sie war jetzt schon der Hofnarr, der vieles durchschaute, der, für den die Regeln nicht galten, besaß die Narrenfreiheit, grenzenlose manchmal!

Wurde verachtet. War nicht gleich. Aber frei. Viel freier jedenfalls schon als die Normalen.

*

Die Frau vom Arbeitsamt war ordentlich frisiert und dick und in beigegraue, abgestandene Kleidungsstücke gepresst. Schnaufend vor Übergewicht und Eifer ließ sie sich am Krankenhausbett des Mädchens nieder. Da hing sie rechts und links von der Sitzfläche des Stuhls und in der Mitte ragte ihr feister Oberkörper empor. Zuerst wird sie mich einfach sprechen lassen und schauen, was ich so mache und für was ich mich interessiere, vermutete das Mädchen. Widerwillig und misstrauisch antwortete sie deshalb auf die Fragen der Dicken, gab mundfaul Auskunft. Die Dicke schnaufte, redete und starrte auf das Buch. Das Buch, in dem das Mädchen gerade gelesen hatte. Es lag auf ihrem Bauch, auf der Bettdecke, aber so, dass diese alberne Tante vom Arbeitsamt den Titel nicht sehen konnte, freute sich das Mädchen. Knapp und lustlos ließ sie sich die Informationen, die die Dicke wollte, aus der Nase ziehen. Verbarg das Geheimnis. Denn das Mädchen genoss ja schon seit Langem diese Beschäftigungstherapie, war gewachsen und reicher geworden. Voll täglicher Ungeduld verschwand sie in den Räumen, in denen sich diese herrlichen Dinge vorbereiteten. Vier – zwei waren noch dazugekommen – liebevoll verhuschte junge Frauen gaben mit missionarischer Bewegtheit alles weiter, was sie selber konnten, und das war ein unendliches Füllhorn an Farben und Formen, Gestaltungskraft, geheimen Kenntnissen und verblüffenden Zusammenhängen. So hatte das Mädchen viele Techniken gelernt. Hatte die Wirkung von Abständen, Perspektiven, Tönungen, Reihungen, Transparenz und Verdich-

tung begriffen, hatte an Sinnenfreude und Sinnlichkeit zuge-
legt. Ihr Körper war zwar kaum beweglich, trotzdem nutzte
sie ihre Möglichkeiten verblüffend geschickt und begabt, wie
die vier sie umschwebenden Engel meinten. Und brauchte
sehr viel Geduld mit sich und ihrer eingeschränkten Bewegung. Und Ausdauer. Aber meist glückte es. Nein, alles
glückte! Aber das verschwieg sie aus Hochmut, als die Dicke
vom Arbeitsamt alles, aber auch alles über sie wissen wollte.
Außerdem beschäftige sie sich viel mit Philosophie, sagte das
Mädchen, die Zudringlichkeit der Frau überheblich abwehrend. In dem Augenblick griff die Dicke rasch nach dem Buch
auf des Mädchens Bauch, drehte es um und sagte: „Was lesen
Sie denn da. Ah, einen Krimi!"

Das Mädchen wurde rot, denn es fühlte sich ertappt. Damals glaubte sie noch, dass Krimis etwas Banales seien und
einer Philosophin unangemessen. Sie musste zugeben, dass
dieser Punkt an die Dicke gegangen war. Und wie sie mit Entsetzen feststellte, bekam die ungebetene, dicke Schnaufma-
schine sie immer mehr in den Griff, denn sie hielt nun einen
hämmernden Vortrag darüber, dass jeder ein Rädchen in der
Gesellschaft sei, ein nützliches Glied. Und wie sie sehe, könne
sich das Mädchen ja später einmal, zu Hause sitzend, ein
wenig Geld mit Andenkengläser-Malen verdienen. Tief-
schlag. Das ihr, der Künstlerin! Ihr, die ihre Emailarbeiten,
ihre Seidentücher, Tonlämpchen und Tonkrüge bereits ver-
kaufen konnte, weil Freunde von Freunden sie schön fanden,
so künstlerisch! Nach diesem Sieg erhob sich die Dicke äch-
zend und walzte hinaus. Heftig schnaufend vor Zufriedenheit. So schien es dem Mädchen, das zurückgeblieben war.

Das Mädchen hatte lange an diesem Besuch zu kauen.
Blöd hatte sie sich benommen. Sich selber hineingeritten.
Aber sie hatte diese Selbstverschönerung, diese Selbsterhö-

hung nötig, denn sie glaubte sich noch immer und überall erniedrigt und war es gelegentlich auch. Langsam aber entwickelte sich ein Gedanke, ein Gefühl, ein Vorhaben zu dia-
mantener Klarheit und Härte: Nützlich, dieser Gesellschaft,
die sie ausschloss, nein, nützlich würde sie nie sein wollen
und es nie werden! Ihr Trotz, ihr Widerstand waren geweckt.
Bitternis und Hass loderten. Eine wilde Anarchie erfasste sie.
Die Freiheit des Hofnarren hatte sie bereits gewonnen. Und
nicht das, was der Gesellschaft nützte, würde sie machen,
sondern nur das, was sie selber genoss. Sie entdeckte immer
mehr von ihrer unbändigen Lust. Lust als Lebensprinzip. Sie
würde durchs Leben stürzen, feiern, sich überschlagen! Das
Mitleid der anderen, das sie erniedrigte, das war das gut ge-
polsterte Tragekörbchen, das sie gleichzeitig auch schützte.
Sie trauten sich nicht, das Mädchen zu etwas zu zwingen!
Also konnte sie machen, was sie wollte! Es lag nun an ihr! An
ihr allein.

Heimatlos

„Eine Marionette Gottes", zischte sie mit aller Selbstverach-
tung, der sie fähig war. Oh, was für ein edler Ausdruck! Dreck
unter dem Stiefel Gottes, wäre zutreffender! Immer noch ver-
edelt Gott die Sache – also nur Dreck, menschlicher Dreck,
Abfall. Mindestens so aussätzig wie dreckige Bettler, die an
der Straßenecke für ihr nächstes Besäufnis kleine Münzen
sammeln, so stinkend wie die aus dem Asylantenheim, die so
schwarz sind, dass sich die Mütter heute noch fürchten,
denen man als kleine Mädchen mit dem Kinderreim vom
schwarzen Mann gedroht hat: „Und wenn er aber kommt?
Dann laufen wir davon!" Davonlaufen vor der Pest und der

Cholera, weg, weg, weg davon. Ja, da hilft es auch nicht, dass das Krüppelchen so sauber gewaschen ist und so lieb und entschuldigend grinsend, immerdar Entschuldigung heischend für seine Existenz, dass es so still und unterwürfig im Rollstuhl sitzt!

Und ihr Herz zersprang und hing in Stücken. Um nicht mehr verletzt zu werden, vielleicht auch zu heilen, begann es, gläserne Zwiebelschalen auszubilden. Dann eiserne. Eine nach der anderen, und noch eine darüber und noch eine, bis das Mädchen wirklich zu den Unberührbaren gehörte, bis es niemand mehr wagte, sie anzufassen. Das war nicht so schwer, denn Krüppel fasst man sowieso ungern an.

*

Im Herbst des Krankenhausgartens – kurz vor der Entlassung des Mädchens, ihrer Rückführung in den Uterus der Familie – sammelten die auf der Station übrig gebliebenen Hinkenden und Humpelnden, die es konnten, Kastanien. Das Mädchen wurde von seiner treuen Mutter, die das Krankenhaus viereinhalb Jahre jeden Tag betreten hatte, um dem Kind Hilfreiches zu tun, im Rollstuhl mitgeschoben, damit es bei den anderen sein konnte. Hinter den anderen zurückbleibend zwar und doch dabei. Der Garten war voll von alten Bäumen. Duftende Akazien im Frühling. Margaritenwiesen im Sommer. Und im Herbst der herbe Geruch von Kastanien im welk werdenden Gras. Da war sie zwanzig und heimatlos.

5. KAPITEL
Freiheit im Kopf

Die Mutter hatte ihr leibeigenes Kind zurückgenommen. Das Kind saß wieder im Uterus der Familie, wo es warm war. Aber das Kind weinte und fror. Es krallte sich fest, innen drin, und wollte doch nichts als raus, weg, weg, weg! Da zerriss es das Kind bei lebendigem Leibe.

Als das blinde Zauberbergdasein gewaltsam zu Ende gebracht worden war – keine Krankenkasse zahlte mehr, kein Krankenhaus duldete mehr dieses therapiewiderständige, fortschrittslose, ewig unveränderte Behindertenleben auf der Poliostation im Schwabinger Krankenhaus – da war sie am Ende und wieder am Anfang. Denn wohin sollte sie, die Untaugliche? Sie war ausgemustert worden, war lang in einer abseitigen Höhle untergeschlupft gewesen. Nun war sie zurückgezwungen worden in die Familie, der sie auf den Flügeln der Lahmheit entronnen war. Hier im Krankenhaus hatte sie ein ihr gemäßes Leben geführt, dauerhaft, als Insassin – was hätte passender sein können! Hier war das Zwischenreich gewesen, die Geschlossenheit der Anstalt, das Fegefeuer. Für sie normal, bekannt, unerträglich, erträglich. Eine kleine Welt aus Mangel, Bedürftigkeit und Freuden. Freuden, die man sich selber einreden musste und die doch auch ehrlich waren und mit Heißhunger genossen wurden.

Und jetzt – wieder zurückgekehrt in die Zwangseinrichtung Familie. Hilfreich die Eltern, bis zur Selbstaufgabe erbarmungslose Terroristen. Denn sie konnten nicht anders. Und taten es aus vollem Herzen. Und das Mädchen war nichts als undankbar. Unzufrieden. Verzweifelt. Aber sie ließ es sich nicht anmerken.

Das Kleid der toten Käfer

Groß war es, eigentlich für einen Riesen, mindestens zwei Meter hoch. Aber genau genommen war das Kleid für niemanden, nicht zum Anziehen gedacht. Denn wer es anzöge, würde verbrennen, wie Medeas Rivalin Creusa, die in das zauberische Kleid schlüpft – um sich zu schmücken für das Fest, ihr Hochzeitsfest – und in Flammen aufgeht.

Es war einfach geschnitten, das Kleid, wie das Christushemd, das wundertätige, und es schwebte, glattgestrichen, die schlichten rundgeschnittenen Ärmel zur Seite ausgestreckt wie der Auserwählte selbst am Kreuz. Aus der Ferne dunkel filigran, lose geknüpft und über und über mit leuchtenden Edelsteinen besät. Ein Sternenkleid. Der gestirnte Himmel zum Kleid gefaltet. Aus der Nähe aber erkannte man: es bestand aus toten Käfern, aus nichts anderem. Hunderte große, in Europa kaum gesichtete, tief strahlende, blaue, grüne, türkisfarbene, bernsteinerne, rote, rostrote, buckelige Rücken toter Käfer, aber die meisten doch mit Schattierungen in blau und grün, als ob sie Himmel und Wasser verbänden. Es waren die geflügelten Rückenschalen der Insekten, die diesen überirdischen Farbton von sich gaben, schillernd, klar und tief irisierend, jeder Käferrücken ein eigener kleiner Himmel, konzentriertes Blaugrün, farbige Wellen schlagend von einem

*toten, leuchtenden Tier zum anderen. Kostbares Weltenkleid
aus dem Tod erzeugt.*

*Irgendjemand muss sie gesammelt haben und getötet, alle
diese von der Natur so luxuriös ausgestatteten, Abscheu erre-
genden Käfer, dieses auf vielen Beinchen krabbelnde, wuselnde,
in Gestank und Verwesung heimische Getier. An den Beinchen
und den Fühlern waren die Käfer aneinander geflochten worden zu diesem steifen Kleid. Ihr knochiges, im Tode erstarrtes
Kriechwerkzeug, Fühlwerkzeug, Kauwerkzeug aneinanderge-
schweißt zu einem Gewebe aus Lichtwundern, dem Kot und
dem Schleim entsprungenen, kristallklaren Leuchtbuckeln von
überweltlicher Farbenpracht.*

*Hilflos hingestreckt zwischen Leben und Tod. Zerrissen zwi-
schen Tod und neuem berauschenden Zauberleben.*

Lernwut und Lernlust

Sie war weit weg von den Menschen. Nichts war bei ihr so wie
bei ihnen. Es musste jemand die Türe öffnen, wenn sie hindurch wollte. Sie anziehen, sie waschen, sie umdrehen, sie
aufsetzen, sie hinlegen, sie eincremen, sie frisieren, sie ab-
trocknen. Nicht sie tat das. Ein anderer. Gefühle? Auch die
waren anders. Spontane Freude? Stürzende Trauer? Auch das
nur selten, weil fast immer jemand zuschaut, anwesend ist, in
Hilfestellung erdrückend anwesend, und sie zwingt, ihre Gefühle zu verstecken. An den Rollstuhl war sie nicht gefesselt,
aber an Heerscharen mehr oder weniger hilfswilliger Menschen.

Mit Renate, der Freundin, mit der sie ihr neues, anderes
Leben begonnen hatte, hielt sie engen Kontakt. Ihr erzählte
sie, was sie sich wünschte, sich einbildete, unbedingt errei-

chen wollte, jetzt, da sie draußen war. In die Schule gehen wollte sie nun, weiterhin sich Wissen anfressen, aber mehr, viel mehr diesmal, unersättlich und um jeden Preis. Und dann das Abitur nachholen! Ein schwächlicher, müßiger Traum? Nein, ein unaufhaltsamer Drang, eine riesige Bugwelle unbedingten Wollens, ein sich überschlagender, alles überrollender Wellenberg tobender Energie.

Und es gelang. Alles gelang. Plötzlich war alles einfach und geregelt: Die Mutter bekam vom Kultusministerium die Erlaubnis, dass das Mädchen nach dem Lehrplan des Münchner Städtischen Abendgymnasiums mit Privatlehrern das Abitur in vier Jahren nachholen durfte. Das Mädchen jauchzte und überschlug sich. Jetzt ging ihr gewaltigster, gewalttätigster Wunsch in Erfüllung – lernen, erkennen, durchschauen, verknüpfen, sich anfüllen bis zum Rand mit allem, was sie kennen, wissen und können wollte! Überlaufen vor Wissen, erleuchtet sein von allen Erkenntnissen der Welt. Und außerdem würde sie wer sein, eine Rollstuhlfahrerin mit Abitur, eine Behinderte, ein verachteter, jetzt aber mit Bildungsschleifchen verzierter Mensch!

Doch es ging ja um viel mehr als um dieses von höherer Schulbildung geliehene Selbstgefühl, diese Anerkennung durch die Gesellschaft. Das Mädchen glaubte eher an eine Allwissenskunst. Dass, wenn man alles weiß, das am Ende auch so etwas wie Heilung bedeuten würde. Jedenfalls schrie sie innerlich vor Glück. Denn eines war es sicherlich: es war Freiheit. Jede Bewegung in jede Himmelsrichtung ein Vorwärtsrasen, ein bohrendes, wirbelndes Eindringen in eine geistige Welt. Bewegung im Hirn explodieren lassen. Grenzenlosigkeit des Denkens. Uneingeschränktheit und universale Dynamik des Wissens. Hier war kein Unterschied mehr, keine Hintansetzung, hier konnte sie genau das, was andere auch konnten, und wenn sie sich anstrengte, konnte sie es manchmal sogar besser.

Als sie später studierte, bestätigte ihr das ein blasser, unauffälliger Mitstudent: „Wie ich dich beneide!" Das Mädchen wunderte sich. Wie konnte man gerade sie beneiden! „Du kannst dich den ganzen Tag, ohne dass jemand was von dir will, deinen Studien widmen." Sie schaute ihn lange an. Es war tatsächlich so. Vor ihr saß ein zerknitterter 22-Jähriger. Er hatte bereits Weib und Kind, nein, zwei Kinder sogar, und hatte schon verloren. Alles überforderte ihn. Seine Hände zitterten gelegentlich und er roch streng nach Angstschweiß. „Ja", sagte die Studentin im Rollstuhl – „ja" – und konnte das erste Mal die eigene Überlegenheit wahrnehmen. Sie gehörte doch bislang zum Bodensatz, nur sie. Sie war hinabgestürzt worden von einer fremden Macht. Es war ihr geschehen, zugemutet worden. Er aber hatte sich sein eigenes Grab gegraben. Da fühlte sie Schadenfreude. Und anschwellende Macht. Die hatte sie dringend nötig damals.

Doch lange zuvor, bei der Vorbereitung auf das Abitur war alles Impuls und noch ungeregelt, ungeklärt gewesen, aber zum Bersten voller Ehrgeiz, Lernwut und Lernlust. War aufs Äußerste erhitzt von einer brodelnden Energie, die sie vorwärtskatapultierte, hinausschleuderte wie ein Geschoss. Jetzt aber, gelenkt durch den Lehrplan einer Schule, hatte sie Hilfe durch Lehrer in allen Fächern. Und da auch die Lehrer durch so viel Lerndrang und leuchtende Begeisterung animiert waren, fütterten sie das Mädchen mit ihren Hobbies und Steckenpferden, mit ihren Spezialkenntnissen und Vorlieben.

Und sahen, dass sie nie genug bekam. 3000 Jahre ägyptischer Geschichte und Kunstgeschichte konnte das Mädchen bald schon rauf und runter beten. In Latein las sie Cicero relativ flüssig, bevor andere Schüler den Namen überhaupt vorgesetzt bekamen. Die deutsche Literatur – lesen, lesen, lesen. Lernen, dass man Texte unterscheiden konnte, in ihrer Struktur, ihrer Absicht, ihrer Aussage.

Nicht nur ihre Privatlehrer, auch die Lehrer des Abendgymnasiums kamen nun zu ihr nach Hause und gaben der mit glänzenden Augen von dunklen Haaren umrahmt im Bett Liegenden Hausaufgaben. Ließen sich diese zuschicken, benoteten sie und schickten sie wieder zurück, damit das seltsame Mädchen mit dem langen dunklen Zopf, das noch nicht so kräftig und trainiert war, dass es einen vollen Tag im Rollstuhl sitzen konnte, vorwärtskam. Himmelwärts.

Dieses Mädchen, das immer im Bett lag und heißhungrig auf sie wartete.

Die geliebte Großmutter empfing diese Lehrer an der Türe und geleitete sie hinein, an das Bett der Gierigen. Sie staunte über die neue häusliche Situation und fand die vorbeiziehende Schar freundlicher, klugen Menschen nett, denn sie taten ja so viel für ihr Goldkind, ihre geliebte Enkelin. Aber mitten im Strom, der leuchtend aus dem Füllhorn quoll, wurde die Großmutter abberufen, war plötzlich ins Krankenhaus eingewiesen worden. Warum konnte Glück nie vollkommen sein? Warum diese kleine, geschundene Frau? Warum ausgerechnet sie, diese hilflos hingegebene Liebe? Kehlkopfkrebs hatte sie. Ein furchtbarer Schlag für das Mädchen. Sie fiel weinend in sich zusammen. Schrieb hilflose Brieflein und schickte kleine komische Zeichnungen an die vergötterte alte Frau mit den seidenweichen Ohrläppchen, an denen das Mädchen auf ihrem Schoß sitzend von Anfang ihres Kleinkinderlebens an zärtlich geleckt, gezupft und gestreichelt hatte. Denn es gab nichts Schöneres, Weicheres. Der Großmutter war diese stürmische, unablässige Liebkosung manchmal zu viel gewesen und sie hatte lachend abgewehrt. Aber sie hatte gespürt, dass diese sinnliche Berührung durch die winzigen Kinderfinger, das feuchte Mäulchen der Enkelin am Ohr kleine Explosionen von Liebe gewesen waren. Handzarter, lippenwarmer Ausdruck einer unverrückbaren Verbundenheit, die sich so und nur so hatte ausdrücken lassen.

Auch mit Marlene, der bewunderten Halbgöttin aus dem Krankenhaus hatte das Mädchen trotz des Taumels neuer Hingerissenheit Verbindung gehalten. Es hatte sich so gefügt. Sie waren Freundinnen geworden. Und nun hatte das Mädchen so unendlich viel Neues zu berichten! Hatte Kostbarkeiten weiterzugeben. Marlene, die inzwischen bei einer Münchner Behörde arbeitete, war oft bei dem Mädchen zu Hause, machte Ausflüge mit ihm und mit deren Eltern und ließ sich berichten aus dem begehrenswerten Kosmos der Schule. Und das Mädchen teilte unaufhörlich mit, was es Weltbewegendes gelernt und erkannt hatte. Ganze Nachmittage an den Wirtshaustischen oder den Seen Oberbayerns, auf bergnahen Schlüsselblumenwiesen, in herbstlichen Biergärten, unter vergilbenden Kastanien redete das Mädchen und entfaltete ihre Lernwelt. Bunt – eine riesige Spielwiese, prächtig schillernde Pfauenfedern aus Buchstaben, Büchern, Wissensstoff, der ihr die Welt öffnete und vielleicht auch ordnete. Nicht aus Eitelkeit redete sie, sondern aus nie versiegender Begeisterung. Und wieder war die Welt des Mädchens ein einziges Fest, das unaufhörlich neue Wunder, brennende Vergnügungen, steile Anforderungen und nie erträumte Siege bereithielt.

Von einer verehrten Lehrerin erhielt das Mädchen verbilligte Theaterkarten und konnte auch Marlene damit versorgen, sodass diese mitschwamm in dem fröhlichen Kreis von Lehrern, die das Mädchen förderten und von anderen Bewunderern. Das Mädchen lieh Marlene die interessantesten Bücher über Geschichte und Kunstgeschichte.

Es wurde seiner selbst sicherer. Genoss seine Wirkung, die Wirkung ihrer Person. „Eine reizende Person und so klug!", sagte ihre Umgebung in lächelnder Bewunderung, auch wenn sie das nicht glauben konnte. Aber sie animierte und verlockte den inzwischen immer größer werdenden Kreis ihrer Freunde, Bekannten, Förderer zu gemeinsamen Gesprächsrunden, Ausflügen, zu Fahrten in alte Städte und Klöster, Exkursionen, die ihre Lehrer organisierten, oder auch sie selber. Orte, wo sie mit Inbrunst die dichte Atmosphäre einsog, und die mit weltlicher Sinnlichkeit prunkenden, jubelnden bayerischen Kirchen. Und wieder war Marlene dabei.

Das Mädchen hatte mit dem Abt des Klosters Metten Kontakt aufgenommen, um die berühmte Barockbibliothek außerhalb der offiziellen Zeiten besuchen und länger dort verweilen zu können als andere, gewöhnliche Besucher. Der neue junge Abt schrieb ihr freundliche Briefe und Einladungen, ihn doch zu besuchen. Ein inzwischen mit dem Mädchen befreundeter Kunsthistoriker, den sie in einem Museum kennengelernt hatte, lud sie und ihren Freundeskreis zu seinen Führungen ein. Im Konzert lernte sie einen Dirigenten kennen, der ihr Karten zu seinem Konzert schenkte und sie seine Claire de Lune nannte, wenn sie ihn mit der Mutter besuchte. Er spielte ihr ein Stück auf dem Klavier vor. Das hieß so. Sie fand es angemessen. Denn ihr Erfolg suggerierte ihr, dass sie wirklich so schön und so anziehend war, wie manche behaupteten. In die Konzerte, die er dirigierte, ging sie allerdings nicht. Sie schenkte die Karten weiter, da er ihr als Dirigent nicht imponierte. Und als er sich einmal am Telefon beklagte, dass sie ihn nie berührte und überhaupt zu wenig

Gefühle für ihn zeigte, da sagte sie, sie könnten sich ja trennen, wenn er nicht zufrieden sei und hängte auf. Sie traf ihn nie mehr.

*

Das Mädchen lernte auch einen jungen Maler im Park kennen und lud ihn zu ihrem Geburtstag ein, wo sich eine bunte Schar Menschen versammelte, die das Mädchen inzwischen kennengelernt und zusammengeholt hatte, denn neben dem Wissen war ihr nichts aufregender als Menschen. Der junge Maler versprach treuherzig, er könne ihr gerne ein Kind machen. Das wäre doch gut für sie als Frau. Sie dankte höhnisch und lud ihn nicht mehr ein. Es gab ja eine reichliche Auswahl an Menschen. Wenn einer ihr nicht mehr gefiel und ging, kam der nächste. Da war nie Mangel. Diese vielen Menschen waren fast so aufregend wie die Mengen an Wissen, mit denen sie so lustvoll umging. Sie bemerkte mit Staunen, dass sie menschensüchtig war. Konnte nicht genug davon kriegen. Und immer war auch Marlene dabei.

Da verkündete die schöne Marlene eines Tages, auch sie wolle das Abitur im Abendgymnasium nachholen. Das Mädchen freute sich. Sie konnte ihr sicherlich helfen! Nach etwa drei Monaten ließ Marlene den Unterricht wieder fallen. Es war ihr zu belastend, so nebenbei zu lernen, denn sie arbeitete ja regelmäßig bei ihrer Behörde. Und wieder einen Monat später verkündete Marlene, sie wolle einen ihrer Kollegen aus dem Unterricht heiraten. Konrad. Auch er hatte den Unterricht abgebrochen. Marlene ließ sich ein goldgrünschillerndes langes Festtagsdirndl schneidern. In diesem Hochzeitskleid sah sie so überirdisch-irdisch schön aus – eine sinnliche Märchenprinzessin –, dass das Mädchen beinahe neidisch wurde. Aber dann fiel die Missgunst ab von ihr. Diese Schönheit war so alles überstrahlend, dass das Mädchen überwältigt war, den Kopf neigte und weich wurde vor Freundschaft und Bewunderung.

Wenige Tage vor der Hochzeit aber erschien Marlene unerwartet bei ihr. Sie war blass, setzte sich ans Bett des Mädchens und begann zu weinen. Sie würde nicht heiraten. Das Mädchen erschrak. Da schilderte Marlene alles, Konrads Missachtung, seine Grobheiten, seine primitive, rücksichtslose Art. Am Ende der Litanei schwieg sie und weinte und das Mädchen weinte auch.

Irgendwann fragte das Mädchen die Freundin: „Warum wolltest du ihn denn überhaupt heiraten?" Da antwortete Marlene: „Ich wollte wenigstens einmal auch im Mittelpunkt stehen!" Auf diese Idee wäre das Mädchen nie gekommen. Stand sie, die Unbewegliche, die Verachtete, denn wirklich im Mittelpunkt. Stets? Unentwegt? Das war ihr neu. Das konnte sie nicht glauben. Aber es traf wohl zu. Ein wenig. Es hatte sich so ergeben. Menschen hatten sich für sie interessiert. Sich um sie geschart. Sie war der Mittelpunkt eines kleinen Kreises. Sie, die ewig Einsame. Sie, die sich niemandem anvertrauen konnte und wollte. Sie, die Angst hatte vor den Menschen. Gerade sie übte eine merkwürdige Anziehungskraft aus auf andere. Dabei gehörte sie doch gar nicht dazu!

Und schließlich machte das Mädchen Abitur. Um zehn Uhr morgens saß sie erregt in ihrem Rollstuhl im kleinen Wohnzimmer der elterlichen Wohnung. Die Nachbarin erzählte später, dass sie durch ihr Küchenfenster beobachten konnte, wie einige feierlich gekleidete Damen und Herren, die zuständigen Lehrer des Abendgymnasiums, um die Hausecke bogen und klingelten. Sie begrüßten das Mädchen kurz und sehr formell. Dann begann es.

In Latein hatte sie ihre Aufgabe nach der halben Zeit ge-löst. Das machte sie nervös. Sie ging die ganze Übersetzung noch einmal durch, Wort für Wort, Satz für Satz. Ihrer Mei-nung nach war alles richtig. Das konnte doch nicht sein, dass das so leicht war, das konnte doch nicht sein! Sie grübelte, drehte und wendete die Sätze, sie wurde hektisch und endlich war die Zeit vorbei. Schwer atmend ließ sie ab davon. Mit dem Endergebnis erfuhr sie, dass sie alles richtig übersetzt hatte. Auch viel Wissen kann manchmal unsicher machen, erfuhr sie staunend. In Mathematik hatte sie ein wenig Pech, der Weg war richtig, aber sie hatte sich verrechnet. Deutsch – eine pannenlose Gedichtinterpretation. Dann war es ge-schafft. Sie hatte ihr Abitur. Es war einigermaßen gut ausge-fallen und so erhielt sie ein Stipendium zum Studieren. Dann noch ein zweites. Das war sozusagen das erste Geld, das sie sich selber verdient hatte, abgesehen von den selber emaillier-ten Schmuckstücken, die sie früher schon verkauft hatte. Da-rauf war sie stolz, und es machte sie ein wenig unabhängig von den Eltern. Das war Geld, das diese nicht mehr kontrol-lieren durften. Sie konnte es auch für völlig schwachsinnige Dinge ausgeben, falls sie dies wollte.

Da fiel ein schwarzer Vorhang über das prunkvolle Bild des verwöhnt Hof haltenden jungen Frau im Rollstuhl. Die Großmutter – dieses einzige geliebte Wesen – war noch ein-mal eingeliefert worden ins Krankenhaus. Nach einigen Mo-naten hatte der Krebs sie aufgefressen. Die Abiturfeier der Enkelin hatte sie nicht mehr erlebt. Sie wäre doch so stolz ge-wesen auf ihr Kind, ihr goldiges Enkelkind! Am Vorabend ihres Todes hatte sie noch einen Geburtstagsgruß an ihr Enkelkind auf einen Block geschrieben, zitternd, sodass man die Schrift kaum lesen konnte. Die Schwestern fanden den Zettel auf dem Nachtkästchen der Verstorbenen. Das Mädchen hütete den Zettel lange. Sie nahm ihn manchmal in die Hand und weinte heimlich. Heimlich, da sie doch niemandem ihre Gefühle zeigen wollte, sodass niemand Zugang zu ihr bekam. Niemand sollte sie fassen, sie treffen können. Das gönnte sie ihnen nicht, diesen Ungeheuern, die nur darauf lauerten, über sie zu herrschen, sie zu gängeln, zu bemitleiden, zu bestrafen für jede von ihnen konstatierte Unbotmäßigkeit des Andersseins. Denn sie, die Lahme, der geholfen werden musste, überall und immerfort, war ja sowieso in ihrer Hand. Das war nicht zu ändern. Aber sie sollten draußen bleiben. Das Innere war ihnen verschlossen, verboten. Da war sie unerbittlich.

Und nun entfloh sie vollends dahin, wo sie schon lange hinwollte. In den Kopf.

*

Was war sie für ein grauenhaftes Bündel aus Überheblichkeit, Missgunst, Hass, Selbsthass und Selbstekel! Nein, das war nicht so. Nein wirklich, so war sie nicht. Doch, so war sie, ganz genau so! Aber sie war doch ein guter Mensch, wollte vollkommen werden und es irgendwann sein, kämpfte mit allen Kräften um die Sympathie der anderen, der Welt, kämpfte um Selbstachtung, wollte wahrgenommen werden, anerkannt. Geliebt auch? Ja, geliebt! Geliebt!

Und weiter. Weiter ging es. Sie peitschte sich und das Leben vorwärts! Sie hatte es an sich gerissen!

Die siegreiche Jungfrau

Nun also musste sie sich einschreiben an der Universität wie alle anderen Abiturienten, beginnenden Studenten auch. Das konnte nach langem Hin und Her wieder einmal die Mutter für sie erledigen. Aber sie musste selber beweisen, dass es sie wirklich gab, nicht nur die Mutter, die alles für sie in die Wege leitete. Ja, wie denn? Sie saß doch im Rollstuhl! Sie solle sich in den Lichthof der Universität stellen, hatte die Sekretärin in der Universitätsverwaltung gesagt, dorthin, wo den Geschwistern Scholl gedacht wird, die in der Nazizeit Flugblätter herabgeworfen hatten.

Die Mutter schob sie durch den Hof an den Fuß der hohen Treppe. Dorthin, wo die antifaschistischen Flugblätter heruntergesegelt waren. Da stand sie. Und wartete. Studenten rannten die Treppen hinauf, glitten langsam, in Gruppen plaudernd und lachend über die Stufen hinunter. Alle an ihr vorbei. Das Mädchen stand und wartete. Die Mutter daneben. In Hilflosigkeit vereint. Studenten nahmen zwei Stufen auf einmal, um hoch zu eilen und andere schlenderten, sich in den Hüften wiegend, ihre Körper genießend oder darbietend herunter. Es war eine riesige Schautreppe, an der die vielen demonstrierten, wie gut sie laufen konnten, einen Weg nach oben bewältigten, ihre Körper spielerisch und unbewusst göttlich über diese Verbindung zwischen Himmel und Hölle trugen, hinauf- und hinunterschwebten, so als wären sie schwerelos und die Schwerkraft würde nur ihr gelten, nur ihr. So stand sie. Stand unten und war gezwungen zu warten.

Dann erschien er, der HERR. Der Herr Amtsrat würde oben an die Treppe kommen, hatte die Sekretärin voll der Gnade verkündet, nachdem zunächst gar nichts möglich gewesen war. Nein, vorsprechen beim Herrn Amtsrat müsse sie schon persönlich. Ja, ohne das kein Studium. Wenigstens unten an der Treppe solle sie stehen, wenn sie schon nicht heraufkommen könne, fügte die sorgfältig geschminkte Dame dezent vorwurfsvoll hinzu.

„Danke, vielen Dank", hatte die Mutter aufatmend gesagt und hatte die Tochter ergeben an den Fuß der Treppe geschoben. Die Treppe war – wie gesagt – eine belebte Verkehrsstraße und sehr hoch, und als er endlich oben erschien, sah sie den massigen Mann im braunen Anzug nur undeutlich, so weit entfernt war er. Lächelte er? Wie sollte sie das an diesem entfernten Horizont erkennen? Wie wollte er sie erkennen? Wie viele Sekunden, Stunden, Ewigkeiten stand er da oben? Was war der Grund für diese Musterung? Wem nützte sie? Dann drehte der Herr sich um und ging rasch weg. Hatte er genickt? Das war nicht zu entziffern gewesen aus ihrer Froschperspektive. Aber sie konnte nun wieder erlöst werden aus der Versteinerung am Fuß der Himmelsleiter – und war aufgenommen! Aufgenommen in den Tempel der Wissenschaft.

*

Sie weinte schon lange nicht mehr. Sie weinte nur noch hinter dem Gesicht. Nicht über die Lähmung. Die begann selbstverständlich zu werden. Die ließ sich handhaben. Ließ sich beherrschen. Es ließ sich ein Alltag maßschneidern, in den die Behinderung einzubetten war, normal wurde. Nein, der gefesselte Körper war es nicht. Sie hatte sich auch allmählich eine Siegermaske erarbeitet. Ihre Siege waren nicht erlogen. Sie hatte in vier Jahren als Privatschülerin das Abitur geschafft, sie studierte mit Erfolg. Sie hatte gesiegt. Alles, was trotz dieser Erfolge an sie heranreichte, was sie verletzte, durfte nicht gezeigt werden. Eine Siegerin weint nicht. Sie hat gar keinen Anlass. Es war eine eiserne Maske. Auf die war die Studentin im Rollstuhl stolz. Die Maske war unerschütterlich. Sie wurde sogar zunehmend glatter und unnahbarer. Ausgefeilt und bis ins Kleinste verbessert. Und sie wirkte.

Außer in Verachtung oder überhöhender Bewunderung traute sich niemand mehr an sie heran. Sie schleuderte jedem ein bescheidenes, aber sieghaftes Lächeln entgegen und die stumme Parole „Mir geht es gut und ihr kriegt mich nicht!" Sie war unaufhaltsam, siegesgewiss. Aber sie wusste nicht, dass die Maske auch nach innen wirkte. Als sie nach vielen Jahren ihre Festung aus eisernen Zwiebelschalen fertig gebaut hatte, erschrak sie zutiefst. Sie hatte sich so lange und so vollendet gestählt, dass niemand mehr den eisern lodernden Wall übersteigen konnte oder mochte. Brunhilde war geboren, die siegreiche Jungfrau.

Schwarze Fahne lebenslanger Trauer? Nein. Das kann kein Mensch durchhalten. Warum sollte er auch?

Als das Kind also jetzt eine junge Frau, eine Studentin war, stolz auf das Abitur, stolz auf das Stipendium, das sie aufgrund ihrer Abiturnoten bekommen hatte und nicht aufgrund ihrer Behinderung – was für eine maßlose Behinderung war diese Behinderung! Du bist nie du, du bist immer nur eine, die trotz ihrer Behinderung eine ist. Denn eigentlich bist du keine, existierst nicht, bist verschollen und vernichtet, hast keine Persönlichkeit, sondern eine Behinderung! Als das

Kind also eine Studentin geworden war, da wollte sie nun endlich dazugehören, nicht nur zu einem freundlichen Bekanntenkreis, der sie bewunderte. Sondern so richtig, zur studentischen Jugend.

Ein Mitstudent dichtete ein russisches Liedchen für sie, das er ihr auf der Gitarre vorspielte. Sie hatte ihm in Altkirchenslawisch, das sie spielend beherrschte, Nachhilfestunden gegeben. Sie war sehr verlegen und schämte sich, denn sie kam ja nie in Frage als Freundin, als Geliebte. Also waren solche hübschen Darbietungen Almosen. Willkommener war da doch der herrliche, sündteure Ikonen-Bildband, den eine andere Kommilitonin ihr schenkte als Dank für Nachhilfe in Altrussisch. Das war eine klare Sache. Die Belohnung für ihre Leistung, die Leistung einer Rollstuhlfahrerin.

Viele Studenten waren da, saßen neben ihr, zogen vorüber, kamen und gingen. Und verliebt war sie oft. Sie wusste, dass sie das nicht ernst nehmen durfte. Aber es passierte ihr manchmal. Da war sie sehr unzufrieden mit sich. Denn sie musste sich ja schützen. Vor den allzu harten Verletzungen.

Da war ihr noch einer aufgefallen. Normal war er nicht. Glücklicherweise. Ein Mitstudent älteren Datums, der als Lehrer schwer erziehbarer junger Männer sein Geld verdiente. Aber die Jugendlichen ließen sich leiten von ihm, weil er so zart und bedürftig war und ihnen leidtat. Deshalb taten sie ihm nichts. Lachten nur gelegentlich über ihn. Ein asketischer Typ, ein Klosterbruder altgriechischer Art, der ihre Schönheit bewunderte, war er. Einer der sich trotz Rollstuhl in sie verliebte. Damals aber verachtete sie alle, die sich in sie verliebten. Denn ein normaler Mann würde sich keine behinderte Frau aussuchen. Was also sollte sie mit ihm. Anziehend war er aber doch irgendwie und Bewunderung schmeichelt.

In der Abteilung „Byzantinische Kunstgeschichte" hatte sie ihn kennengelernt. Er schrieb eine Doktorarbeit über das Madonnenbild des 16. Jahrhunderts. Er hielt übrigens alle Frauen für Madonnen und alle Madonnenbilder für heilig. Deshalb kam er auch mit seinem Professor nicht zurecht. Der hielt die Arbeit für eine wissenschaftliche. Der Madonnenanbeter jedoch hielt sie für Gottesdienst, für eine immerwährende Andacht. So kam er nicht voran, der fromme Student, und war allen Menschen gram. Leichtfertige, oberflächliche Geschöpfe seien sie, schimpfte er. Und er fotografierte Frauen. Dann verliebte er sich in die frühere Lehrerin des Mädchens. Die war eine patente Frau mit vielen Einfällen und hohem pädagogischem Eros. Alle ihre besonderen Angebote kamen ihren Schülern zugute. Sie machte Ausflüge mit ihnen – und die ehemalige Schülerin im Rollstuhl durfte immer noch mitmachen. Die Lehrerin mit Leib und Seele beschaffte Theaterkarten, engagierte einen Kunsthistoriker für Museumsbesuche. Da sie älter war als er – der Madonnenverehrer – und zu sich gefunden hatte, er aber nicht normal und unzuverlässig war, überlegte sie es sich nach seinem Antrag und ließ ihn weich abfedern. „Sie hat mich stehengelassen", sagte er. Da wandte er sich wieder anderen Madonnen zu.

Einmal besuchte er sie, die gelähmte Mitstudentin, als sie am Gardasee mit ihren Eltern die Ferien verbrachte. Sie redeten und flirteten etwas schwerfällig, da durch Kunstbetrachtungen mit Bedeutsamkeit behängt. Als sie gemeinsam die byzantinischen Kostbarkeiten im Museum von Brescia bewundert hatten, war er erfüllt von ihr und der Kunst. Auf einem der groß angelegten Plätze der Stadt tranken sie einen Kaffee-Espresso. Bei der Blumenfrau, die daneben Rosen anbot, kaufe er einen riesigen Busch der rosafarbenen mit festen Köpfen und seidiger Haut ausgestatteten Blumen und eine lila Aster dazu. Die steckte er mitten in den Strauß. Sie freute sich sehr, war ein wenig verlegen. Hielt den Strauß aber fest und stolz in ihrem Schoß und war froh, jemanden zu kennen, der es vermochte, mit einer einzigen lila Aster aus banalen Geschenken etwas Besonderes zu machen, das Leben auf seine ihm eigene Art zu prägen. Dann lagen sie wieder träge auf den Sonnenliegen am Ufer des Sees. Er fotografierte sie. Das gefiel ihr nicht so ganz, denn sie war gerade nicht geschminkt. Es kam zu gefährlichen Gesprächen. Gefährlich deshalb, weil sie Farbe bekennen musste: Fühlte sie sich so angezogen von ihm, dass er weiter an sie heranrücken durfte?

„Kannst du dir vorstellen mit jemandem zusammenzuleben?", fragte er plötzlich direkt, im Beisein der Eltern, und richtete seinen eremitenhaft ausgemergelten Oberkörper hoch auf. Entsetzt, denn sie fühlte sich überfallen, antwortete sie: „Nein, zusammenleben, nein!" Und die Eltern lächelten wohlwollend. Sie hatten kurz befürchtet, dass ihre mühsam erworbene Dreieinigkeit angetastet werden könnte. Natürlich halfen sie ihrer Tochter hingebungsvoll – jeden Tag, jede Stunde, immerwährend! Aber einen Mann, den Mann ihrer Tochter dazuzuzählen, ein Anhängsel und wo würde er anhängen und wie? Das war undenkbar! Am nächsten Tag reiste er ab, der Eindringling, der Feind.

Aber dazugehören wollte sie weiterhin, unbedingt, zur Gruppe! Und es ergab sich, es fügte sich: Am Ende eines Vormittag-Seminars altkirchenslawischer Texte verabredeten sie sich: Heute Nachmittag im Aumeister! Dort wo sie sich immer alle trafen. Sie musste natürlich ihre Mutter mitbringen, denn wer hätte sie sonst hingefahren in den großen Biergarten am Ende des Englischen Gartens. Da saßen sie also dann an langen Biergartentisch auf langen Biergartenbänken, etwa ein Dutzend Studenten und ein paar Studentinnen, sie und ihre Mutter. Da kam sie mit ihrem Rollstuhl gar nicht ganz nah an den Tisch. Doch, dort am Ende, wo die Bank aufhört, aber nicht zwischendrin, nicht eng bei den anderen, wo zufällige Berührung möglich war, unabsichtlich-absichtlich, spielerisch und verspielt.

Sie trank auch kein Bier, weil sie eine ganze Maß nicht vertragen hätte – ihre Mutter übrigens auch nicht. Die anderen hatten mit solch groß bemessenen Einheiten offensichtlich keine Mühe. Außerdem hätte sie den Riesenkrug nicht heben können. Sogar von dem schweren Saftglas musste die Mutter sie trinken lassen. Einige von denen, die gegenübersaßen, schauten verwundert. „Sie denken bestimmt, nicht einmal trinken kann sie alleine", fürchtete das Mädchen und wurde innerlich rot vor Pein. Außerdem sagte ihre Mutter ein paar unpassende Sätze, belanglos und freundlich zwar. Aber ihre Studienkollegen waren doch so unendlich gebildet, so redegewandt. Und ihre Mutter nur eine einfache Frau. Das war wiederum peinlich für sie, so peinlich.

Aber sie irrte sich. Denn inzwischen war Stimmung aufgekommen. Die Sonne brannte vom Himmel. Die Studentin im Rollstuhl hatte keine Creme aufgetragen und würde einen furchtbaren Sonnenbrand bekommen. In den Schatten wollte sie aber nicht. Die anderen saßen ja auch alle breit da und die Sonne machte ihnen nichts aus. Sie lachten und scherzten, kreuz und quer über den Tisch. Später schrien und kreischten sie, denn allmählich wirkten Sonne und Alkohol und jugendlicher Sexualtrieb zusammen, und es war kein Ende. Kein Ende blöder Pöbeleien, primitiver Anspielungen, einfallsloser Grölattacken, dachte das Mädchen, plötzlich wütend und zutiefst enttäuscht, nachdem es mehr als drei Stunden versucht hatte, irgendwie, bei irgendetwas mitzuhalten, sich einzuklinken in diesen offensichtlich reibungslosen, selbstverständlichen Bandwurm aus reichlich häufig gekünstelter Lustigkeit und Blödelei. Es sich ebenfalls gemütlich zu machen in diesem allseits bekannten und beliebten Badezuber aus gewollter, gekonnter, vielfach geübter Oberflächlichkeit, ständig wiederholter anerkennender und aberkennender Plapperfreudigkeit, verletzender und trotzdem gehorsam belachter Witze und prustend bejohlter Plattheiten, das schaffte sie einfach nicht. Und wollte es nicht. Da gab sie auf. Versuchte es in späteren Zeiten noch ein paar Mal, ohne viel Hoffnung. Dann war es vorbei. War ihr ein für alle Mal klargeworden: Sie hatte keinen Platz in diesem lustigen Gemeinschaftsbad im trüben Wässerchen spärlich fließenden Quellchen, das als reißender Fluss von Lebensfreude etikettiert wurde, und offenbar den vielen genügte. Ihr nicht. Ihr würde so etwas nie genügen. Sie gehörte nicht dazu, war nie dabei, war immer für sich allein, abgesondert, besonders – gottlob! Gerade dann, wenn sie genau hinsah, gerade dann wollte sie auf keinen Fall dabei sein. Das war nicht ihres. Aber was war ihres, ausschließlich ihres? Das jedenfalls nicht. Das wusste sie, aber mehr wusste sie noch nicht.

Im Wirtshaus zum Heiligen Freak

Es tropfte durch das Grau. Schlacken und Unrat oben wie unten. In der Lache, in der sich die dickliche Flüssigkeit stinkend sammelte, schwammen quallige Fetzen, sie zuckten, zitterten. Dann Stille. Sie schwammen im Moder. Gingen auf, ballten sich in verfallenden Klumpen, kaum die Farbe wechselnd. Es lohnte sich nicht mehr. In der Ferne, die weit weg war und offenbar kein Ende hatte, schwelte ein schmutziges, ängstliches Rosa, das im giftig braunen Lila erstickt wurde. Sie – von

Furcht aufgefressen. Konnte nicht denken, starrte auf das Un-
bekannte, Unbenannte, das als nächstes über sie kommen
würde. Dabei gab es gar kein nächstes. Mit einem widerlichen
Schrei zerbarst, was offenbar ein Grenzstein gewesen war. Ein
spitzes schwarzes Dreieck auf einem Bein, in der heißen Brise
sich windend, fiel um, vielleicht war es lebendig gewesen. Asche
jetzt. Räudig jedenfalls. Früher mag es ein Baum gewesen sein.
Das Ende war unausweichlich. Sie wusste es. So lag sie. Und
schrie vor Furcht. Ihr Gehirn krallte sich in die Auswege, die es
nicht gab. Doch die Scheuchen, die sie ohne Absicht umstellt
hatten, gellten Hohn. Quetschten, pressten sie zusammen, er-
stickten sie, obwohl sie gar keine Kraft und keine Absicht hat-
ten. Materie jenseits der Verwesung. Von Lebendigem nur mehr
ein Gestank. Die Reste der Welt – ein ungeheuer donnerndes
Furzgewitter. Zerbröselnd, nichts weiter. Leere wurde sichtbar,
hörbar. Dröhnte ihr die Ohren weg. Auch hier begann sie löch-
rig zu werden. Augen stierten. Die Zeit hatte sich abgesetzt.
Nein, da war sie wieder! Denn plötzlich war etwas. Bewegte
sich im Erstarrten. Gestalten. Gleichgemacht. Quollen auf sie
zu. Langsam. Schleppend. Hängend. In gleichmäßigem Trott.
Im unbeholfenen Rhythmus. Holpernd. Stolpernd. Ein Kräch-
zen. Ein abgestorben krächzendes Singen. Gesang, der an-
schwoll dagegen. Deutlich wurde der Rhythmus. Sie winkten sie
herbei. Umrisse. Körper. Normalität der Abnormalen.
Schwarze Fäule. Erstarrt blieb sie am Ort und gaffte. Es war
eine ungeschickte Springprozession. Dicht an dicht. Köpfe auf-
und abzuckend. Körper sich aufbäumend unordentlich. Da
wusste sie es. Es war das andere Ende, aber sie würden sie tra-
gen. Da reihte sie sich ein. Sie nahmen sie auf. Wirklichkeit?
Hier! Ausschließlich hier! Der Wurm schluckte sie. Sie
schmiegte sich an, fügte sich leicht, wurde ein Teil ihres Gleich-
klangs. Wankte wie sie. Kroch. Schleppte sich. Der Tod war un-

ausweichlich. Aber nun war er klein gehalten. Purpurtragend. Denn der Rhythmus wurde härter, stärker, unbarmherziger. Der Gesang lauter. Sie schritten durch ihn hindurch. Die verwobene Kette der ungestalten Gestalten. Der Zug der Aufgegebenen. Die Litanei der anschwellenden Verzweiflung. Und Kraft. Machtvoll. Dröhnender Gesang zerriss die Luft. Tosend. Magisch. Herrlich. Herrscherlich. Tröstend. Und spuckten sie aus. Da war sie wieder allein.

Lichter, Wirbel, Strömungen

Ihre Mutter holte die Studentin im Rollstuhl aus dem Hörsaal. Für heute hatte sie alle Vorlesungen schon hinter sich. Jetzt heim, sich nicht ausruhen, weitermachen. Alles war so neu, alle Fächer, alle Themen so spannend, so überfordernd, noch. Aber das alles würde sie beherrschen, alles! Nie hätte sie sich eine solche Fülle an Gehirnakrobatik erwartet, keine solche Schatzkammern von Wissen, Erkenntnissen, von Zusammenhängen, die sich erschlossen, von Personen, die ihrem gefräßigen Hirn Futter lieferten, ohne Ende, sie herausforderten, sie verzweifeln und dann doch wieder triumphieren ließen, denn endlich hatte sie es nun kapiert, sich angeeignet. Jetzt konnte sie damit umgehen, jonglieren, selber eine Deutung versuchen, vorsichtig eigenen Schlüsse ziehen.

Aber Russisch, die neue, jetzt in Lenins Sowjetunion gesprochene Sprache, konnten andere besser. Also musste auch sie bald besser werden. Sie war auf der Suche nach Russischlehrern, die zu ihr nach Hause kamen. Im Münchner Telefonbuch fand sie die Adresse einer russischen Kirche, ansässig in München. Ein Pförtner hob ab. „Die Herren sind nicht da“, sagte er mit einer wunderbar vibrierenden dunklen Stimme.

Ob sie einmal vorbeikommen könne, wenn die Herren da wären, fragte sie schüchtern aber hartnäckig, sie bräuchte einen Russischlehrer. Als sie bei dem einfachen Haus mit hübschem Garten rundherum ankam, ihre Mutter sie vom Autositz des roten VW-Käfers in den Rollstuhl gehoben hatte, erschien der Hausherr, ein großer, massiger Mann mit gepflegtem Bart, der sie in akzentfreiem Deutsch begrüßte. Seine tief verführerische Stimme verriet es: Der Pförtner war der Hausherr gewesen. Er hatte keine Lust gehabt, sich mit der lästigen Anruferin zu befassen. Umso mehr Interesse zeigte er in den folgenden Monaten und Jahren. Zunächst vermittelte er ihr zwei Russischlehrer. Einer war ein ausgedienter russischer Offizier mit einer großzügig verschlampten Aussprache, der sie Spätzchen nannte und sie immerzu küssen wollte. Er hatte eine starke Neigung, Geschichten über sich selbst zu erfinden, aber da er gleichzeitig ein schlechtes Gedächtnis hatte, verunglückten seine Lügen nur allzu oft schon am nächsten Tag, was die Russischstunden mit ihm zu einem stets spaßigen Spiel machten.

„Aber Herr Karginskij", sagte sie zu ihm, „gestern war die Frau in der Straßenbahn, die sie so angelächelt hatte, dass sie sie abwehren mussten, da sie sonst über sie hergefallen wäre, die war doch gestern blond gewesen!"

„Ja, ja, blond schon, aber mit einem Stich ins Brünette", versuchte er die Glaubwürdigkeit seiner Geschichte zu retten.

„Aber sie haben doch gerade gesagt, sie war rabenschwarz und sie haben ihr schon beim Einsteigen angesehen, was für ein zigeunerhaftes Heißblut sie gewesen ist!"

So jedenfalls lernte das Mädchen gut und schnell Russisch und manchmal auch sehr ausgefallene Begriffe. Die Richtigkeit dessen, was sie lernte, wurde dann wieder von ihrem anderen Lehrer, einer Lehrerin, aufgewachsen in sowjetischen

Zeiten, bestritten und korrigiert. „Dieser alte Offizier", zischte die schmallippige, streng zu einem Haarknoten frisierte 50-Jährige, die ein sorgfältig artikuliertes Russisch sprach, „das hat Ihnen der wohl wieder beigebracht!"

Und sie verbesserte zornentbrannt, was der alte, antisowjetische Esel ihrer Meinung nach verbrochen hatte. Beide kamen sie je einmal in der Woche zu einigen langen, intensiven Lernstunden und mindestens zweimal, meistens öfter, kam er, der Hausherr, ein hoher Würdenträger der russisch-orthodoxen Kirche des Moskauer Patriarchats. Er vertrat in München die sogenannte offizielle russische Kirche, im Gegensatz zur Auslandskirche. Doch er hielt die Feindschaft zur sogenannten Auslandskirche, die sich außerhalb Sowjetrusslands gebildet hatte, da sie mit den Sowjets nichts zu tun haben wollte, nur lustlos aufrecht. Wer von den gläubigen Russen in München zu ihm in seine kleine, im Haus eingerichtete Kirche kam, für die hielt er den Gottesdienst.

Ansonsten lebte er sein Leben, das mit vielen kirchendiplomatischen Reisen nach Russland und in andere Ostblockstaaten verbunden war. Von dort brachte er ihr manches mit, Bücher, Koffer, Ikonen, einen Samowar. Er lebte unabhängig und unkonventionell. „Du bist sehr klug", sagte er und führte sie gerne seinen intellektuellen Bekannten vor, „und du bist so schön, dass du immer ankommen wirst bei den Menschen, so lange du so aussiehst, wie du aussiehst. Nach Lourdes oder in einen anderen Wallfahrtsort musst du nicht pilgern, um auf ein Wunder zu hoffen. Wenn ich mir deinen Lebensweg anschaue, dann ist das bereits ein Wunder!"

Dass er sich auch erotisch für sie interessieren könnte, glaubte sie lange nicht. Das hatte sie aufgegeben. Männer interessieren sich nicht für behinderte Frauen, und wenn sie ein noch so hübsches Gesicht haben. Wieso also er, dieses kräftig und drängend ausgeformte Exemplar seiner Gattung. Aber es war so – gegen jede Wahrscheinlichkeit. Auf einer Fahrt in seinem Mercedes durch die winterliche Landschaft vor Deisenhofen hielt er auf einem Waldweg und küsste sie. Sie konnte den Kuss nicht erwidern, weil es gar nicht wahr sein konnte, dass er sie geküsst hatte. In verwirrter Erstarrung saß sie im Auto und blickte auf die trüb-weißen nebeligen Felder, die wie eine Kulisse vorüberzogen, als sie wieder nach Hause fuhren.

Einmal trug er sie auch in sein Bett. Er sagte ihr, dass ihr Körper noch genauso schön sei wie früher. Er hatte den beweglichen Körper, über den sie früher verfügt hatte, nur auf Fotos gesehen. Zart strich er mit einem seiner großen Finger über die Einbuchtung zwischen ihrem Bein und ihren Schamlippen. Schön, flüsterte er und wollte dann in sie eindringen. Sie war stumm, hielt den Atem an und war schon lange erstarrt, während sie alles ebenso gierig wie entsetzt über sich ergehen ließ, weil sie es sich sehr wünschte, aber in ihrer Schreckensstarre fast nicht fühlen, nicht genießen konnte.

Aber er drang nicht in sie ein. Langsam richtete er sich wieder auf. Wortlos. Sacht und geschickt zog er ihre Unterwäsche und Kleider an. Sie tranken noch Kaffee, plauderten und dann fuhr er sie wieder heim. Sie klärten nie etwas, nicht zuvor und nicht danach, keine Absichten, keine Wünsche, kein Verlangen, keine Enttäuschungen. Ihre Beziehung war vollkommen wortlos.

Ob sie in ihn verliebt war, fragte sie sich oft. Oh ja. Zumindest schmeichelte ihr außerordentlich, dass sie von ihm erwählt worden war. Von ihm, von dem eine Freundin sagte, „wie hältst du nur diese erotisch vibrierende, abgründig verführerische Männerstimme aus? Da fange ich an, am ganzen Körper zu zittern, das ist mir noch nie passiert!"

Ja, sie war schon aus der Bahn geworfen von dem, was da in ihr vorging, sie war entzückt, schwamm auf einem Strom von Erregung durch einen hellen Urwald aus undeutlich erkannten Schlingen, Wurzeln, Untiefen, Lichtern, Wirbeln und Strömungen, die blitzten und verschwammen, sich überlagerten und sie bis zur Verrücktheit verwirrten. So wurde sie gebeutelt von Feuerfliegen und Eisregen.

„Du wirst dein Studium nicht aufgeben, nie!", sagte sie gebieterisch zu sich selbst, „egal, was passiert, egal, wie sehr du, dein Denken, dein Körper, dein Wollen, deine Empfindungen aus den Fugen geraten." Aber sie musste sich gar nicht dazu zwingen. Es war selbstverständlich und gleichzeitig wunderte sie sich über diese ihr eigene Unverrückbarkeit, die sie offensichtlich in sich trug und die sie so sicher machte, so wenig wanken ließ. Das hätte sie von sich nie gedacht! Es machte sie stolz.

Aber liebte sie ihn nun, oder nicht? War es immer noch der Unglaube, der ihr gar nicht erlaubte, zu denken, dass das, was da geschah und sich nicht benennen ließ, dass das etwas anderes war als ein Märchen, zu dem solche wie sie gar keinen Zutritt hatten? Unterlegenheitsgefühl, in dem sie sich wimmernd vor dem göttlichen Mann wand und das sie in dankbarer Erwartung jedes Almosens befangen auf die Vorgänge starren ließ.

Nein, denn sie war auch stolz, auf sich, auch auf sich ohne ihn, den vielbegehrten Mann, stolz auf die Studentin, ihre Leistungen, ihren Erfolg, ihr jetziges Dasein, in dem sie sich doch gelegentlich frei, sicher, leicht fühlte. Und er war eine überwältigende Zutat zu diesem, ihrem selbsterrungenen Leben. Und begehrt war er in der Tat. Er hatte eine Freundin, die älter war als die Studentin und die sein Haus in Ordnung hielt. Sicherlich schlief er mit ihr. Vielleicht schlief er auch mit

Marlene, der Freundin des Mädchens, die er bei ihrer Geburtstagsfeier kennengelernt hatte. Vielleicht schlief er auch mit der Mutter des Mädchens. Denn eines Tages hatte die Mutter ihre von allen geliebten Krapfen gebacken. Fetttriefend holte sie sie aus dem siedenden Butterschmalz, bestäubte sie mit Puderzucker und drapierte sie auf weißen Biedermeier-Deckchen und weißem Porzellan. Die Mutter hatte auch ihn eingeladen, diesen quadratischen russischen Mann mit der überwältigenden Stimme. Vater, Mutter, der Mann, Marlene und sie, die Studentin. Eine fröhliche Runde. Es gab Krimsekt zu den Krapfen. Eine ausgelassene Runde. Am nächsten Tag gab es Streit zwischen den Eltern. Der Vater war empört und schrie. Er habe sie mit ihm, dem russischen Mann aus der Toilette kommen sehen. Die Mutter bestritt das. Die Tochter auch, denn sie konnte sich die beiden Körper in irgendwelchen Verschlingungen nicht vorstellen. Außerdem fürchtete sie für den Familienfrieden, dessen Bruch ihr Leben beeinträchtigen, zerstören würde.

Eine Woche danach erschien Marlene. Sie war nicht so gesprächig wie sonst. Gab sich geheimnisvoll. Mitfühlend. Oder was war das? Was sollte das? Dann teilte sie es mit. Teilte es mit der Studentin. Schien betroffen. Der russische Mann habe ihr gesagt, die Studentin sei zwar bewunderungswürdig. Aber sie sei eben ein lebendiger Leichnam.

Danach kam er weniger häufig zu ihr. Sie konnte sich nicht mitteilen. Konnte ihm und sich nur die Laune verderben. War erstarrt. War zerstört. Existierte weit weg von allen Menschen.

Irgendwann erhielt er eine neue, höhere Aufgabe. In Wien.

Das Geschenk des HERRN

Es war Nacht über der Stadt. Eine verheißungsvolle Nacht. Durchsichtig für die Lauernden, durchscheinend für das Licht, das hinter der Schwärze der Nacht aufschien und alles gelten ließ. Nicht auswählte, aussortierte. Zuließ. Da hielten sich auch die Gespenster nicht mehr zurück und heulten über die Friedhöfe und um die Kirchen. Es war ein Fest der Heiligkeit und des Hervorquellens. Ein Fest der Gleichgültigkeit.

Da erschien er am Horizont. Umzuckt von gekrümmten Blitzen. Es war wiederum der HERR. Rasend kam er näher. Erstreckte sich vom unteren Flusslauf der Isar hinauf bis zur Zugspitze und noch weiter – bis zu den Himmlischen Heerscharen. Und ließ sich jetzt die Jakobsleiter herab. Zu ihr. Geradewegs zu ihr. Was sie sich immer erträumt hatte. Machte sich dann doch nicht die Mühe, bis in ihre Niederung zu klettern, sondern wies die Engel mit einer großen Geste an, ihr das Geschenk zu überreichen. Groß war die Geste und leer seine Hände.

Gehorsam und verlässlich stürmten die Engel herbei. Sie beugten sich vor seiner Herrlichkeit. Dann stürzten sie hinab zu ihr. Einer trug ein Gesicht in Händen. Als er näherkam, biss er mit bleckenden Zähnen und riesigem Maul hinein und riss einen fetten Brocken blutigen Fleisches heraus. Da warf er das Gesicht weg. Die Lahme schrie auf vor Entsetzen und Mitgefühl, Trauer und Wut und Vergeblichkeit. Danach erschien ein anderer Engel. Er zerrte zwei Säuglinge an den Beinen hinter sich her. Wie tote Schweinchen. Aber sie lebten noch. Da zog er Nadel und Faden aus einem goldenen Rucksack und nähte die Säuglinge zusammen. Sie lebten immer noch. Ein dritter Engel kam direkt auf sie zu. Sie zitterte vor Angst und Hoffnung. Dieser Engel trug offensichtlich das göttliche Geschenk in Händen.

Es waren zwei riesige weiße, hochragende Segel. Er kam näher. Nein, keine Segel. Flügel waren es. Zwei weiße, gefiederte, offenbar noch nicht gebrauchte Flügel! Da stand der Engel bereits vor der Lahmen und sprach: „Da du deine Beine nicht benutzen kannst, schenkt der HERR dir Flügel." Und im selben Moment griff er nach ihr, zerrte sie am Hals in die Höhe, riss ihr ein Bein aus und setzte einen Flügel ein. Riss das andere Bein heraus und setzte den zweiten Flügel ein. Dann warf er sie wie ein gerupftes Huhn in die Luft und sprach: „Der HERR sei mit dir." Sie schrie auf und stürzte wie ein Stein in die Tiefe. Fiel und fiel. Und irgendwie gefiel es ihr, obwohl es sie schauderte. Fiebrig glühten ihre Wangen. Ihre Augen weiteten sich blicklos und starrten in die von fließender Lava zerfetzte Nacht. Sie fiel. „Ich habe Flügel, ich habe doch Flügel", dachte sie. Nichts geschah. Von selber geschieht gar nichts.

Ungelenk bewegte sie einen der Flügel. Der riss sie gewaltig aus der Bahn. Darauf bewegte sie den anderen, um Gleichgewicht zu gewinnen. Da zerrten beide Flügel sie hoch. Aber ihr lahmer Körper fiel nach vorne hinunter und nun hing sie kopfüber zwischen den wedelnden, klappernden Flügeln, die sie hin und her schleuderten. Um der Bewegung Herr zu werden, legte sie einen Flügel dicht an den Körper und bewegte nur den anderen. Daraufhin verschraubte sich ihr lahmer Leib einseitig. Mit dem anderen Flügel versuchte sie, rasch und heftig gegenzusteuern. Da schlenkerte ihr Körper hin und her und rundherum, schlackerte hilflos zwischen den Flügeln. Wurde von ihnen verletzt und beruhigt, herumgewirbelt, aufgefangen, geschützt und torkelnd getragen.

Nur laufen konnte sie nicht. Ein roher Fleischklumpen blieb sie, geteert und beflügelt. So schwamm sie durch das Weltall. Während die Engel zurückgekehrt waren und den HERRN priesen. Von Ewigkeit zu Ewigkeit.

6. KAPITEL
Die Kunst der Verführung

Wenn sie in den Aufzug rollte, verstummte gelegentlich das Gespräch der Kollegen. Was hätte man mit ihr auch reden sollen? Sie war ja kein Kumpel und auch als Bettgespielin kam sie nicht in Frage. Wenn die Sprachlosigkeit laut wurde und der Aufzug den 17. Stock immer noch nicht erreicht hatte, fragte schon mal einer, wie schnell man mit dem Elektro-Rollstuhl fahren könne und ob sie ihn jeden Tag aufladen müsse. Aber es gab auch die anderen, die sich im Aufzug nicht in die Ecken flüchten mussten, diejenigen, mit denen sie unbefangen reden konnte.

Abitur, Studium, Doktortitel, eine Anstellung als Redakteurin bei einer großen Rundfunk-Anstalt. Was bedeutete das für sie, für die behinderte Frau? Anerkennung? Dazugehörigkeit – zu wem? Überlegenheit – wem gegenüber? Normalität – was ist das?

Im Übrigen schaffte auch sie es nicht, das Unbehagen aufzulösen, das den Aufzug füllte, wenn die Kollegen verstummten, weil sie dem Rollstuhl zu nahegekommen waren. Denn sie selber erstarrte ja in der ängstlichen Erwartung, abgelehnt zu werden. Warum hatte sie diese unsichtbare Schranke nicht schon längst überwunden? Oder hatte sie?

Und dann kam es noch einmal, dieses Dazugehören-Wollen zum unanstößigen Gemeinschaftsleben. In seiner engsten Form, als Heiratsplan, tauchte es auf. Sie wunderte sich, aber sie musste zugeben, es war verführerisch: Zu denken, dass sie zu zweit sein würde. Alles, aber auch alles gemeinsam bewältigen. Wäre das nicht herrlich? Geteilter Kummer, zweisamer Genuss? Auch dass ihre Umgebung sie mehr schätzen, höher einschätzen würde, als Ehefrau, als eine, welche – obwohl in diesem lahmen Zustand – doch eher so wäre wie die anderen: normaler, weiblicher, gewählt worden seiend, nicht sitzen geblieben. Denn welcher Mann würde schon eine behinderte Frau heiraten wollen – normalerweise! Und vielleicht war er tatsächlich die andere Hälfte, die sie komplettieren würde, zum einen, zum richtigen, zum Vollwert-Menschen.

Doch diese angeblich ideale, unverzichtbare Mann-Frau-Bündelung hatte sie immer als Blödsinn empfunden. Ausschließlich zur Fortpflanzung geeignet. Wie sollte etwas anderes, Fremdes sie vollständig werden lassen? Eine Vollständigkeit im übergeordneten, spirituellen Sinn vielleicht? Ach was, von solch metaphysischem Geraune hielt sie gar nichts! Das hatte sie immer schon schnoddrig abgewertet. Und wenn sie ehrlich war – wieso wollte sie ihn eigentlich, ausgerechnet ihn auch noch? Er war nicht besonders intelligent, war nicht gebildet, hatte kein Gymnasium absolviert. Was anfangen mit ihm? Aber er sah sehr gut aus. Zwar saß er ebenfalls im Rollstuhl, doch er war beweglich wie keiner! Sogar ein wenig stehen konnte er.

Und – nichts Intimes war ihm fremd. Er setzte sie mit spielerischer Kraft auf die Bettpfanne und reinigte sie danach liebevoll. Er küsste und leckte ihren unbeweglichen Leib. Ein Körpermagnet ohnegleichen! Sie zitterte vor Begierde, wenn sie ihn sah, wenn sie an ihn dachte, sich ihn und seine Küsse vorstellte. „Auf was für einen billigen Erotikfilm habe ich mich eingelassen!", schämte sie sich gleichzeitig und verachtete sich, um sich zu retten. Machte sich gebildete Vorwürfe. Und vergaß diese rasch wieder, denn sie genoss es, dieses zittrige Fieber, es überwölbte sie, verdampfte ihr Gehirn. Sie wurde schamlos deutlich, wenn sie ein wenig Wein getrunken hatte. Ihre Lust wurde in einem ungeheuren Maße körperlich.

Er hatte eine Weltreise geplant. Das hatte er ihr von Anfang an gesagt. Die würde er auch antreten. Natürlich. Warum sollte er nicht! Wegen ihr? Nein! So richtig anschmiegsam war sie sowieso nicht. Das efeuartige Ranken am anderen empor lag ihr nicht. Daran wäre sie selber erstickt, und erstickt und erdrückt fühlte sie sich oft genug. Aber als der Abschiedsabend kam, trank sie eine halbe Flasche Wodka und wunderte sich, dass sie nicht betrunken war. Sie hätte wohl zweimal so viel trinken müssen, um zu vergessen. Das ließ sie bleiben.

Als er dann unterwegs war, konnte sie nur schwer an sich halten. Sie war unruhig und sehnsüchtig. Hatte wohl doch begonnen, auf ihn zu zu leben. Das hatte sie nicht vorgehabt und doch herbeigesehnt, sich ausgemalt und es brüsk zurückgewiesen. Jetzt, in der Periode der Entbehrung, wollte sie wenigstens in Ruhe ihre Radio-Sendungen schreiben, es genießen, dass das Begehren sie wenigstens gelegentlich aus seinen Klauen ließ. Er schickte Brieflein und Karten und Fotos. Fotos, die zeigten, wie er sich eine große Schlange um den Hals legte, von einem Hawaii-Mädchen eine Kette aus Blumen umgehängt bekam, oder ein halb verhungertes Affenkind auf dem Arm trug. Sie dachte heimlich, so heimlich, dass sie selber es nicht merkte, was für ein Prolet er doch sei. Aber da sie ihn wollte, unbedingt wollte, betrachtete sie seine abgeschmackten Touristenfreuden mit mütterlich einfältiger Verklärung: War er nicht süß? So billigte sie die Abenteuer des gehätschelten Kindes im Sandkasten. Liebesgrüße von der Antarktis bis Australien, von Amerika bis Indien. Jede

Woche kam mindestens ein Brieflein, eine Karte, ein Foto. Dann war er wieder da. Müde vom Jetlag.

Sie kaufte sich gerade ein neues Auto. Bei den Verhandlungen mit dem Verkäufer sollte er dabei sein. Doch während der Verkäufer sprachschleifenreich das neue Modell vor ihren Augen entstehen ließ, schlief er ein. Am nächsten Tag hatte er viel zu tun. Am dritten Tag sagte er ihr, dass es aus sei. Er hatte sich eine Thailänderin mitgebracht. Es sei einfach zu schwierig – mit einer Behinderten. Es reiche schon, dass er selbst behindert sei. Da könne er nicht noch so eine brauchen, eine so schwer behinderte Frau. Auch beim Sex. Mit ihren langen Fingernägeln habe sie ihn sogar einmal am Penis gekratzt, maulte er vorwurfsvoll. Und die Thailänderinnen seien darauf gedrillt, dass sie sich anpassten an den Mann, alles für ihn taten und das haargenau so, wie er es wünschte, sagte er mit kundiger Miene. Das erzählte er ihr, der Intellektuellen, aber Unfähigen, der Kleinen, Mickrigen, nicht Weltgereisten.

Und sie verstand es, verstand alles. Es war tatsächlich umständlich und tagtäglich ermüdend und manchmal entnervend, mit dem eigenen behinderten Körper zurechtzukommen. Ihn waschen zu lassen, ihn anziehen zu lassen, ihn aus dem Bett heben zu lassen, ihn nach dem Stuhlgang abwischen zu lassen, ihn zu schminken – nein, das nicht, das machte keine Schwierigkeiten, denn das konnte sie ja selber.

Und da wäre dann eben noch ein zweiter behinderter Körper, viele Jahre vielleicht. Das wäre nicht auszuhalten gewesen. Und wenn sie ehrlich war, manchmal, was hätte sie mit ihm auf Dauer auch anfangen sollen? Es interessierte ihn kein Theater, kein Konzert, kein Buch. Nichts aus dem ganzen Kulturbetrieb, den andere Paare nutzten, um sich nicht zu sehr miteinander zu langweilen. Sie wusste wirklich nicht, über was sie eigentlich mit ihm hätte sprechen sollen. Auch eigene Gefühle, eigene Gedanken, das eigene Leben waren nichts, worüber er hätte reden wollen oder können. Trotzdem war sie traurig, unendlich traurig. Verletzt und verzweifelt. Weil es aus war. Und fühlte sich auch noch betrogen und belogen, weil – obwohl doch alles zu Ende war – noch immer, wochenlang noch, ein Liebesbrief, ein Kärtlein nach dem anderen bei ihr eintrafen, ihm verspätet von seiner Weltreise nachgeflogen kamen und sie mit zeitverzögerten Liebesschwüren beträufelten, beschmutzten, beleidigten. Diese Brieflein erzählten immer noch von einer Liebe, als diese Liebe schon gar nicht mehr vorhanden war. Eine Liebe, die ihre Kündigung längst erhalten hatte. Deren überholte Zeugnisse noch immer von der Post um die Welt befördert wurden. Zeitverschiebung einer Liebe.

Du musst deine Wut rauslassen, rieten ihr die Freundinnen. Nur so wirst du ihn los! Nein, sie schüttelte traurig den Kopf. Schau doch, was er dir angetan hat! Nichts hatte er ihr angetan. Sie hätte sich ja nur nicht so bereitwillig, so gierig auf ihre Sehnsucht, auf die Romantik einer sie vielleicht doch erhöhenden Zweisamkeit einlassen müssen. Keiner hatte sie dazu gezwungen. Sie trauerte nur der Illusion nach. Nichts anderes. An dieser Illusion war er zwar beteiligt, aber nicht schuld.

Lange Zeit danach erst begann sie zu begreifen, wieder zu fühlen, zu wissen, dass sie vollständig war, keinen anderen Menschen brauchte, der sie zu einem Ganzen machte. Sie brauchte nur sich selbst. Auch war sie immer schon ganz gewesen. Und wieder wurde sie langsam heil. Wurde es zuverlässig diesmal. Einigermaßen wenigstens. Sie hob den Kopf und begann – noch erschöpft und zögerlich – sich auf sich zu besinnen. Begann wieder, sie selbst zu werden. Wurde immer mehr sie selbst. Und glitt doch nur dahin.

Ophelia

*Im Wasser des Stroms trieb sie wie Ophelia, ganz langsam,
einen Blütenkranz im Haar, ein Kranz aus weißblättrigen See-
rosen, verflochten in die dunkelblonden Strähnen. Die vollen
Lippen bleich, elfenbeinern das Gesicht. Im durchscheinenden
Wasser lag sie, unter der leise bewegten, spiegelnden Oberfläche. Gehüllt in ein langes, fahl rosenfarbenes Kleid, das um ihre
Glieder wallte. Leise strudelnde Seide, die sich anlegte und auf-
blähte, manchmal von der Strömung langgezogen, sanft ge-
kräuselt und wiegend getragen. So trieb sie unter dem Wasser-
spiegel des großen Stroms dahin. So knapp unter dem Spiegel,
dass sie alles hören und sehen konnte – gedämpft, nahe dran,
aber weit weg, unbeteiligt und unbehelligt. Sie war dabei und
konnte nicht belangt werden.*

*Am Ufer die großen Dome. Gewaltige graue Mauern, die
wie Festungen dröhnten. Türme, die den Himmel sprengten.
Hallende Glocken, die das Wasser des Flusses erbeben ließen.
Und vor den Kirchentüren der Dome die beiden Königinnen,
die ihren Streit zum Staatsakt erhoben hatten: Welche sollte zu-
erst eintreten? Welche war die Berechtigte? Welche die Einzige?
Eine trug das auftrumpfend rote Kleid. Die andere ein schwar-
zes mit geschlitzten Ärmeln, aus denen blutiger Samt quoll, und
glühende Augen darüber. Um sie herum viel Volk, Herolde,
Pagen, die Männer der Wachen und die Herren und Damen
des Gefolges, hell und bunt bekleidet. In plastikgrellen Farben.
Mit Seidenlocken und Engelsgesichtern die Pagen. Mit hoher
Stirn die Priester und Weisen. Glatt und blauäugig die edlen
Frauen.*

*Vom Strom aus konnte sie den Ausgang des Streits nicht
mehr sehen, denn sie trieb langsam vorbei, immer weiter und
war schon vorüber. Gut aufgehoben unter der Oberfläche. Sie*

sah alles. Sie hörte es in den Ohren rauschen. Jeden Laut der Welt. Sie war dabei, aber nicht anwesend. Die stumme Zuschauerin mit den geschlossenen Augen. Weich gebettet, sanft schwankend, schwebend, träumerisch. Immer weiter, langsam immer weiter. Unantastbar.

Die Nabelschnur

Die Mutter hatte sich vor kurzem erkältet. Von der Tochter immer wieder ängstlich darauf angesprochen, leugnete sie es, obwohl ihr Gesicht gedunsen aussah und sie zu husten begonnen hatte. Ob sie keinen Mundschutz tragen wolle, fragte die Tochter vorsichtig. Die Mutter brauste auf. Sie habe nichts, die Tochter solle sich nicht so hysterisch aufführen, sie habe wirklich überhaupt nichts! Die Tochter schwieg. Am vierten Tag war auch die Tochter krank.

Die Ärztin kam und fragte, warum die Mutter keinen Mundschutz getragen habe, sie kenne doch die schwache Lunge der Tochter, wie oft habe sie es ihr schon gesagt! Die Mutter war gekränkt, sie könne ja schließlich nichts dafür, dass sie einen Schnupfen bekommen habe, das sei ja schließlich nicht ihre Schuld. Wirklich nicht! Sie begann zu weinen. Nein, natürlich könne sie nichts dafür, besänftigten Ärztin und Tochter sie. Da die Mutter eine patente Frau war, beruhigte sie sich schließlich. Rigoros und umsichtig machte sie sich an die Pflege der Tochter. Bekannte, die anriefen und die Situation in schwarzen Farben geschildert bekamen – die Tochter sei sehr, sehr krank – fanden die aufopfernde Besorgnis der Mutter wie immer bemerkenswert: Eine großartige Frau, als ob sie nicht sonst schon genug Kummer hätte mit der kränkelnden, lebenslang behinderten Tochter!

Die Mutter verdoppelte ihre Wohltaten, sie ließ keine Linderung aus. Sie erfand Erleichterungen und Annehmlichkeiten, die der Kranken gar nicht in den Sinn gekommen wären. Jede ihrer Verrichtungen war hilfreich und erfrischend, denn sie geschah mit Geschick und auch mit Liebe, wie die Mutter betonte. Die Tochter aber wurde schweigsam.

Gleichwohl versuchte sie sich in Geduld zu üben, zu hoffen und zu warten. Sie hoffte und wartete in panischer Ungeduld. Die Mutter brach in Tränen aus: Warum die Tochter sie so hasse, sie könne doch nichts dafür, dass sie sich erkältet habe und dass die Tochter sich dann leider, leider auch angesteckt habe, dafür könne sie doch nichts!

Die Tochter versicherte, dass sie sie keinesfalls hasse. Nein, sie könne natürlich nichts dafür. Aber sie hätte doch gerne erfahren, warum die Mutter den Mundschutz abgelehnt habe. „Warum hast du keinen Mundschutz getragen?", fragte sie direkt. „Ich weiß nicht, ich habe mich nicht schlecht gefühlt, ich habe nicht gedacht, dass ich ansteckend wäre!", sagte die Mutter und weinte wieder. „Du magst mich nicht", schluchzte sie. „Doch, doch", sagte die Tochter gequält.

Der Krankheitsverlauf bei der Tochter war nicht dramatisch. Fieber schon. Aber da ihr die Ärztin schnell ein Antibiotikum verabreichte, das umgehend wirkte, schien die Erkältung nach zwei Wochen fast vorbei zu sein. Gut, da waren noch Husten und ein Schwächegefühl und den ersten Tag im Büro hätte die Tochter beinahe nicht durchgestanden.

Mit der Rückkehr ins Büro hatte sie die Krankheit auch sofort vergessen. Sie arbeitete mit derselben Pausenlosigkeit und Lust wie immer. Und irgendwie überstand sie den ersten Tag. Daheim legte sie sich schnell ins Bett, um am nächsten

Tag frischer zu sein, um ohne Anstrengung, ganz wie gewohnt, arbeiten zu können. Und sie fühlte sich auch ein wenig besser am folgenden Morgen und am darauffolgenden auch und schließlich hatte sich wieder die Normalität um sie gebreitet, die ihr so wichtig war.

Nur sie selber wusste, denn es war tief in ihrer Angst versteckt, wie schwierig ihr Tagesablauf immer noch war. Nur sie merkte, dass sie von einem Moment auf den anderen abschlaffen konnte, überfordert war, Hustenanfälle bekam, die Atemnot hervorriefen. Aber sie erzählte es niemandem. Es würde sich ja ganz von selber bessern und schließlich vorbei sein. Doch obwohl es ihrem Gefühl nach und auch objektiv besser wurde, wuchs die Angst, die heimliche Angst, die jetzt nach oben kam, nach außen trat, unheimliche Angst: Warum jeden Abend diese Erschöpfung und die Hustenanfälle?

Dann kam der Rückfall. Wieder Antibiotika. Das Fieber sank rasch und der Husten war geringfügig. Doch sie war hilfsbedürftiger, war gebrechlich geworden. Sie weinte nun jeden Tag, zerfloss ohne Anlass in Tränen, weil sich nichts besserte, weil ein Tag schlechter war als der andere, weil sie am nächsten Morgen nicht deutlich gesünder war. Sie weinte, weinte.

Die Mutter, die die Not der Tochter mit schmerzender Sorge wahrnahm, kümmerte sich noch rührender und zuverlässiger um sie. Ihre Pflege bekam immer mehr Glanz und Präzision. Doch die Schwäche blieb fühlbar. Unveränderte Tage. Kaum Besserung spürbar. Im Gegenteil. Allmählich schwand der Glaube in die eigene Kraft. Angst, dass es nie mehr werden würde. Angst vor Atembeschwerden. Angst vor erstickendem Husten. Dazwischen ein ganz annehmbarer Tag. Aber war er wirklich besser als der vorhergehende? Wurde sie kräftiger? Nein. Doch. Vielleicht doch nicht.

Jedenfalls war der nächste Tag wieder schlechter – eindeutig. Erstickungsanfälle, Tränen unaufhaltsam, Engegefühle, Aussichtslosigkeit, Kräfteverfall, Übelkeit, denn die Tochter vertrug die Antibiotika nicht mehr – zersetzende Übelkeit und Angst, Angst, zermalmende.

Sie rufe jetzt die Ärztin an, sagte die Mutter entschlossen. Die Tochter, die es sonst nicht liebte, wenn ihr jemand etwas abnahm, das sie selber konnte, nickte und war froh, dass sie, ihrem Zustand ausgeliefert, sich nicht auch noch ein anstrengendes Gespräch zumuten musste.

„Du willst doch sicherlich heute auch nicht mehr lesen. Das strengt dich doch zu sehr an. Wir wollen fernsehen. Lass uns diesen Krimi gemeinsam anschauen! Ich bin doch bei dir, hab keine Angst."

„Das sagst du so einfach!"

„Ich weiß, es ist schwer, aber du darfst nicht aufgeben! Ich hole jetzt meinen Sessel und dann bin ich bei dir."

Die Tochter weinte, aber das Angebot mütterlicher Nähe war ihr plötzlich nicht mehr unangenehm. Normalerweise achtete sie sorgfältig und streng darauf, dass die Mutter ausschließlich in ihrem eigenen Zimmer fernsah, oder las oder sonst einer Beschäftigung nachging: Nur keine Annäherung durch Gemeinsamkeit, keine Vertraulichkeit durch allzu viel Vertrauen, keine Nähe aus Hilflosigkeit.

Am nächsten Tag war der Zustand der Tochter nicht besser. Die Mutter war tatkräftiger denn je, ganz konzentriert, ganz Samariterin, ganz Mutter. Sie nahm alles in die Hand: Ärztin anrufen, neue Medikamente holen. „Ich bin immer für dich da", sagte sie, in offenbar unerschütterlichem Vertrauen darauf, ewig zu leben. Und sie hatte in der

Tat die Allmacht erreicht, die Verderben und Erlösung zugleich bringt. Die Mutter küsste und herzte die Tochter heftig, was sie sonst nie durfte, weil die Tochter sofort abwehrte.

„Und wenn du wieder gesund bist, gehen wir beide aus, da machen wir es uns schön, im Stadttheater gibt es ein neues Stück", und sie küsste die Tochter wieder heftig und drängend. Die Tochter weinte, aber wehrte sich nicht mehr. „Hast das heulende Elend, gell, so was kenn' ich auch", sagte die Mutter mit schmachtendem Blick und half der Tochter beim Anziehen, legte ihr den Büstenhalter mit kundiger Hand an den kleinen Busen.

„Wenn du keinen Mut hast, wird das nie wieder was mit dir", sagte die Mutter herzlich lächelnd und mahnend. „Ich weiß", sagte die Tochter und weinte. Am Abend stand Mutters Stuhl bereits neben dem Bett der Tochter, als diese sich hinlegte, um fernzusehen.

„Zuerst schauen wir uns den Film an", sagte die Mutter, „und dann schäle ich dir noch zwei Mandarinen. Frisches Obst tut dir gut!"

Die Tochter zog den Schild, den sie bisher jeden Tag zwischen sich und die Mutter gelegt hatte, weg. Da sah sie, dass die Nabelschnur nachgewachsen war.

„Heute Abend", sagte die Mutter, „werde ich mir eine Luftmatratze neben dein Bett legen und darauf schlafen. Dann bin ich ruhiger und du auch."

„Das ist nicht nötig", sagte die Tochter noch ein wenig erschrocken abwehrend, „ich kann dich doch rufen, wenn ich etwas brauche", aber sie merkte, dass ihr Ton weniger überzeugend klang als bisher.

Am nächsten Morgen war die Tochter ruhiger. Die Mutter saß den ganzen Tag neben ihr im Sessel und am Abend sahen sie gemeinsam die Fortsetzung des gestrigen Films. Es war warm im Zimmer und es duftete nach Mandarinen. Die Tochter fröstelte.

Nach einer Weile fasste die Mutter sie an der Hand und sagte: „Weißt du, nächstes Jahr will ich unbedingt wieder einen Christbaum – unbedingt – wir haben schon zehn Jahre keinen mehr gehabt!" Sie blickte die Tochter dankbar an und schenkte ihr einen langen, ermutigenden, liebevollen Blick, der sie vernichtete.

Fütterung der Fantasie

Nach Abitur und Studium und Doktortitel – Anstellung, eine feste Anstellung beim großen Radiosender. Als Redakteurin. So stand es nun in ihrem Lebenslauf und leuchtete in den schillernden Farben des Triumphes! Triumphierte sie über die Lahmheit oder über die Verachtung der Lahmen? Aber da waren doch auch viele Abstürze und Verletzungen, nicht nur Anerkennung und Wohlgefallen und Rettung. Wozu also benötigte sie einen Doktortitel und die stolze Auskunft: „Ich arbeite beim Bayerischen Rundfunk!" Selbstbild mit Goldrand? Das auch. Der Status. Er tat wohl. Wenn er zur Sprache kam, sammelte sie bewundernde Blicke, respektvolle Aufmerksamkeit oder neidvolles Erstaunen. Das schmeichelte. Es glättete und es schützte auch.

Doch das Hochgefühl, das sie jetzt nicht mehr verließ, hatte viel mehr mit dem faszinierenden beruflichen Dasein zu tun, ein Arbeitsalltag, der sie erregte, aufwühlte und in explodierende Begeisterung versetzte. Daraus speiste sich jetzt ihre gesteigerte Wahrnehmung und ihr neues verwöhntes Selbstgefühl. Dabei war es der Zufall, der sie hierher, in diese große Rundfunkanstalt verschlagen hatte, damit sie zum Zauberlehrling im Reich der Wörter und Töne wurde: Sie hatte keine Voraussetzungen mitgebracht, nur diese unbändige Neugierde. Doch nun lernte sie alles, alles auf einmal, sich ungeduldig überstürzend.

Sie lernte eine Geschichte aufzuschreiben, bündig, bestechend, nachvollziehbar, um sie dann in ein akustisches Feuerwerk, einen zu Ohren dringenden, hörbar mitreißenden Erzählstrom zu verwandeln. Magische Vorgänge wurden ihr anvertraut. Sie lernte zu unterscheiden: das Raunen, das Plappern und das volle Tönen, das Konsonanten-Geknatter, das Morsealphabet trockener Information, stakkatohaftes Wortgeprassel, federndes Geplauder, fettes Ausposaunen, geheime Botschaften zwischen den Zeilen und die Farben des Sprechflusses.

Sie lernte, wie die Formeln lauten und wirken, auf welchen Ebenen man Gefühle anreißt, sie aufblühen und wieder absterben lässt. Lernte, wie man eine möglichst große Hörerschaft in Bann schlägt. Und das immer besser, immer fesselnder. Dabei übertrug sich unbemerkt auch der eigene Zauber. Was optisch selten gelang, denn sie saß ja in diesem unübersehbaren Rollstuhl. Während die Übertragung der eigenen Anziehungskraft unbehindert stattfinden konnte, wenn es auf das Hörbare ankam, auf ein Ereignis, eine Begebenheit, eine Geschichte, die sich im Ohr und im Kopf des Hörers verwirklicht und weiter vordringt, ihn betört und mitreißt. Nicht zu ihren Gunsten, sondern zu seinen, zur Fütterung seiner Fantasie und seiner Begeisterung, bis er fett war vor Genuss. Fressen sollte er das alles, und staunen.

*

Neben diesem jubelnden Leben im Laboratorium der Töne und Wörter existierte aber noch ein Alltag. Der rückte ihr jetzt zunehmend auf den Leib. Wurde kräftezehrend. Denn die immer hilfsbereite Mutter war herzkrank und der Vater, müde vom Leben, wollte schon lange nicht mehr. Doch die Mutter hielt hartnäckig daran fest, dass sie die Tochter pflegen, ihr helfen würde und müsse, obwohl sie es nicht mehr konnte. Denn sie wollte sich keinesfalls aus dem Leben der Tochter verabschieden. Niemals!

„Du willst mich nicht mehr!", sagte sie mit weidwundem Blick, der für das schlechte Gewissen der Tochter sorgen sollte, aber auch ihr übergroßes Herzeleid entblößte. „Du wirfst mich einfach weg!"

„Mutter, nein, aber wie stellst du dir das vor? Wenn du das zu Ende denkst, bedeutet es, dass ich später einmal, wenn du gar nicht mehr kannst, langsam verwahrlosen soll, verdrecken und verrecken?"

„Du hasst mich, ich weiß schon, du hast mich immer gehasst!"

„Aber Mutter, das ist nicht wahr. Nur, wenn du stirbst, dann soll ich wohl notgedrungen auch sterben? Oder was sonst?"

Dazu schwieg die Mutter verzweifelt und störrisch. Es war das erste Mal, dass sie dem Kind nicht mehr helfen konnte. Es einfach nicht mehr schaffte! Das Kind aber wollte leben. So musste die junge Frau sich lösen. Jetzt! Das hieß, nicht nur eine eigene Wohnung, das hieß auch neue, erstmals fremde Helfer finden, die im Alltag alles für sie machen würden, all das, was Vater und Mutter bisher so selbstverständlich unauffällig erledigt hatten.

Jetzt sofort also musste sich alles ändern! Mit Wünschen war da nichts mehr getan. Aber wie? Wie sollte das gehen? Die Verzweiflung der Tochter stieg.

Da gäbe es eine andere junge Rollstuhlfahrerin, hatte man ihr gesagt, die lebte schon lange selbstständig in der eigenen Wohnung, versorgt von bei ihr angestellten Helferinnen, die sie „Assistentinnen" nannte. Diese Frau erbot sich, die andere, die Redakteurin, die in ihrem Beruf zwar erfolgreich war, von so einem assistierten Leben aber keine Ahnung hatte, zu besuchen, um sie zu informieren. Denn sie war stolz darauf. Auf ihr selbstbestimmtes Leben.

„Morgen um diese Zeit?"

„Ja, das würde gehen!"

Die hübsche Dunkelhaarige kam im eigenen Auto mit einem jugendlichen Helfer. Kerzengerade, mit steifem Hals saß sie in ihrem Rollstuhl. Was war das denn für eine Behinderung? Ihr lahmer Körper war in ein enges blaues Kleid gezwängt. Wo es über dem Knie endete, begannen ihre stangenartigen Beine, standen unbeholfen drapiert nebeneinander auf den Fußstützen. „Aber das Gesicht ist wirklich hübsch und die dunklen halblangen Haare", dachte die Redakteurin. Ihre eigenen ausgedörrten Beine versteckte sie sorgfältig unter einer Decke oder in langen Hosen. Die Füße in einem warmen Fußsack, den ihr die Freundin der Mutter aus Lammfell genäht hatte.

„Was macht sie mit den hochhackigen schwarzen Schuhen an den Füßen, wenn sie eh nicht laufen kann? Glaubt sie, dass das sexy aussieht?" Die Fremde war sorgfältig geschminkt, genauso wie die Redakteurin, zu der sie freundlicherweise gekommen war, um ihr zu erklären, wie man mit einem Helferstab vierundzwanzig Stunden pro Tag sein Leben gestalten könne.

„Wer bezahlt das?"

„Das Sozialamt."

„Möchten Sie eine Tasse Kaffee?"

„Nein, danke."

„Wie viele Helfer haben Sie denn?"

„Vierzehn. Abwechselnd natürlich. Die einen nur wenige Stunden. Die anderen öfter."

Vierzehn! – die Redakteurin war entsetzt. Alle diese Menschen einteilen und aushalten müssen!

„Da sind Sie ja nur noch am Organisieren!?"

„Ach, das geht schon. Es muss gehen. Ich habe ja auch noch meinen Beruf."

„Was machen Sie denn?"

„Ich bin Psychologin. Übrigens nehme ich nur junge Frauen als Assistentinnen. In meinem Alter. Ich lebe ja schließlich mit denen!"

„Nein, leben will ich mit denen nicht", dachte die Redakteurin erschrocken. „Wieso leben mit denen allen?"

„Vielleicht doch solche Schuhe", ging es ihr durch den Kopf, als sie sich von der fremden Rollstuhlfahrerin verabschiedete, „ich kann es ja mal probieren!"

*

Als einmal evangelische Pfarrersfrauen in ihrer Abteilung – Abteilung Kultur im Radio – zu Besuch waren und die Redakteure und Redakteurinnen dieser Kulturabteilung kennenlernen wollten, diejenigen, die besonders interessante Sendungen anboten, die Macher also kennenlernen wollten, erzählte die junge Frau im Rollstuhl mit den glänzenden, sorgfältig geschminkten Augen und dem nicht zu ignorierenden, leuchtend roten Mund, dass ihre radiophone Arbeit ein erotisches Handwerk, ein Handwerk der Verführung sei.

Der erste Satz schon müsse den Zuhörer fesseln. Kein Satz dürfe so umständlich sein, dass der Hörer darüber nachgrübeln würde. Sonst habe man ihn schon verloren. Sobald der Hörer angebissen, Geschmack gefunden habe, das heißt, sich für den Verlauf der Geschichte interessieren würde, müsse man ihn fortlaufend bei der Stange halten. Ihn möglichst atemlos werden lassen vor Spannung, damit er die ganze Sendung durchhält, und auch der Schluss dürfe nicht abfallen, dürfe ihn nicht aus dem Netz, in dem man ihn gefangen hatte, entschlüpfen lassen.

Da diese evangelisch erzogenen, erotische Körper-Ausbuchtungen vermeidenden, in gediegenes Grau gekleideten Frauen sich wohl selten auf Versuchung und Verführung einließen, reagierten sie verlegen verständnislos. Aber es traf zu. Sie hatte ein erotisches Handwerk erlernt und das war das Beste, was sie lernen hatte können – das Geschichten-Erzählen. Es sind die Bekenntnisse und Enthüllungen, die geschwollenen Sprüche, die stotternden Beichten und Herzensergießungen, die schwebenden Fantasien und die frechen Lügen, die die Zuhörer in ihren Bann ziehen. Es sind die Geschichtenerzähler, um die sich die Menschen scharen, am Lagerfeuer, im Kaffeehaus und in den Ruinen Schottlands, in den Teegärten Usbekistans, unter den Brücken der trägen Flüsse, in den Waldhütten, den Orangerien und Kaminecken. Und es ist gleichgültig, ob der Erzähler ein blinder alter Mann ist oder eine schöne Scheherazade oder ein Krüppel. Er, der Geschichtenerzähler, genießt die Macht des Wortflusses. Er kennt das Zauberwort.

Viele Berufsjahre also voller Herrlichkeit – und sie war doch nicht angekommen. Nur wenige Kollegen konnten mit ihr etwas anfangen. Und umgekehrt. Mit denen war sie später auch noch befreundet. Aber es ging ja um anderes, um diese täglich mitreißende Anstrengung vor allem, dieses Enträtseln, Erspüren und Formen, was sie so begeisterte. Es war das

Aufregendste, was ihr hatte passieren können! Lust pur war das! Jeden Tag über die Welt nachdenken, sie beschreiben, sie darstellen, sie immer neu erfassen, in Worte fassen, in Laute umwandeln, sich ihr nähern, annähern, ihr Gesicht, ihre Pracht, ihre Veränderungen, Grausamkeiten, ihre Wunden und Wunder ergreifen, begreifen, ausposaunen, aufdrängen, ins Ohr flüstern, ins Hirn säuseln.

Aufsässige Lebensfreude

Das würde sie schon schaffen, dieses selbstständige Leben! Sie war wild entschlossen und von naivem Optimismus beflügelt. Helfer zu finden war gar nicht schwer. Einige kleine Zeitungsanzeigen, und schon waren sie da. Der Kampf mit dem Sozialamt um die Finanzierung des neuen Lebens mit Helfern rund um die Uhr erwies sich allerdings als zermürbend lang und entmutigend. Nach neun Monaten jedoch entschied die Verwaltungsmacht endlich über ihr Heil: Sie war ihr Geld wert, das viele Geld, das ihre Helfer kosteten, die Richter hatten es gnädig abgesegnet! Doch all das wog leicht im Vergleich zum Kampf mit der Mutter:

„Du kannst mir nicht mehr helfen, Mutter! Freu dich doch, dass ich so rasch Helferinnen gefunden habe!"

Meine neue Freundin, die wunderbar runde Monika, dieses rotwangige Äpfelchen stand an erster Stelle. Dann war da eine flinke, dunkellockige Bosnierin, deren grellgelb gefärbte Freundin und eine Russin, die nach München geheiratet hatte, was sie rasch bereute.

„Schau, Mutter, diese Frauen kochen gut, sie putzen, sie waschen mich. Du siehst doch selber, dass alles in Ordnung ist."

Aber Mutter und Vater, die widerwillig, aber schließlich doch ihre eigene Wohnung bezogen hatten und sich gelegentlich gekränkt gaben, bildeten eine dunkle Festung gegen das Neue. Eigentlich war es mehr die Mutter. Der Vater war nur beleidigt, weil er sich verändern, aus seinem Zimmer ausziehen hatte müssen. Doch jetzt bewohnte er wieder einen eigenen schönen Raum und so war er eher froh, dass er weniger Hilfestellung leisten musste als früher. Nur Mutters Kummer musste er stattdessen aushalten. Und das wog schwer.

Die junge Frau, die nun von den Eltern getrennt, ihnen gegenüber wohnte, jenseits einer weitläufigen Gartenanlage, sah die Mutter oft auf dem Balkon stehen und herüberschauen. Als könne sie etwas erkennen, so von Balkon zu Balkon. Stundenlang stand die Mutter, beobachtete angestrengt die breiten Steinbuckel des Brunnens, der im Innenhof plätscherte. Ihr Blick verschwamm und sie starrte regungslos auf die Akazien und die Linden, die Hecken um die Tischtennis-Tische und das Leben drum herum. Dann sprang ihr Blick wieder an und glitt weiter bis zu den glühend roten Geranien auf dem Balkon der Tochter und konnte doch nicht eindringen in das Innere der Wohnung und der Tochter. Hatte es nie gekonnt.

Eine Freundin, die zugleich die Hausärztin der Familie war, hatte die Mutter beschworen, nicht unaufgefordert in der Wohnung der Tochter zu erscheinen. Und da sie in der Familie große Autorität besaß, hielt sich die Mutter daran. Was die Mutter nicht schaffte, war, die Helferinnen wortlos zu akzeptieren. Wenn sie bei der Tochter zu Besuch war oder mit ihr und den Helferinnen im Bayerischen Wald Urlaub machte, gelang es ihr, einen so bösen Hauch auszuströmen, dass die Tochter fürchtete, sich die Helferinnen zu vergraulen. Als sie die Haltung der Mutter eines Tages nicht mehr aushalten konnte, fragte sie verzweifelt:

„Mutter, warum bist du so böse?"

Ich kann nicht anders, sagte die Mutter und weinte.

Vom Glück des Wortes und der reinen Stimme

Wie ist das, wenn du privilegiert bist, „Radio" machen zu dürfen? Ein ebenso abstraktes, wie direktes, wie sinnliches Medium. Was wäre eindringlicher als die Stimme und nur die Stimme in meinem Ohr? Da ist kein Bild, da ist keine Bewegung, keine Körperschwere, kein Duft. Mit geweiteten oder geschlossenen Augen sitzt du da, und du hörst. Hörst ausschließlich. Und dieser Ausschluss schließt alles ein. Das Hören ist die vergrößerte, die intensivere, verdichtete, die gesteigerte Wahrnehmung, die am eigenen Leib erfahrene, die, der du dich am meisten auslieferst. Denn die Stimme flüstert, raunt, kreischt, deklamiert, weint, täuscht vor, säuselt, winselt, droht, geifert, fordert, verhöhnt, zetert, trällert, bricht, zerdehnt, schleift dahin, betäubt, warnt, verlockt, belfert, bannt und belügt dich, dringt ein in dich, nimmt dich in Besitz. Und wenn es gleichzeitig die Worte sind, die richtigen, die dich reizen, anstoßen, dich lasziv bedrängen, dich bezwingen, erregen, erschüttern, ergreifen, abschrecken und erstarren lassen, dann bist du ausgeliefert, ergibst dich, gibst dich hin, erliegst der Verführung, bereitwillig, mit Wollust – und dankst dem Verführer.

Der Angriff auf dein Innerstes, das ist die Stimme, die Schlange am Ohr, die Heimlichkeit des geflüsterten Wortes. Sie erwischt dich nackt. Sie ist schon drin, bevor du dich versiehst. So gleitet die Schlange näher und näher und schließlich flüstert sie Eva zu: „Wenn Du werden willst wie Gott, dann nimm diesen Apfel." Hätte sich die Schlange offen gezeigt und diesen Satz laut geäußert, hätte auch Adam sie gesehen. So aber wurde Eva durch das Gezischel der Schlange, die sich halb verborgen in den Zweigen ringelte, ihrerseits zur Verführerin und benötigte nun keine Worte mehr. Denn die hatten sich im Apfel materialisiert, dem rotbackig leuchtenden, um Adam zu überwältigen.

Aus christlicher Strafe dafür geistert Eva nun, geschlagen wie der ewige Jude, durch die Weltgeschichte als die ewige Ursache männlichen Unglücks. Zu Unrecht. Denn sie ist die Liebe, die den Schöpfungsakt ermöglicht. Eigentlich ist sie Lilith, die Erste – die Berauschende, Vernichtende. Die Heidnische.

Nach dreißig langen und doch so kurzen Jahren hat die Redakteurin im Rollstuhl dann ihren Beruf aufgegeben. Es waren die schönsten Jahre ihres Lebens gewesen, bisher. Die fast übermenschliche Durchhalteanspannung, die kaum gefühlte, war nun vorbei. Durfte abfallen. Jetzt konnte sie sich plötzlich nicht mehr vorstellen, wie sie das je geschafft hatte. Nun lebte sie nicht mehr auf der geballten Faust. Jetzt spielte das Durchatmen auch eine Rolle für sie. Sie spürte ihren Atem. Und der Atem wurde größer.

Die zweite Nabelschnur

Aber sie konnte es immer noch nicht. Konnte nicht durchatmen, neben oder mit den Menschen, die nun in ihr Leben eingezogen waren. Sie wollte immer noch, dass die „Assistentin" genannte Pflegerin sich ebenfalls und gleichzeitig wohlfühlte. Obwohl dieser andere Mensch neben ihr doch ein Gehalt bekam für seine Arbeit, für die Hilfe, die er gewährte. Wozu also musste sie auch noch Familienanschluss anbieten?

Wenn die Pflegerin reden wollte, dann redete die Frau im Rollstuhl mit ihr, auch wenn sie sich langweilte. Wenn die Pflegerin etwas ungern tat, wie Bad putzen, dann versuchte sie ihre Bedürfnisse zu reduzieren – vielleicht musste das Bad ja gar nicht so oft geputzt werden! Die Pflegerin sollte es möglichst bequem haben, denn sie sollte ja nicht kündigen, sollte sie nicht verlassen. Also bekam die Pflegerin zum Gehalt eben auch noch die Beteiligung am Leben der umsichtigen Frau. Außerdem Essen und Trinken, gelegentliche Therapiestunden, unterwürfiges Verhalten und in regelmäßigen Abständen eine Entschuldigung dafür, dass die Frau im Rollstuhl auf der Welt war.

Die Lahme zerbrach sich den Kopf der Pflegerin, spürte deren Gefühle im Voraus: Wahrscheinlich ist es der Pflegerin unangenehm, mit Kot und Urin umzugehen. Also möglichst wenig trinken. Möglichst wenig Kot aus dem Körper entlassen. Das war ihr gleich zu Anfang ihrer Karriere als Aussätzige eingeimpft worden – im Krankenhaus, durch eine dicke, gemütlich stumpfe, geflügelte Ordensschwester: Auf das Klingeln hin kam sie, öffnete die Tür ein wenig, streckte die Hand durch, um den Knopf zu erreichen, der das Signal löschte. Das Lämpchen ging aus, die Hand verschwand, die Tür wurde geschlossen. Das hieß unmissverständlich: keine

Zeit für dich. Später vielleicht. Betteln, um Bedürfnisse haben zu dürfen. Um das Leben betteln. „Dann mach doch ins Bett!", lautete der ahnungslose Rat derer, denen die Lahme in ihrer Hilflosigkeit, in ihrer rasenden Verzweiflung von solchen Auslöschungen erzählte, ungern erzählte, da auch das Reden über das eigene Nichtvorhandensein einen demütigt.

„Mach doch ins Bett!", sagten sie. Aber wer liegt schon gerne im eigenen Urin, in der eigenen Scheiße.

Lebenslange Hoffnungslosigkeit der Fünfzehnjährigen, der Siebzehnjährigen, Neunzehnjährigen. Gärende Speisereste und Stockflecken auf alterslosen weißen Leintüchern, Leichentüchern. Frisch gewaschene, lustlos gebügelte Trostlosigkeit.

Diese extreme Selbstauslöschung hatte sie aber doch längst hinter sich gelassen. Oder? Warum dann die Angst, dieselbe Angst auch noch nach dreißig, im Hochgefühl eines besonderen Lebens, eines erfolgreichen Berufslebens verbrachten Jahre? Diese Angst, niemanden zu haben, niemanden zu finden, der den bewegungslosen Körper am Leben hält. Der das erledigte, was nötig war, damit sie jeden Tag im Rollstuhl sitzen und das tun konnte, was ihr wichtig war. Alle diese Alltagsverrichtungen, die so unumgänglich notwendig waren. Es war eine alte Angst. Die uralte Angst des hoffnungslosen Ausgeliefertseins.

Gruppenbild mit Damen

Zum Abschluss ihres Arbeitslebens schenkten Freundinnen ihr eine Reise nach England. Auch Monika, das Äpfelchen war dabei. In Cambridge besuchten sie King's College. Sie wurden von einer würdigen Dame im Talar zu einer rückwär-

tigen Rampe geleitet und hinaufgewiesen auf ein Hochparterre, wo sie ein männlicher Hüter des universitären Taberna-
kels empfing – ebenfalls im Talar –, der ihnen routiniert gra-
vitätisch Einlass und eine Freikarte gewährte. Im großen,
hellen, gotisch gewölbten Raum mit Blick auf das sinnenfreu-
dige Farbenfest eines Rubensbildes, weich im Licht schmelzend, aufgestellt im Chor des Raums, eine Kapelle mit ansonsten recht trockener Spiritualität – wo nur dieser Rubens
mit seinen in Licht verwandelten Farben auf das Mysterium
eines Gottes verwies, der auch die Sinne erschaffen hatte. In
diesem Raum sahen sie sich plötzlich einer anderen Rollstuhlfahrerin gegenüber, die sich langsam wandelrollend
unter den wenigen Touristen die Besonderheiten des ehrwür-
digen Baues einzuprägen versuchte. Sie sahen sie nur von
hinten: Eine junge attraktive Blondine in Begleitung eines
gleichaltrigen Mannes. Sie trug einen weichen dunklen
Anzug und saß sehr aufrecht in ihrem Rollstuhl, den sie nach
kurzer Betrachtung des Deckengewölbes leichthändig vor-
wärtsbewegte. Sie umrundeten den Raum und als sie unver-
mutet vor der Blonden zu stehen kamen, traf es das Auge wie
ein Schlag: Sie hatte nur ein Bein.

„Die Arme", flüsterte eine ihrer Freundinnen.

„Wieso?", fragte sie erstaunt, „die kann doch viel mehr bewegen als ich, sie kann alles bewegen, sie kann sogar aufstehen und sich auf einem Bein und mit Krücken vorwärtsbewegen!"

„Ja, aber ihr fehlt ein Bein und du hast beide Beine. Sie ist
nicht ganz, sie ist nicht heil!"

War sie denn heil? Sie in ihrem Elektro-Rollstuhl? Was
machte sie mit zwei Beinen, die zwar sichtbar sind, fühlbar
dort, wo sie hingehören, lastend, ganz und gar der Schwerkraft verfallen, passiv, lebendig zwar, mit fast schmerzender

Fühlbarkeit ausgestattet, aber reglos? War sie etwa heil? Und warum sollte sie heil sein?

Was bleibt?

Was bleibt von dreißig Berufsjahren, abgesehen von einer Rente fürs Altenteil? Erinnerungen – auch an Ängste, Verletzungen, Kränkungen, Demütigungen – aber vor allem an grandiose dreißig vom Glück des Hervorbringens geprägte Jahre. In diesen langen Jahren hat sie sich zu einer Geschichten-Erzählerin entwickelt, einer guten – davon war sie überzeugt –, der die Menschen zuhören. Und das andere, das ebenfalls Entscheidende im Laufe eines jetzt schon erstaunlich langen Lebens, irgendwann hatte auch das begonnen. Irgendwann in diesen Jahren geschah es das erste Mal, dass sie ihre Behinderung übersehen hat. Immer öfter hat sie sie dann nicht mehr wahrgenommen. Und irgendwann war die Behinderung auch in ihrem Kopf nicht mehr sichtbar.

Im Urlaub – da erinnerte sie sich deutlich – war es ihr einmal besonders aufgefallen, in der hügeligen Landschaft des gemächlich ansteigenden Bayerischen Waldes. Ein warmer Märztag ist es gewesen. Die Sonne, ungeduldig herbeigesehnt, wärmte zum ersten Mal spürbar. Was für ein milder Hauch auf der Haut, welches zitternd erwartete Versprechen eines aufatmenden Lebens im Freien, unter Bäumen, an Seen, in Gärten und Wäldern. Aber davon war alles noch weit entfernt. Und doch, es war das erste Mal!

Die Eltern und sie waren den Hügel hinauf zu einem alten Gasthaus gewandert. Die schwache Frühlingswärme reichte natürlich nicht, um die Glieder wirklich aus der winterlichen Starre zu befreien. Deshalb setzten sie sich an den Wirtshaustisch vor der Tür ganz nahe an die Hausmauer, dicht an der kleinen Straße, auf der nur selten ein Auto vorüberfuhr. Die Wirtin brachte den bestellten Schnaps. Er sollte der Frühlingssonne ein wenig nachhelfen. Genussfaul saßen sie da und hielten die Gesichter in die Sonne. Da näherte sich ein Auto, langsam, so als würde es halten und seine Insassen ebenfalls einkehren wollen. Dann hielt es doch nicht. Fuhr langsam weiter. Auffallend, wie mehrere Erwachsene und Kinder sich an den Fenstern drängten und sie anstarrten. Das Auto verlangsamte noch einmal und sie starrten – bis sie vorüber waren und dann noch aus dem hinteren Autofenster. Starrten so gut und so lang es ging. Sie musste lachen.

Die Diskrepanz zwischen dem hübschen, aber nicht spektakulären Frühlingsbild mit den knospenden Bäumen, den scharrenden Hühnern, der gemächlich streunenden Katze und diesen erregten Blicken der Vorüberfahrenden erschien ihr komisch und sie sagte: „Was haben die denn, da gibt's doch überhaupt nichts zu sehen. Ein altes Wirtshaus, ein paar Apfelbäume. Warum fallen denen die Augen raus?"

„Weil du im Rollstuhl sitzt", antwortete der Vater lakonisch.

7. KAPITEL
Bildnis des Vaters

Er war ein schöner Mann mit dem Körper einer griechischen Statue. Den Schädel hatte er allerdings vom Berchtesgadener Bergbauern. Holzgeschnitzt. Nur Nase, Mund und Kinn wichen ab. Waren kleiner, weicher. Gerade dafür liebte ihn das Kind. Es machte ihn sanft und zugänglich. Ein freundlich sich dem Kind zuneigender griechischer Heros. Anbetungswürdig, da nicht fern, sondern nah, herzensnah, wenn auch nicht körpernah. Davor hatte er eine stille Scheu. Zu viel hatte er gesehen, zu viel war ihm angetan worden. Deshalb fehlte ihm manchmal die Haut.

Aber er war einer, den alle heiraten wollten, sobald sie ihn schmelzend wahrnahmen, in seine unschuldigen blauen Kinderaugen versanken, seine sanfte Stimme hörten, seinen schönen Körper wahrnahmen.

Einmal, als seine Tochter schon im Krankenhaus lebte, in einem Einundzwanzig-Personen-Kranken-Saal, da kam auch er sie besuchen. Er betrat den Raum, überfüllt mit Patienten und deren Besuchern. Unauffällig und schüchtern wie er war, trat er zögernd hinein und ging doch auf wie ein Stern.

„Wer ist dieser Mann?"

„Er ist der Vater des Mädchens im vierten Bett und schon verheiratet."

„Ach", stöhnte der Krankensaal, „was für ein schöner, was für ein guter Mensch!"

Und er las dem Kind vor, als es auf dem Schaukelbett lag und Atem gewinnen wollte.

„Was für ein ungewöhnlicher, was für ein lieber Mann!"

*

Diese edle Ausgabe eines Mannes, der es nie glauben hat können, dass man ihn wirklich liebte und bewunderte, war der Zauberer ihrer Kindheit gewesen. So fantasievoll, so verspielt, so hingegeben, so geduldig. Er wusste alles, konnte alles, führte sie ein in die Geheimnisse dieser Welt. Wenn er im Mai den Kuckucksruf nachahmte, wurden die Kuckucksdamen reihenweise schwach. Und zum größten Entzücken des Kindes ließ sich gelegentlich eine im Baum über ihnen nieder, um nach Kurzem wohl enttäuscht wieder davonzufliegen.

Er liebte es, im Schneidersitz unter einem Baum im Perlacher Forst oder einem anderen Wald der Umgebung Münchens zu sitzen und meditativ zu ruhen. Ein bayerischer Buddha von statuenhafter Schönheit. Und geübt durch sein Yoga konnte er den Bauch herunter- und wieder hinauf- aber auch von einer Seite zur anderen rollen. Er konnte auf vier Fingern pfeifen und Glühwürmchen in eine Schachtel locken, konnte Maikäfer und Marienkäferchen zum Fliegen bringen. Konnte Frösche anstupsen, so, dass sie nicht erschraken, aber einen kleinen Sprung nach vorne hüpften und noch einen und noch einen, aufgezogen wie ein Spielzeug.

Er hatte die schönsten Hände, die sie je gesehen hatte, mit den anmutigsten Bewegungen, wenn man den Begriff der Anmut auf einen Mann anwenden kann. Man sah ihm gern beim Essen zu, denn keiner aß so vornehm, mit schnörkellos schlichten Bewegungen. Kerzengerade saß er da, genoss nicht nur den Geschmack, sondern auch Farbe, Form, Beschaffenheit und Duft der Speisen, die Bewegung der Hände und die spielerische Handhabung von Messer, Gabel, Löffel. Und ärgerte sich ein Leben lang über seine Frau, die diese heilige Handlung störte mit ihrem gesunden, heißhungrigen Appetit. „Verschlungen hast du dein Essen wieder", sagte er vorwurfsvoll.

Mit dem Radl, der Straßenbahn oder dem Vorortszug fuhren sie hinaus in die Wälder, Hügel und Dörfer rund um München. Die Mutter musste am Wochenende oft arbeiten, weil sie zu den begehrten Friseusen im luxuriösen Salon ihres Chefs gehörte.

Vater und Kind aber stürmten davon, hinaus in die Natur, ins Abenteuer. Im Gleißental kannte er einen Fuchsbau. Davor saßen sie lange, lange. Und wie immer hatte der Vater recht gehabt, denn da kamen sie heraus, die zwei kleinen Füchslein, um allerdings rasch wieder zu verschwinden. Egal, es gab ja noch viel mehr Ungeahntes, Überwältigendes. Also weiter auf der Schatzsuche! Der Vater wusste, wo die größten Schlüsselblumen wuchsen, welche Blättchen für Omas Tee gepflückt werden mussten und wo im Isartal Maiglöckchen zu finden waren, an welchen Waldrändern die Türkenbundlilie blühte, dass Blindschleichen wunderschöne und ganz ungefährliche Schlangen waren, man aber besser der prächtig gezackten Kreuzotter aus dem Weg ging. Jedoch erkennen musste man sie unbedingt, damit man ihr ausweichen konnte. „Du darfst sie nur nicht erschrecken, dann schlängelt sie sich von selber davon", erklärte er.

Sie waren überhaupt zwei richtige, urtümliche Jäger und Sammler. Zapfen und Wurzeln, getrockneter Rehkot, Rindenstücke, Haselstecken zu Pfeifchen geschnitzt, die erste Kresse aus den Bächen im Frühjahr, den duftenden Seidelbast im noch schneebedeckten Wald, den man entdecken, seinen Duft einsaugen, aber nicht abreißen durfte, Moos für die Weihnachtskrippe und steinharte Baumschwämme, Isarkiesel, die man unter Wasser bewundern musste, denn da glänzten sie in ihrer farbigen Pracht, und Blüten oder Samen, die man essen konnte, wie die der rosa Taubnessel, Hirtentäschchen und Sauerampfer.

Zum Muttertag pflückten sie leuchtende Wiesenblumensträuße und wenn es unauffällig zu machen war, rupften sie auch ein paar Zweige vom Flieder oder Ranunkelstrauch am Zaun. „Du darfst dich nur nicht erwischen lassen", sagte der Vater „und nimm immer nur einige kleinere Zweige, damit es dem Strauch nicht schadet."

Und weiter ging es durch die Bayerische Prärie. Kaulquappen finden in den Tümpeln, die die Isar säumen, und schauen, welchen schon Beinchen gewachsen waren, beobachten, wie sich Forellen in den Gumpen der Mangfall sammeln, Bussarde beim Luftsegeln bewundern, bis einem der nach hinten gekippte Hals weh tat und schwimmen, tauchen, vom Badefloß springen in den oberbayerischen Seen.

Er schnitzte ihr eine Schaukel und hängte sie hoch an eine Eiche. Als sie ihre Sachen wieder zusammenpackten, ließ er sie hängen. Vielleicht erfreute sie ein anderes Kind, das ebenfalls auf Schatzsuche war und diesen Platz entdecken würde.

*

Im Krieg, in Lettland, hatte er seiner schönen Braut, die später ihre Mutter wurde, ein Kästchen geschnitzt und ein anderes aus Birkenrinde gebogen, und einen Brief dazu, ebenfalls auf weißer Rinde. Später zeichnete er für sein Kind Tulpen und Landschaften und eine Katze, ein Werk, das sie lange wie ein Heiligtum hütete, denn er konnte geschickt mit dem Bleistift umgehen. Und als das Mädchen schon größer war und in einen freiwilligen Englischkurs ging, den die Grundschule angeboten hatte, begann auch er Englisch zu lernen. Auch das Stricken lernte er, als das in der Handarbeitsstunde zur Pflicht wurde, damit der Kleinen bei dieser Arbeit nicht so langweilig sein würde. Er war nie derjenige, der strafte. Musste es aber von Zeit zu Zeit, wenn die strenge Mutter es ihm abverlangte. Das fiel dann zu heftig aus, oder war schon überholt, wenn er sich erst spät hatte aufraffen können, das Kind zu schimpfen. Das Kind verzieh ihm aber, da es wusste, dass die Mutter diese unverhältnismäßige Bestrafung angezettelt hatte.

Eines der allerschönsten Lernfächer mit ihm aber war das Blitze-Anschauen, das sie schon übten, als das Kind noch gar nicht selbstständig sitzen konnte. Wenn das Gewitter sich langsam seinem Höhepunkt näherte, öffnete er das Fenster, setzte sich, die Kleine im Arm, auf die Fensterbank und sagte: „Schau!" Und sie schaute und jubelte. Dagegen konnte die Mutter nichts ausrichten. Sie, die sonst gerne gegen alle Dummheiten der beiden einschritt, oft auch mit Erfolg – dagegen war sie machtlos. Drei grelle Blitze hintereinander zerrissen das schwer hängende Dunkelgrau des Himmels. Gleich darauf gewaltiger Donner und die nächsten Blitze. „Siehst du, jetzt ist das Gewitter fast direkt über uns". Jubel. Dann ein Blitz quer über den Horizont, ein fernes Leuchten. „Jetzt pass auf, jetzt geht's da hinten los!" Das Kind schrie vor Glück über dieses extra für seine kleine Person inszenierte Himmelsschauspiel. Die Mutter zeterte und kreischte, denn sie hatte Angst. Wenn man es genau nahm, hatte sie vor allem Angst. Dabei war sie so mutig. „Lass doch, Herzl, und schau selber. Ist der Himmel nicht großartig?", sagte der Vater sanftmütig.

*

Beide, Vater und Mutter, hatten eigentlich keine Vornamen. Denn beide nannten sich immer nur „Herzl". Dabei waren sie so verschieden. Der Vater kümmerte sich nie um Geld. Er wusste auch nie, wie viel davon der kleinen Familie zur Verfügung stand, wie viel sie benötigte. Dieser Unkenntnis entsprechend großzügig war er, meinte die Mutter. Aber das stimmte nicht. Er war immer großzügig. Wenn Freunde kamen, holte er alles aus Kühlschrank und Keller, was da war. „Und was sollen wir morgen essen?", fragte die Mutter aufgebracht. „Ach lass doch, Herzl, Brot ist doch noch da!"

Wenn kein Geld mehr vorhanden war, bedauerte er das, aber er selber brauchte auch sehr wenig. Die Mutter hingegen wirtschaftete. Klug, aber immer ängstlich: Mit so einem Mann, der lebte wie in der Bibel beschrieben, „wie die Lilien und die Vöglein auf dem Felde, die nichts säen und nichts ernten", musste man ja auf der Hut sein. Wer sollte alles zusammenhalten in ihrem kleinen Reich?

*

Als er sie damals, zur Verlobung, einlud, sich bei einem teuren Münchner Juwelier einen schönen Schmuck zu kaufen, suchten sie lange aus. Die Mutter, sie hatte sich hübsch gemacht für diesen feierlichen Tag, entschied sich für einen funkelnd hellen Aquamarin-Schmuck. Anhänger, Ring, Kettchen. Das zarte Geschmeide wurde in einem glänzenden Schächtelchen verpackt. Der Juwelier überreichte der jungen Frau das Päckchen mit einer huldigenden Verbeugung. Auf dem Weg zur Kasse, fragte der Vater sie: „Hast du Geld dabei, Herzl?" Sie hatte. Zuhause gab er ihr die Summe wieder.

Nicht, dass er das Geld nicht gehabt hätte, er hatte nur vergessen, es mitzunehmen.

*

Kindheit und Jugend hatte der Vater in Berchtesgaden zwischen Bergriesen verlebt und war völlig ungebunden aufgewachsen, nur auf sich selbst gestellt. Deshalb kannte er die Natur. Er war ein Teil dieser Herrlichkeit gewesen damals. Hatte eine unbegrenzte Wunderwelt zur Verfügung gehabt, um die ihn das Kind von Anfang seiner Erzählungen an beneidete. Mit seinen Kameraden – Halbwilde wie er – hatte er sich ein Floss gebaut. Sie fuhren damit die reißende Ache hinunter, wobei sie beinahe ertrunken wären. Sie streiften in den Waldgebirgen herum und kletterten ohne richtige Ausrüstung in den umstehenden Bergmassiven. Ohne Schlitten und mit primitivsten Skiern rutschten sie im Winter die vereisten Hänge hinunter. Bei diesen Abenteuern verletzte er sich häufig, einmal auch lebensgefährlich. Klaglos hielt er Schmerzen aus. Ein Doktor war nicht nötig. Denn irgendwann verheilte ja alles von selber. Auch deshalb waren er und seine Kameraden so frei und unabhängig. Ihre Welt war grenzenlos und sie gehörte ihnen, nur ihnen! Sie selber gehörten niemandem.

Die Mutter des Vaters war im Berchtesgadener Land als Hebamme tätig. Sein Vater arbeitete als Gärtner in den Diensten des bayerischen Prinzregenten. Ihren geliebten Buben nahm die Mutter sehr oft mit auf die langen Wanderungen, hinauf zu den Bergbauern. Und wenn das Neugeborene der Bäuerin mit Hilfe der Hebamme aus dem Mutterleib gekrochen war, gingen sie wieder hinunter, in stundenlangen Märschen, zurück ins Tal. Als er fünfzehn war, starb sie. Das hat er nie verwunden. Die Stiefmutter blieb ihm fremd. Eine Orgelbauerlehre in Salzburg musste er nach einem Jahr abbrechen. Den Eltern war die Ausbildung zu teuer geworden. Wegen des Geldes wurde auch eine Lehre als Automechaniker vorzeitig beendet. Dann kam der Dienst beim Militär. Da war er achtzehn. Er verließ das Paradies für immer.

Hitler und seine Helfer begrüßten den blauäugigen, blonden Germanen mit Wohlwollen, ja mit Begeisterung. Sie erfreuten sich an einem solch prächtigen Exemplar ihrer Auslese-Vorstellungen. Leider hat er später eine Dunkelhaarige geheiratet, die zwar schön war, aber eben kein Ideal, kein Idol wie er. Er kam zur Waffen-SS. Im bald einsetzenden Krieg haben sie ihn einem Spähtrupp zugeteilt. Er durchquerte auf lebensbedrohlichen Streifzügen die Wälder von Frankreich oder Lettland und schilderte später in spärlichen Erzählungen die Bilder, die in seinem Kopf nisteten und seine Träume zu Alpträumen verdichteten.

Einmal war er stundenlang durch Birkenwälder geschlichen. Seine Hände trafen auf glatte, sich abschälende Rinde, knorpelige Äste. Es roch nach faulen Pilzen. Dumpf raschelte das Laub. Moos, vollgesaugt mit Wasser, quatschte unter seinen Füßen, er stolperte, weil die Veränderung des Untergrunds ihn unversehens zu Fall gebracht hatte. War er in einen Sumpf geraten? Vögel flatterten auf. Da plötzlich ein Licht – zwischen den Bäumen – wieder weg – da war es noch einmal – was war das? Hoch alarmiert bewegte er sich näher, schleichend, lauschend, mit gesträubtem Fell des Naturburschen, dessen Körper, dessen Ahnungen, dessen Sinnesorgane ihm einen Strom von Wahrnehmungen zuleiteten. Gefahr?

Ein Fenster war erleuchtet. Es dauerte Minuten, bis er sich so weit herangeschlichen hatte, dass er hineinschauen konnte, in die schwach erleuchtete Stube. Da stand eine Frau. Sie stand bewegungslos. Draußen er, wie erstarrt. Plötzlich ging sie langsam zum Fenster, richtete ihren Blick auf ihn, den sie doch gar nicht sehen konnte, und winkte ihn zur Tür. Also hatte sie ihn erspäht. Obwohl er auf der Hut gewesen, im trüben Lichtschein nicht zu sehen war.

Die Tür schwang mit einem krächzenden Geräusch nach außen. Das hätte ihn beinahe in die Flucht geschlagen. Doch dann blieb er stehen. Die Frau sagte etwas. Er verstand es nicht. Er sagte „Grüß Gott", mehr nicht, was auch sie nicht verstand. Zögernd trat er ein, mit schweren Schuhen, die die Stille noch einmal verletzten. Die kleine Stube war rundherum mit Bücherregalen vollgestellt, was er jetzt erst wahrnahm. Eine ganze kleine Bibliothek in Lettlands einsamen Wäldern. Da standen sie, einander zugewandt. Setzten sich und schauten sich an. Die Frau war älter als der Eindringling, die Haare streng nach hinten gekämmt. Sie verströmte eine milde Selbstverständlichkeit.

Und während sie sich betrachteten, erfuhren sie alles voneinander, oder doch das Wesentliche – dass ein Krieg war, den keiner von ihnen gewollt hatte, den sie irgendwie überstehen mussten. Sie erkannten, dass sie nichts weiter waren als Menschen, nackt und ausgeliefert, hier in einer Hütte, im riesigen Wald versteckt, verloren vielleicht. In diesem Augenblick fiel alles ab von ihnen: Er ging sie beide nichts an, dieser Krieg. Sie waren alleine auf dem Planeten und schwebten im All. So saßen sie lange und schwiegen. Doch er wusste, der Morgen graut bald und er musste los, um sich in die Dunkelheit zu retten und auch um seine Spuren, die zu ihr führten, zu löschen, um auch sie vielleicht zu retten.

Ein andermal hatten sie ihn in einem Unterstand zurückgelassen. Er, der Neunzehnjährige, sollte sich um einen gleichaltrigen Kameraden kümmern, der sich im hölzernen Gebälk aufgehängt hatte. Dem war alles zu viel gewesen, alles, was er getan und was er gesehen hatte. Da lag er nun unter dem Balken, von dem sie ihn abgeschnitten hatten, den Körper leicht gekrümmt, halb tot schon, oder ganz tot? Sie wussten es nicht. Er jedenfalls solle dableiben bis zum Morgen, solle das Herz massieren und ihn beatmen. Dann zogen die anderen weiter.

Da war er alleine mit einem Körper, der einem Kameraden gehörte und blies ihm seinen Atem ein. Wenn die Luft wieder herauskam, röchelte der Kamerad – oder pfiff nur seine Atemluft so schaurig? Und noch einmal und noch einmal. Er durfte einfach nicht tot sein! So strengte er sich verzweifelt an und gab ihm alle Luft, die seine Lunge hergab, und bearbeitete den Brustkorb bis einige Rippen brachen, weinte vor wütender Ohnmacht. Der tote Körper ächzte und gurgelte dumpf, wieder und wieder und wieder, aber etwas anderes tat der Körper nicht. Röchelte nur und blubberte.

Verzweifelt ließ der abkommandierte Retter ab von der Leiche. Unheimlich wurde ihm, so alleine die ganze Nacht mit einem – der doch nur tot war, ganz kreatürlich und schlicht und die Verwesung langsam beginnend. Als die Dämmerung graute, stand er auf und ging los, den anderen hinterher. So lange, hatten sie gesagt, müsse er es immer wieder versuchen. Er stolperte davon und war wieder mittendrin im Krieg, ausgesetzt einer überall lauernden, schrillen Gefahr, doch er war erblindet und ertaubt, erstarrt und abgetötet von dem Gespenst, das aussah wie sein Kamerad und das er bearbeitet hatte. Ohne Erfolg. Und er hätte ihn doch so gern, so gern erweckt! Da hörte er Schüsse und war wieder gefangen in dem anderen Grauen, das sein Leben jede Minute bedrohte und vernichten wollte.

Andere Geschichten aus dem Krieg hat er übrigens nie erzählt. Seine Frau und sein Kind haben auch nie danach gefragt. Denn sie spürten beide an den Alpträumen, die ihn umhingen und verschatteten, wie leicht sie ihn vollends hätten zerstören können. Nur eine kleine Szene war der Tochter in Erinnerung geblieben.

*

Es war lange nach dem Krieg und Deutschland längst ein Wirtschaftswunderland. Da saßen sie nach einem heißen Tag im Schrebergarten von Freunden am Auer Mühlbach. Es war spät geworden. Zwei rote Lampions glimmten noch an der Schnur über den Tischen. Würstchen hatten sie gebraten, Kartoffelsalat dazu, hatten Bier getrunken und gescherzt und gelacht. Mit einem kleinen Floß, befestigt auf beiden Seiten des Baches, waren sie hin und her gesurft, hineingefallen ins fließende Wasser, waren wieder trocken und warm geworden, allmählich auch rotverbrannt, aber wohlig hingelagert auf dem Grasstreifen zwischen Gladiolen- und Dahlienbeeten.

Jetzt in der Dunkelheit, noch aufgeheizt von der Glut des Tages, waren alle – nur der Vater und seine Tochter im Rollstuhl nicht –, waren die anderen beschäftigt mit Aufräumen und Zusammenpacken. Da trat eine Stille ein, wie sie den ganzen Nachmittag nicht gewesen war. Die beiden saßen am Biergartentisch, auf dem sich kleine Getränkeseen gebildet hatten zwischen Inseln von Krümeln und Wurstresten. Wespen hatten die übermütige Gesellschaft den ganzen Nachmittag lang umschwirrt. Und manchmal hatte einer der von Lust und Alkohol aufgeheizten Gäste einen dieser Störenfriede erschlagen.

Nun hatte sich eine verspätete Wespe unbeholfen auf dem Tisch niedergelassen und war auch mit einer Handbewegung des Vaters nicht zu vertreiben. Da hob er den Zeigefinger, hielt kurz inne und zerquetschte langsam das gestreifte Insekt.

„Auch das kann ich", sage er müde von Bier und Sonne und schaute ihr doch herausfordernd in die Augen.

Grausamkeit, unendliche Trauer und Verzweiflung nahm sie wahr und auch die Stille. Sie wollte ihre Tränen zurückhalten, aber sie brachen aus ihr heraus. Da schluchzte auch er. Als hätte man ihm das Gesicht heruntergerissen. Er stand schwerfällig auf und verschwand in der Dunkelheit hinter dem Gartenhaus, wo die anderen geräuschvoll die Autos beluden.

Niemand kann wohl restlos geheilt werden, von dem, was ihm einmal passiert ist.

*

Damals, zur Hochzeit mit der schönen jungen Frau, der er das Heiratsversprechen gegeben hatte, bekam er Fronturlaub. Zur Geburt des Kindes nicht. Als das Kind geboren war und der Krieg näher rückte, wurde München evakuiert. Bald schickte man auch seine Frau und sein Kind nach Berchtesgaden zu den Großeltern. Das Kind erinnerte sich später nicht an Oma und Opa, sondern nur an den Königssee und dass es nicht in den Kindergarten wollte.

Was die Mutter begrüßte, denn das Kind war ein Teil von ihr und sollte es bleiben, nah bei ihrem Körper – immerdar. Die Mutter musste aber mit den anderen Frauen zusammenarbeiten. Frauen, die für die Versorgung der Frontsoldaten in einem großen Saal nähten und dabei kicherten und gackerten, Frisuren beurteilten und Kleiderschnitte tauschten. Sie mitten unter ihnen, glücklich über das Kind am Bein. Sie erfüllte ihre Pflicht wie die anderen, ohne große Begeisterung, aber auch ohne Mühe.

Außerhalb dieser Frauengemeinschaft war die Mutter nicht sehr angesehen im Dorf. Sie war ein Fremdkörper, diese elegante, ungewöhnlich große städtische Schönheit, die so ganz anders daherkam als die bäuerlichen Mädchen. Frisur und Kleider waren nach der neuesten Mode und stolz getragen. Sie zeigte rot lackierte Fingernägel und auch der Mund leuchtete meilenweit blutrot – wie eine Nachbarin behauptete. Deshalb hatten es auch die Perchten mit ihren grimmig verzerrten Maskengesichtern, die trotz des Krieges ihren groben Brauch des Winter- und Teufelsaustreibens zelebrierten, besonders auf sie abgesehen, als sie sich ahnungslos abends auf die Straße getraut hatte. Da kamen sie wie die wilde Jagd über sie und schlugen ihr mit den Ruten die Beine wund, ehe sie sich ins Haus zurück retten konnte. Ihre teuren Seidenstrümpfe waren kaputt und die Striemen an den Beinen vergingen nur langsam.

Im Sommer war das anders. Da fuhr sie mit ihrem Kind zum Königssee, ruderte mit einem Boot zum Malerwinkel, und dort planschte das kleine Mädchen im Wasser, zusammen mit ein paar anderen Kindern. Es kreischte übermütig, überschlug sich vor Vergnügen, wurde nach endlosem Spiel mit blauen Lippen aus dem Wassertümpel gezerrt, den die Erwachsenen für die Kleinsten in den Kies gegraben hatten, schrie vor Enttäuschung und Wut wie am Spieß und war erst zu beruhigen, als es mit dem großen Handtuch abgerubbelt und eingewickelt, noch nachschluchzend auf der Matte lag, warm und rosig wurde, bis es sich endlich wieder, sich überkugelnd vor gieriger Eile, ins aufspritzende Wasser fallen lassen konnte.

Ein einfaches, endlos genossenes Fest in der mittäglichen Hitze, wenn der See schattenlos und schweigend dem Licht sich darbot, dieser Badespaß mit den Kindern und den blonden Frauen, die an den glühenden Tagen vom Obersalzberg herunterkamen und ebenfalls am nassen Treiben teilhatten, sich abseits haltend, aber freundlich grüßend. Während die Kinder keine Schranken wahrnahmen, keine Hintergründe und keine Doppelbödigkeit, nur die anderen kleinen Wesen sahen, die ebenfalls nichts Besseres im Kopf und im quicklebendigen kleinen Körper hatten, als das Wasser und den Sand und die Kieselsteine und alles, was diese wenigen Elementarteilchen der Welt an Entzücken versprachen. Wie die Mutter erfahren hatte, dass es Eva Braun war und deren Anhang, die da an den See gekommen war, damals noch Hitlers Geliebte, nicht seine späte Ehefrau, hat sie nicht erzählt. Und irgendwann kamen die Frauen und die Kinder nicht mehr herunter vom Obersalzberg.

Dramatischer als dieses unschuldig wirkende und in seinem puren Gehalt tatsächlich schuldlose, einfache Leben am See, dramatischer, da unmittelbar gefährlicher, waren die Kahnfahrten von Königssee aus zum Malerwinkel und zurück. Das kleine Mädchen hatte ein Schifflein geschenkt bekommen. Es saß damit im Heck, wenn die Mutter ruderte, zog es sein Schifflein angestrengt andachtsvoll an einem langen Bindfaden hinter sich her durch die Heckwelle. Da das Kind noch klein und dumm war, glitt ihm der Bindfaden immer wieder aus der Hand. Es begann zu weinen, stellte sich auf die Zehenspitzen und beugte sich weit aus dem Kahn. Was die entsetzte Mutter erstarren ließ. Sie packte die Kleine heftig am Beinchen und schimpfte mit bösen Worten und schneidender Stimme. Dieser unverhältnismäßige Ausbruch ihrer Angst verstörte das Kind so sehr, dass es sich die Szene ein Leben lang merkte: So hatte die Ungerechtigkeit der Welt begonnen.

Es weinte jämmerlich, denn es hatte doch nichts Böses getan, hatte sein Schifflein doch nicht absichtlich losgelassen und war gleichwohl bestraft worden! Die Mutter aber war zu Tode erschrocken. Denn jetzt musste sie umkehren und das kleine Boot einfangen. Unter Drohungen händigte sie es dem heulenden Kind wieder aus. Aber das Mädchen wagte nun fast nicht mehr, das Schifflein, das doch sein ganzes Glück war, hinter sich herzuziehen.

Nach dem Krieg war der Vater lange verschollen. Die Mutter hörte nicht auf zu weinen, wollte ihn herbeizaubern, herbeizwingen: Er musste doch zu ihr zurückkehren! So räumte sie nach Weihnachten 1945 den Christbaum nicht mehr weg, ließ ihn trotzig stehen – er sollte wie sie seinen Platz behaupten, so lange bis er heimkommen würde. Der Christbaum stand am Fensterbrett. Er wurde braun und verlor seine Nadeln. Die Mutter trat ans Fenster, hielt Ausschau und weinte. Wenn wieder Transporte mit Heimkehrern angekündigt waren, lief sie zur Rosenheimer Straße und wartete mit vielen anderen Kriegsbräuten auf die überfüllten Lastwägen. Und eines Tages war er dabei.

Hat er sich gefreut, zurückzukommen? Oder empfingen ihn neben der Frau und dem Kind auch namenlose Schrecken? Er war zurückgekehrt in eine Welt, mit der er nicht vertraut war, die er gar nicht kannte. Da war er also nun der Gatte dieser Frau, die er eigentlich auch nicht kannte, hatte dieses unbekannte Kind und keinen Beruf. Die Frau war sehr glücklich. Und da sie auch sehr tüchtig war, begann sie umgehend, einen Alltag einzurichten. Sie half ihm und nahm die Gelegenheit wahr, ihn zu zähmen. Seine tagelangen Bergwanderungen redete sie ihm aus. Das sei zu gefährlich. Er müsse doch an sie und an das Kind denken. Das glaubte er ihr.

Er wurde häuslich, schnitt sich die blonden Locken ab und arbeitete, was sich ergab. Bäume umstapeln in einem Holzlager, Käse zubereiten in einer Molkerei. Vertretung für Seifen – und das ihm, dem maulfaulen Naturburschen, der Angst hatte vor den Menschen. Alles nur Pflicht und keine Hingabe. Denn er war ein Bastler und Grübler und voller Sehnsucht nach einem von Blumendüften, Wälderrauschen und Himmelsfärbungen bewegten Leben, dessen Abglanz er immer nur dann leben konnte, wenn er wieder einmal mit der Kleinen unterwegs war. Denn die Mutter arbeitete wie gesagt als Friseuse und war deshalb viele Wochenenden des Jahres in diesem feinen Friseursalon in der Residenzstraße beschäftigt. Sie machte ihren Beruf ausgezeichnet, hat immer alles ungewöhnlich gut gemacht. Wurde selten gelobt dafür.

*

Später spielte er, der Wortkarge, mit dem Kind Sprachspiele und Schach, übte uneigentliches Reden, Geschichten erzählen, ironische Anklänge mitschwingen lassen, Lügen mit aufrichtiger Miene erzählen, alles das, was die Mutter nie lernte und sie wütend machte. „Aber Mutti, du weißt doch, wie unernst er oft ist, dass du das immer noch nicht verstanden hast, immer noch auf ihn reinfällst!" Und die Mutter maulte und lernte es nicht.

Er gab dem Kind auch die wenigen Gedichte zu lesen, die er in einer abgeschabten Ausgabe im Krieg mit sich herumgetragen hatte, Gedichte von Goethe beispielsweise, die ihn

besonders gefesselt hatten. Auch ins Theater durfte die Zwölfjährige mitgehen, denn die Eltern hatten schon viele Jahre ein
Abonnement. Das war eines der wenigen Bildungslichter in
einem ansonsten anständigen, aber eher bescheiden klein-
bürgerlichen Haushalt.

Das Theater aber war für das Mädchen ein Tor in die andere Welt. Wenn sie das Foyer betraten, wurde dem Kind feierlich zu Mute. Und wenn die Mäntel abgegeben waren, an
der Garderobe der Münchner Kammerspiele, ergriff sie ein
ängstliches, aber jubelndes Hochgefühl. Sie sog es ein, dieses
verhaltene Stimmengewirr, diese samtene Atmosphäre, den
weichen Teppich, auf dem man schritt oder glitt, hin zu dem
Mann am Eingang zum Theatersaal, dem Mann, der ihr ein
ernster Wächter war, an dem sie klopfenden Herzens vorbei-
musste, hinein ins Allerheiligste. Ein Blick auf die Reihe, in
die man gehörte, sich verlegen an den Knien der schon Sitzenden vorbeiwinden und dann die Augen groß auf den Vorhang gerichtet, der sich hob, sobald die Lichter langsam erloschen. Dieses Ritual, atemberaubend!

Als einmal in einem Schiller-Stück eine Bühnenfigur heftig über die Pfaffen herzog, klatschte die Zwölfjährige begeistert. Da drehte sich die ganze Reihe empört dem Kind zu. Die
Mutter auch. Wie viel das Mädchen wohl verstanden und
woher es seine Kirchenfeindlichkeit genommen hatte? Jedenfalls zuckte das getadelte Kind zusammen und schämte sich
lange.

*

Ein weiterer Aufbruch in eine andere Welt waren die Reisen,
die die Eltern mit dem Kind unternahmen, sobald sie in den
50er Jahren schon einen schwarzbuckeligen Opel für 500

Mark von der amerikanischen Besatzungsmacht ergattert hatten. Jetzt waren sie nicht mehr zu halten. Alle Ferientage, alle verlängerten Wochenenden zogen sie los, häufig auch über den Brenner. Da oben an der Grenze schon schlug das Herz höher. Hier gab es den ersten italienischen Kaffee, die erste italienische Wurst und die ersten italienischen Wörter. Das Kind lernte sie mit Begierde, denn es wollte in der anbetungswürdigen Fremde heimisch werden und den Menschen dort näher rücken. Man wollte damals allgemein eher italienisch als deutsch sein.

Trotzdem begrüßten sich zwei deutsche Autos, wenn eines nach langer, langer Fahrt durch italienische Landschaften einem anderen begegnete, mit begeistertem Hupen. Später, als die Deutschen in großen Scharen im gelobten Land einfielen, war es dem Kind, der Jugendlichen, unangenehm, den gespürlosen Landsleuten zu begegnen. Als sie sich wieder einmal mit Mutter und Vater am Gardasee in einer Bar niederließen und eine Schar ungehobelter Deutscher das Lokal stürmte, bat sie die Eltern dringend, kein Wort Deutsch mehr zu sprechen. Sie, nur sie, die hinlänglich viel Italienisch radebrechte, wolle für alle drei den Kaffee bestellen. Die Italiener sollten auf keinen Fall merken, dass sie ebenfalls von diesem peinlichen Volk abstammten.

*

Als das Kind dann lahm im Rollstuhl saß, mussten der Vater und sie nicht ganz auf die Natur verzichten, denn der Vater zerrte sie mit dem Rollstuhl durchs Heidekraut, durch Wiesen und Felder und die Berge hinauf. Bei solchen Extrem-Ausflügen zerbrach sich der Vater wahrscheinlich seine Wirbelsäule, die auch nach der Operation nicht wieder so recht schmerzfrei wurde. Und er war der immertreue Begleiter des Kindes, ins Konzert, in die Museen, ins Theater, auf Reisen.

*

Einmal an Weihnachten, sie hatten wie immer ein inniges und üppiges Fest gefeiert, die alljährlichen und die zufälligen Weihnachtsgäste hatten sich bereits auf den Heimweg gemacht, brach auch die Mutter auf. Sie wollte in die Mitternachtsmesse. Im Zimmer war es still, warm, wenige fast schon heruntergebrannte Kerzen leuchteten. Da fiel das Mädchen in eine tiefe Trauer, die sie sonst nie, an diesem Abend dem Vater gegenüber aber doch äußern konnte: „Warum mir dieses gelähmte, verhinderte Leben? Warum mir?" Der Vater schwieg. Sein Gesicht war ohne Ausdruck. Dann begann er zu weinen. Mit einer Heftigkeit, die das Mädchen erschreckte. Es war ein haltloses, ausgeliefertes Weinen. Das Mädchen fiel ins Bodenlose. So schlimm stand es doch nicht um sie! So minderwertig war sie doch nicht! Sie selber hatte immer vermieden so zu weinen. Als hätte sie mit einem solchen Trauerausbruch zugegeben, dass sie, die Lahme im Rollstuhl, ganz unten bei den Namenlosen, den letzten Freaks angekommen war. Das aber wollte sie nicht. Denn sie fühlte sich zwar wertlos, aber andere durften sie auf keinen Fall so wahrnehmen. Dagegen empörte sie sich, wollte sich ein normales, ein geachtetes Leben ertrotzen. Doch die zerstoßende Erregung dieses Augenblicks war zu hochgestiegen. Da brach auch sie in Tränen aus. An diesem Heiligen Abend. Zwei einsame Weinende. Keiner dem anderen ein Trost.

War er eigentlich stolz auf sie, später, als sie Abitur machte, den Doktortitel schaffte, beim Bayerischen Rundfunk arbeitete? Ja, war er, aber er hielt ihr vor, dass sie ihn und die Mutter, jetzt, da sie so gebildet war, verachtete. „Nein, sagte sie, du siehst doch, dass ich unverändert bin!" Aber er war nicht mehr ihr Held.

*

Mit den Jahren verlor der Vater an vielem die Lust. Dass er noch nicht tot war, zeigt ein heimlicher Blick in sein anderes Leben. Eine Freundin der Familie sah eines Tages, wie er, ein großes Kuchenpaket in der Hand, in einer fremden Straße an einer fremden Tür klingelte. Es wurde ihm geöffnet und er ging mit unverblümter Selbstverständlichkeit hinein. Also hatte er so spät noch jemanden gefunden, der ihm die Zuwendung gewährte, die seine Frau in den zahllosen Jahren oft nur mehr auf das Kind verwendet hatte. Sie hielt zwar unverbrüchlich zu ihm. Hatte sich aber manchmal nur noch mit ihm beschäftigt, um ihn für das Kind einzuspannen, ihr Kind.

Als er 80 wurde, wollte er nicht mehr reisen, wenigsten nicht mehr so weit wie früher, als sie von Russland bis Andalusien herumgegondelt waren. Die stille Ferienwohnung im Bayerischen Wald, die mochte er noch. Da saß er stundenlang am Panoramafenster und schaute dem Wetter zu und dem Licht, den Kühen und den Fliegen.

„Was machst du eigentlich, wenn du so still dasitzt, so ganz alleine?"

„Ich schaue", sagte er, ohne zu lächeln.

Die Mutter schenkte ihm neue Farben für seine Porzellanmalereien. Er hatte immer gezeichnet, getöpfert, gemalt.

„Wenn du mitmachst, fange ich wieder an", sagte er zur Tochter.

Da verließ sie ihn zum letzten Mal: „Nein, sagte sie, ich schreibe lieber."

Als er mit Blasenkrebs im Krankenhaus lag, sagte er zur Mutter, er hätte den Revolver, den er aus dem Krieg mitgebracht hatte, doch behalten sollen. Die Schmerzen waren selbst für ihn, für den Indianer, der keinen Schmerz kannte, unerträglich. Er führte seine Frau und seine rollstuhlfahrende Tochter in das Krankenzimmer, das er mit sechs anderen Männern teilte. „Das ist mein Bett und das mein Spind", sagte er voll bitterer Wehmut. Dies war die Unterbringung in seinem letzten Krieg. Er wollte seine Tochter wie immer beim Abschied auf den Mund küssen. Da bog sie, er roch so schrecklich aus dem Mund, da bog sie den Kopf weg.

Als sie ihn ins Sterbezimmer verlegt hatten, saßen Mutter und Tochter an seinem Bett. Als die Tochter seine Hand nehmen wollte, zog er sie weg.

Leb wohl, geliebter Fremder.

Die Mutter blieb, bis er gestorben war.

8. KAPITEL
Wege der Verzweiflung,
der Hoffnung

Wieder hatte eine ihrer Assistentinnen gekündigt – wieder würde die Suche beginnen, die Suche nach einer neuen, zuverlässigen, sympathischen Frau. Sie war so angenehm gewesen, sie, die jetzt gekündigt hatte, so zartfühlend, schien so einverstanden, so erfreut, wenn sie zur Schicht kam. Aber dann, ganz plötzlich rückte ihr langjähriger Traum in greifbare Nähe, ihr Traum davon, sich als Nagel-Kosmetikerin selbstständig zu machen. Man hatte ihr eine Stelle angeboten, wo sie nur vormittags arbeiten würde, nicht im Schichtdienst. Somit hätte sie nun jeden Nachmittag Zeit, zuerst die notwendige Ausbildung zu machen, dann die ersten Kunden zu suchen, sich einen Kundenstamm aufzubauen, um schließlich mit Geschicklichkeit und Fantasie Nägel zu lackieren, zu bemalen, zu verzieren, zu formen, zu überformen, bis sie zum kunstvollen Endfortsatz mehr oder weniger gepflegter Hände würden.

Ihr Traum – für die Hilfsbedürftige ein Albtraum! Denn für sie hieß das wieder einmal tapfer sein, eine Annonce aufgeben und ängstlich, oder ergeben, oder verzweifelt auf die Anrufe warten.

Die Anrufe, die meist so begannen: „Ich bin" – es folgte ein oft kaum verständlicher Name – „und habe Ihre Anzeige gelesen." Dann der Austausch der gegenseitigen Vorstellungen, Wünsche, Anforderungen, die Stelle betreffend. Sie hatte inzwischen einen Fragenkatalog zusammengestellt, mit dem sie bereits am Telefon klären konnte, ob die Anruferin in die nähere Wahl kam: Hatte sie einen Führerschein, suchte sie eine Vollzeitstelle oder nur einen kleinen Job auf 450-Euro-Basis? Sie durfte keine kleinen Kinder haben, denn die würden natürlich immer vorgehen. Keinen eifersüchtigen Ehemann, der seiner Frau verbieten würde, nachts Dienst zu machen oder mit in den Urlaub zu fahren. Sie müsste flexibel sein, um jederzeit einspringen zu können. Gepflegt sollte sie sein und einigermaßen gut Deutsch sprechen. Ihre Erfahrungen mit kaum Deutsch radebrechenden Ausländerinnen waren oft hinderlich gewesen, ärgerlich, komisch, manchmal auch Angst machend, ja sogar lebensgefährlich. Und in ihr kleines Team sollte die Helferin sich einfügen können. Unfrieden, böser Klatsch und üble Nachrede unter den Assistentinnen – eine Katastrophe!

Die Frauen, die dann in die engere Wahl kamen, wollte sie kennenlernen. Ob sie zum verabredeten Zeitpunkt tatsächlich erschienen, war eine spannende Frage. Denn obwohl sie immer darum bat, abzusagen, wenn sich ihr Entschluss änderte, und obwohl manche beinahe entrüstet antworteten – „Aber selbstverständlich, wo denken Sie hin, ich bin doch kein kleines Kind" –, blieben sie dann weg, ohne anzurufen, diese angeblich so Zuverlässigen, reihenweise und offenbar ganz selbstverständlich.

Übrig blieben die anderen, die tatsächlich zum besagten Termin kamen. Und das waren vielgestaltige Erscheinungen! Da gab es die Übertüchtigen, die mäßig Tüchtigen, die Lustlosen, die Ausgebrannten, die leicht schon Verwahrlosten und die Europa-Resistenten, die sich außerhalb ihres fernen orientalischen Dorfes nicht zurechtfanden. Immer öfter bewarben sich auch die einschlägig Ausgebildeten, die Pflegehelferinnen oder Altenpflegerinnen, die sie besonders fürchtete, weil diese Helferinnen alles schon wissen und besser wissen, besonders das, was sie ganz bestimmt nicht so haben wollte, wie diese Eifrigen es unbedingt machen wollten. Es kamen immer mehr auch von denen, die im Krankenhaus oder Altersheim ausgelaugt worden waren vom unmenschlichen Dienst, den ihnen die Politik aufzwang, weil sie nur Arbeit am Fließband und nicht die notwendige Unterstützung des Menschen honorierte. Deutschland ist ja ein so armes Land! Sie sagten offen, dass sie sich von dieser Fron bei der Gelähmten erholen wollten, weg von der Unmenschlichkeit des sozialen Minutentaktes. Dass sie unter dem alten Rhythmus draufgehen würden, deshalb zu ihr, zu diesem leicht handhabbaren, einzelnen Hilfebedürftigen kamen. Aber sie wollten dasselbe Gehalt, das sie vorher hatten. Damit war die Unterredung auch schon beendet, denn das Sozialamt, das die Gehälter der Assistentinnen festlegte, war nicht ihrer Meinung.

Außerdem kamen immer mehr auch die rüstigen Rentnerinnen mit der zweifachen Rückenoperation und Übergewicht, aber auch die gut erhaltenen. Oder es erschienen die Forschen, die ihr schon beibringen würden, wie die Sache läuft, und auch diejenigen, die weg wollten vom Alkohol und der Psychiatrie.

Nach kürzerem oder längerem Gespräch am Telefon saß eine dieser Frauen dann vor ihr. Sie schaute die Bewerberin an und wusste sofort, an die könnte sie sich gewöhnen. Oder: Von der möchte sie sich niemals anfassen lassen! In letzterem Fall musste sie einen aussprechbaren Grund finden, sie wieder loszuwerden.

Kürzlich saß eine nervös ihre Finger knetend ihr gegenüber, die schon jahrelang im Nachtdienst gearbeitet hatte, die wusste, dass der schwer behinderte, oder auch der bettlägerige alte Mensch gedreht werden muss in der Nacht, um sich nicht wund zu liegen, so alle zwei Stunden etwa. Wie viele Male hatte sie das schon gemacht! Die Pflegerin taxierte sie kurz und sagte: „Na, Sie sind ja gut genährt, da kann ich Sie ruhig drei Stunden liegen lassen!"

Sie und Monika, die Freundin, die der Gelähmten bei der Suche nach einer Neuen regelmäßig beistand, schwiegen verblüfft und beklommen. Da muss der Helferin dann doch aufgefallen sein, wie sie über Körper, über Menschen verfügte, oder doch wenigstens, dass die beiden diese Bemerkung nicht ganz passend fanden, und sie fügte etwas verhaltener hinzu: „Aber Sie können ja sagen, wenn Sie es anders wollen!" Die Bedürftige atmete auf, als sich herausstellte, dass diese Bewerberin nur einen 450-Euro-Job wollte. Sie suchte ja jemanden für eine volle Stelle. So musste sie nichts erfinden, um sie umgehend loszuwerden.

Aschenputtel

Unter vielen Angeboten schließlich dann auch eine junge Frau um die vierzig ohne Kinder. Ihr väterlicher deutscher Freund hatte sie telefonisch angepriesen. Als die Frau im Rollstuhl die Bewerberin selber sprechen wollte, kam sie ans Telefon. Sie hieß Irene, kam ursprünglich aus Rumänien und gab relativ fließend Auskunft über sich. Bald saß Irene das erste Mal bei ihr. Bequem sportliche Kleidung. Aufgeblondet und die Haare streng aus dem Gesicht gekämmt, den Blick hinter dicken Brillengläsern versteckt. Ein großes Gebiss, mit dem sie hätte kräftig zubeißen können. Aber ihre Lippen, eng geschlossen, verdeckten das. Gesamteindruck: Freundlich unauffällig. Nichts wies auf Schwierigkeiten mit der Sprache hin. Sie sei bereit, immer mal wieder vorbeizuschauen und zu lernen – sie habe ja sonst nichts zu tun. Mit Irene wollte sie es probieren.

Sie übten einen Monat lang alle Handgriffe. Das Ergebnis war einigermaßen zufriedenstellend. Für die Lagerungen in der Nacht wollten Monika und sie die Neue mit in den Urlaub nehmen, da würde sie drei Tage mit ihnen in der Ferienwohnung wohnen und nichts weiter zu tun haben, als sich mit ihnen zu vergnügen, auf dem niederbayerischen Bauernhof, wo die barrierefreie Wohnung lag, die sie öfter im Jahr nutzten. Nur üben mussten sie mit ihr natürlich viel, die Handgriffe und auch die Bezeichnungen für die Handgriffe, jeden Tag mehrmals und dann eben auch die Nachtlagerungen. Ein Intensivkurs sicherlich, aber machbar, wie schon manche Assistentin vor ihr gezeigt hatte. Denn danach würde Irene alleine für sie sorgen können und jede Stunde bezahlt bekommen, während die Einarbeitungszeiten vom Sozialträger nicht extra honoriert wurden.

Sie fuhren also los in den Bayerischen Wald. Nach Ankunft übte Monika mit Irene fleißig die Nachtlagerungen. Am nächsten Tag machten sie einen Ausflug, aßen in einer gemütlichen Wirtschaft große Schnitzel, spazierten durch die sonnige Frühlingslandschaft und Irene erzählte von sich. Unterbrochen durch die Fragen der beiden Frauen, öfter noch durch ein leicht nervöses Gefingere auf ihrem Handy.

Ihr Vater war ein strenger Militärschädel gewesen, der in einer Mine untertage arbeitete, eine ganze Schicht befehligte, offenbar mit eiserner Disziplin. Zu Hause riss er das kleine fünfjährige Töchterchen aus dem Schlaf, zog eine Schublade in ihrem Zimmer aus der Kommode, warf alles auf den Boden und beschimpfte sie. Sie solle das Zeug endlich ordentlich einräumen. Das waren die täglichen disziplinierenden Maßnahmen, die das Mädchen ertragen hatte müssen. Es war aber nur ein Teil ihres Lebens als Aschenputtel. Den Rest besorgte die Stiefmutter. Sie glich der im Märchen.

Als Irene in die Pubertät kam, setzte sie durch, bei der Großmutter leben zu dürfen. Doch diese Entfernung vom Gefängnis ihres Elternhauses genügte Irene nicht. Schließlich verließ sie auch das Land in Richtung Frankreich, da sie wohl einigermaßen Französisch sprach. Sie beherrsche diese Sprache perfekt, erzählte sie. Nur hatten die beiden Zuhörerinnen inzwischen mitbekommen, dass sie sich gerne als besonders intelligent und erfahren anpries. Sie würde sehr schnell lernen und begreifen, hatte sie gleich zu Anfang behauptet. Bis sich ihre Lernfähigkeit als recht zäh erwies, behindert vor allem durch Selbstvorwürfe. Sie hatte den Vater als strenge Ordnungsinstanz ihrer Kindheit vollkommen aufgesogen. Jetzt saß er in ihr und herrschte unbeherrscht und unbeherrschbar. In Frankreich habe sie einen wohlhabenden Mann geheiratet. Sie arbeitete auch in seiner Firma, leitete zeitweilig eine eigene Firma, führte fehlerlose rumänisch-französische Korrespondenzen. Als der Ehemann sie das erste Mal schlug, rief sie den Vater im fernen Rumänien an. Der hatte außer ordnungsgebietenden Worten wohl wieder nichts für sie übrig. Irgendwann wurde sie geschieden. Sie ging nach München. Seit neun Monaten war sie hier.

Vom Ausflug zurück in der Ferienwohnung übte Monika wieder mit ihr. Doch plötzlich änderte sich Irenes Stimmungslage. Sie schwankte nun zwischen Selbstbeschuldigung und unfreundlichem Widerstand. Obwohl Monika mit engelhafter Geduld, eisernem Wiederholungseifer, hymnenhaft vorgetragenen Lobreden, hypnotisierenden Beruhigungsversuchen und zartester Ansporung zumindest bei der Freundin grenzenlose Bewunderung hervorrief. Am nächsten Abend erklärte Irene dann kategorisch, sie könne nicht mehr, ihr Kopf sei leer, sie wisse nichts mehr, sie schaffe es nicht, sie fühle sich zu dumm dafür, sie lerne das einfach nicht! So eine Situation hatten die beiden Freundinnen noch nie. Was tun? Ob sie darüber schlafen wolle und am nächsten Tag würden wir weitersehen? Sie wollte.

Am nächsten Morgen – Fortsetzung des Gesprächs: Heute käme die Freundin Christiane und mit ihr würden sie nach Passau fahren. Sie könne mitkommen, wenn sie wolle, völlig unbeschwert, da würden keinerlei Anforderungen an sie gestellt. Nein, das wolle sie nicht, sagte Irene schroff. Sie schlugen vor, Irene könne natürlich auch alleine in der Ferienwohnung bleiben, sich ausruhen, spazieren gehen, sich was Schmackhaftes kochen, oder was immer sie sonst machen möchte. „Auf keinen Fall", das sei nichts für sie! Was solle sie denn elf Stunden ganz alleine in der Ferienwohnung? Irene war erregt. Also ein offenbar Panik erzeugender Vorschlag. Und spazieren gehen könne sie auch nur eine halbe Stunde, mehr sei hier ja nicht zu sehen und das sei außerordentlich langweilig, und kochen könne sie nicht, denn da gab es ja nichts im Kühlschrank. Nein, nein, auf keinen Fall wolle sie das. Sie wurde immer erregter. Lieber wolle sie nach München heimfahren, sich eine Nacht dort ausruhen und dann mit ihrem eigenen Auto wiederkommen, um den Dagebliebenen beim Einpacken zu helfen. Sie stimmten diesem Plan zu, zögernd, hilflos, verständnislos, aber doch auch einverstanden, denn sie sahen, mit der war im Moment nichts zu machen.

Christiane kam an. Irene fuhr ab. Zusammen mit Christiane verlebten sie einen gemütlichen, genussreichen Tag in Passau, stromerten durch verschiedene Läden, aßen bei freundlich hilfreichen Italienern, die den schweren Elektro-rollstuhl elegant über zwei Stufen beförderten, und bewunderten das eindrucksvolle Stadtpanorama vom achten Stock eines Hochhauses aus.

Was für ein prächtiger Tag! Was für eine herrliche Kulisse und diese behäbige Atmosphäre! Sie atmete auf – wie waren die Übungen mit Irene bedrückend gewesen, schwer und lastend und von verzweifelter Anstrengung weiter und weiter getrieben! Monika und sie bemerkten erst jetzt die ungeheure Anspannung, die ihnen der Umgang mit der nervösen, sich selbst beschimpfenden, bockig auf eigene Schwächen reagierenden, abweisenden, bei jeder Gelegenheit auf dem Handy herumtippenden, düster schweigenden, oder ohne Punkt und Komma plappernden Irene gekostet hatte.

Die Hilfesuchende hatte sich wieder einmal zur Wald-und-Wiesen-Psychologin aufgeschwungen: „Sie müssen sich die großen Fortschritte anschauen, liebe Irene, die Sie schon gemacht haben", flötete sie verzweifelt, „nur noch ein wenig Routine und Sie können alles!" Es sollte beruhigend klingen. Damit sie sich wieder wohl fühlte. Damit sie blieb, nicht aufgab und davonlief. Sie wollte Irene um buchstäblich jeden Preis halten. Auch um den Preis ihres eigenen Wohlbefindens. So kreiste ihr Bemühen wie so oft schon ausschließlich um die Helferin und nicht um sie selbst und sie beschwor Irene weiter: „Jeder Mensch macht Fehler. Das ist doch kein Unglück, sondern eher ein Ansporn, es das nächste Mal besser zu machen. Mit ein wenig Übung werden Sie die Handgriffe als Kinderspiel empfinden. Vergessen Sie Ihren Vater. Hier geht es nicht um Disziplin", und so weiter und so weiter!

Es passierte wieder einmal das, was sie schon so oft erlebt und immer noch nicht kapiert hatte: Sie konnte Männchen machen oder einen Purzelbaum, eine hohe Geldsumme versprechen oder den Nobelpreis beantragen. Diejenige, die nicht für diesen Job geeignet war, würde nicht bleiben. Das wurde ihr jetzt schmerzlich bewusst. Und sie fühlte sich gerade im satten, ruhig dahinschwingenden Verlauf ihres Passau-Ausflugs nachträglich gequält und erschlagen von diesem mit enormem Erfolgsdruck durchgepeitschten Crashkurs, den sie ausgehalten, aber nicht verkraftet hatte. Ihre Gefühle schlugen um. Jetzt wollte sie diese Frau in ihren letzten Ferienstunden auf keinen Fall mehr in der Nähe haben! Also rief sie Irene an und sagte ihr, sie müsse nicht noch einmal anreisen, denn Einpacken könnten sie auch alleine. Weitere Übungen mit ihr würden sie dann daheim in aller Ruhe absolvieren! Irene stimmte etwas verwirrt zu.

Wieder in München schien Irene wie verwandelt. War freundlich – liebevolle Umarmungen für alle Kolleginnen –, schien ihre tiefgreifende Unsicherheit verloren zu haben, strich Monika zart übers Haar. Noch ein paar Übungen und sie konnte die Tagschichten übernehmen. So ging das einen Monat. Ging es gut? Ja, schon. Aber irgendwie fühlte sie immer eine gewisse Schwere auf ihr lasten, wenn Irene bei ihr war. Vor was war sie auf der Hut? Dann kam die Nachtschicht, die Irene erstmals ganz alleine bewältigen sollte. Auch das ging gut. Sie hatte sich an alle Handgriffe erinnert.

Ein paar Tage später sollte sie mit Maria zum Duschen kommen, denn dafür brauchte sie immer zwei Helferinnen. Maria war ihre verlässliche, emsige italienische Assistentin mit tschechischen Wurzeln, mit der sie nebenbei auch ihr Italienisch üben und verfeinern konnte. Es war elf Uhr. Irene sollte schon da sein. Es wurde halb zwölf. Sie begannen zu duschen. Vielleicht lag ein Missverständnis vor. Irene würde wahrscheinlich um zwölf kommen. Macht nichts, das Duschen könnte sie sich ja an einem anderen Tag auch noch anschauen. Als Maria und sie aus dem Bad kamen, lag ein Zettel auf dem Tisch. Maria betrachtete ihn verwundert. Er war vorher nicht dagewesen. Oder doch?

„Da Zettel von Irene", sagte sie und reichte ihr den Zettel. Sie las den handgeschriebenen Satz: „Sorry, ich wollte diese Arbeit nicht mehr. Irene."

Während sie geduscht hatten, hatte Irene also mit ihrem Schlüssel aufgesperrt, hatte den Zettel geschrieben und war leise wieder verschwunden. Warum das, und – was nun? Irene hatte doch in letzter Zeit einigermaßen normal geklungen. Hatte ständig ihre Liebenswürdigkeit und die der Kolleginnen gepriesen. Jetzt war sie verschwunden. Manches schon hatte auf ihre Unberechenbarkeit hingedeutet. Sie, die auf Hilfe angewiesen war, hatte jedoch ausgeharrt. Hatte eine riesenhafte Anstrengung unternommen, immer wieder, um Irene in ihrer Nähe zu haben, damit sie ihr hilft, bei allem, was sie nicht selber kann, hilft, und wollte ihre Nähe doch gar nicht. Hatte einen enormen seelischen Aufwand betrieben, um am Ende zerschlagen auf der Strecke zu bleiben.

Gleichwohl musste sie nun die Arbeitsbeziehung mit ihr irgendwie zu Ende bringen. Musste vernünftig sein, wo sie sich am liebsten – ausgelutscht wie sie sich fühlte – verkrochen hätte. Wollte Irene vergessen oder wenigstens verdrängen. Sich wiederaufrichten, sie, die niedergedroschen am Boden lag von dem Schmerz, den sie sich selber zugefügt hatte. Jetzt also wie immer funktionieren. Denn Irene sollte für den Monat natürlich ihr Gehalt bekommen und hatte außerdem noch ein paar Kleidungsstücke und einen Bettbezug zurückgelassen. Auf Anrufe reagierte Irene gar nicht oder indem sie die Verbindung rasch abbrach.

Einige Tage später stand Irene mit ihrem Fahrrad plötzlich vor Marias Hauseingang und klingelte. Maria wollte sie nicht in der Wohnung haben und lief deshalb rasch zu ihr auf die Straße. Irenes Gesicht war zu einer leidenden Grimasse verzerrt und mit hochroten Flecken bedeckt. Ihre Hände zitterten. Sie schrie und weinte: Immer passiere ihr alles Böse. Sie wolle nicht mehr leben. Sie wolle auch kein Geld. Als Maria ihr widersprach – das seien immerhin um die 600 Euro und die könne sie doch gebrauchen, schrie sie: „Was, so wenig für so viel Arbeit!"

Sie hatte aber nicht mehr als den halben Monat selbstständig gearbeitet. Irene wurde immer lauter. Marias Nachbarn zeigten sich in den Fenstern. Ihr Freund hätte einen Autounfall verursacht. Seitdem sei er weg. Die Polizei suche ihn. Nun stehe sie da ohne Auto, ohne den Freund. Wieso würde alles immer nur ihr passieren? Warum ginge es ihr so schlecht? Sie wisse nicht mehr weiter! Dann fuhr sie laut schreiend und schluchzend, heftig schwankend auf ihrem Rad davon. Ein paar Tage später kam sie noch einmal vorbei, um den Erhalt ihres Lohns mit ihrer Unterschrift zu bestätigen. Wortlos, tief blass, verweint, verstört.

Irene würde ihr schreiben und alles erklären, sagte sie zu Maria.

„Der Teufel soll sie holen", sagte sich die Gelähmte. Aber es klang verzagt. Sie biss die Zähne zusammen und gab die nächste Anzeige auf. Tapfer sein. Weitermachen.

Warum eigentlich?

Die kleine blonde Türkin

Das Fotoalbum mit den Bildern von ihrer Hochzeit zeigte sie besonders gerne her. Da war sie der Mittelpunkt des Geschehens und der Bilder. Eine zauberhafte kleine Blondine in einem weitberockten weißen Hochzeitskleid. Eine Hochzeitstortenprinzessin, verziert mit Bändchen, Schleifchen, Spitzen. Puppenhaft anmutig. Leichtfüßig, lebhaft, strahlend. Ein glücklicher weißer Traum, ein Träumchen aus weißem Schaum mit wasserblauen Augen.

Als sie, die kleine blonde Türkin mit dem schönen Namen Fatima, sich vor ein paar Jahren auf eine Annonce hin meldete – die Gelähmte brauchte dringend eine neue Assistentin – erklärte Fatima gleich, nachdem sie sich begrüßt hatten, dass sie gut putzen könne, aber: „Ich nicht mehr so wie früher, ich früher immer lustig. Jetzt vorbei." Sie wirkte angestrengt, eine lustlose Frau in einem schweren Körper.

„Nein", dachte sich die Hilfesuchende, „ich muss keine Helferin um mich haben, die ihre Depression vor sich herträgt", und sagte ihr telefonisch ab. Danach meldeten sich andere Frauen. Viele kamen von vornherein nicht in Frage. Etliche erregten wieder einmal ungläubiges Staunen:

Die erste, die sich vorstellte, erschien sehr anziehend. Zaghaftes Hoffen. Sie hatte seelenvolle Augen und strahlte eine zärtliche Herzlichkeit aus, wie sie häufig bei Slavinnen zu erfahren war. Die Freundin Monika lernte sie einen ganzen Tag lang ein. Es musste immer jemand mit Führerschein sein und die Bewerberin war eine erstaunlich gute Autofahrerin. Stimmung und Hoffnung wuchsen. Auch sie schien angetan zu sein: Der Job gefiele ihr, die Arbeitgeberin gefiele ihr auch, Monika auch, überhaupt alles und: „Bis morgen, ich freue mich!"

Sie winkte zum Abschied. Am folgenden Tag rief sie an und entschuldigte sich. Sie habe Kopfschmerzen, deshalb könne sie heute nicht kommen. Wenn es ihr gut ginge, dann lasse sie wieder von sich hören und: „Alles Gute und herzliche Glück- und Segenswünsche!" Viele Frauen sind offenbar nicht imstande zu sagen, „Nein, der Job ist nichts für mich". Sie kam, wie vorauszusehen war, nie wieder.

Eine Nächste erklärte, dass sie die geistige und körperliche Lage der Hilfesuchenden grundlegend würde verbessern können, wenn sie ihr die Gelegenheit dazu gäbe. Man solle sie nur machen lassen! Es blieb nur der Dank für das großherzige Angebot und eine freundliche Ablehnung.

Die Nächste fragte, ob die Gelähmte meinen würde, dass der Job überhaupt etwas für sie sei. Sie müsse sich noch um ihren 36-Jährigen Sohn kümmern. „Ist er denn auch behindert?" „Nein", meinte sie, aber er brauche eben doch viel Zuwendung. Sie riet ihr, die Stelle nicht zu wollen. Die Bewerberin bedankte sich herzlich und ging erleichtert davon. Und andere Misserfolge mehr.

Zunehmend deprimiert, erinnerte sie sich an die kleine blonde türkische Frau, die nicht mehr so lustig war wie früher. „Sie sicher gut putzen, Signora", sagte Maria in ihrem sympathisch gebrochenen Deutsch, „und putzen nicht alle können!" Dies leuchtete ihr ein und so rief sie die türkische Bewerberin wiederum an.

Fatima war noch frei und erschien zum zweiten Vorstellungsgespräch mit ihrer zwölfjährigen Tochter, einem molligen kleinen Plaudertäschchen, die verriet, was sie gerade bewegte, dass bald Schulferien seien und sie dann in die Türkei fahren würde, dass sie nicht gerne Gemüse esse und dass sie Tiere liebe und später einmal Tierärztin werden wolle. Im Gegensatz zu ihrer Mutter sprach sie ein fehlerloses und akzentfreies Deutsch, hatte allerdings einen eingeschränkten Wortschatz, obwohl sie ein deutschsprachiges Gymnasium besuchte. Ihre Mutter lernte in der Zwischenzeit mit Maria, wie man sie, die Hilfsbedürftige, ins Bett bringt und wie man ihr in den Rollstuhl hilft. Dann wurden sie handelseinig, und so begann ihre türkische Periode.

„Liebst du mich?", fragte Fatima gerne mehrmals am Tag. Die Hilfsbedürftige bejahte jedes Mal, weil sie das für ein Spiel hielt. Aber manchmal war sie sich nicht ganz sicher, ob das nicht doch die ernst gemeinte Einforderung gewisser Verpflichtungen war, die sie einging, eben dann, wenn sie diese Liebe erwiderte. Auch Fatima versicherte ihr regelmäßig ihre Liebe. Sie wurde heftig umarmt und geküsst und häufig mit nutzfreien, aber platzraubenden und staubfangenden Gegenständen beschenkt, die in Farbe und Ausgestaltung deutlich türkisch-orientalischer Herkunft waren – so wie manchmal auch Fatimas Kleidung: verziert und verschnörkelt, mit Steinen und Glitzer besetzt, mit Girlanden und Rüschen abgerundet, mit Herzchen und Vögelchen garniert und von intensiv mediterraner Farbenpracht. Da die Beschenkte meist das Gegenteil bevorzugte, das Schlichte, Einfache, Gerade oder elegant Geschwungene, hatte sie größte Schwierigkeiten, sich gegen den Regen dieser exotischen Gaben mit Freundlichkeit und Anstand zu wehren.

Überhaupt das Schenken! Ein großes Thema. Bei ihrer kleinen Türkin musste dauernd geschenkt werden. Nicht nur zu den feierlichen Gelegenheiten wie Weihnachten oder Geburtstage, sondern auch, wenn man aus dem Urlaub zurückkam, wenn man sich eine Woche nicht gesehen hatte, wenn man beim Einkaufen gewesen war und bei zahlreichen anderen Gelegenheiten. Dass die Geschenke nicht nach Geschmack oder Bedarf des Empfängers ausgewählt waren, spielte übrigens keine Rolle. Man hatte sich in jedem Fall zu freuen und zu bedanken. Auch Fatimas Kolleginnen fürchteten sich allmählich vor diesen Mitbringseln, da keine etwas damit anfangen konnte. Sie sagten es ihr vorsichtig und trafen eine Abmachung, dass nur die Arbeitgeberin ihre Helferinnen zu Weihnachten und zum Geburtstag beschenke, keine Gegengabe erforderlich sei und auch sonst niemand beschenkt werden müsse.

Da die Schenkungen trotzdem nicht aufhörten, suchte sie nach etwas Verwertbarem und fand es: Wenn Fatima ihr vielleicht ein paar Nüsse oder Gewürze aus der Türkei mitbringen könnte, das wäre toll! Die bekam sie dann, aber immer noch eine Vase oder ein Deckchen extra. Dass sie Fatimas Kindern – sie hatte noch eine Tochter mit sechzehn – nicht ständig etwas schenkte, war sicherlich gegen die strikten Fatima-eigenen oder türkischen Schenkungsvorstellungen, aber da blieb sie deutsch und ungerührt.

Als Fatima bei ihr anfing, hatte die Türkin übrigens nicht mehr die zierliche Figur wie auf den bei jeder Gelegenheit herumgereichten Hochzeitsfotos. Sie war breiter, fülliger und großbusig geworden, aber es stand ihr. Also nach wie vor eine reizvolle Frau mit einer gewissen erotischen Ausstrahlung, die offensichtlich bei den Männern ankam. Und trotz des heilig gehaltenen Hochzeitsalbums erklärte sie stets, an ihren Hochzeitstag könne sie sich nicht so genau erinnern, aber den Tag ihrer Scheidung wisse sie für immer. Heiraten wollte sie nie mehr, „denn nach Hochzeit alle Männer wie König!", erklärte sie.

Übrigens kochte Fatima ausgezeichnet. Wie offenbar viele Türken zerkochte sie gern alles gründlich, aber es schmeckte köstlich! Wenn Fatima gebeten wurde, für sieben Gäste zu kochen, so dufteten schließlich verschiedenste Gerichte auf dem Tisch: Blätterteigröllchen, mit Käse gefüllt, mit Hackfleisch versetzte Paprika, Couscous-Salat, Linsen-Pflänzchen, Lammrippchen, gefüllte Weinblätter, Bohneneintöpfe, Winter- und Sommer- und Hochzeitssuppen und andere verlockende kulinarische Erfindungen der türkischen Küche. Übrigens nicht für sieben Gäste wie geplant, sondern für siebzehn.

Da gab es manchen Königinnenkampf mit Maria, die ebenfalls sehr gut kochte. Vorsichtig, aber eindeutig abfällig, mehr in Gesten als in Worten äußerte sich die eine über die Kochkünste der anderen. Fatima hatte darüber hinaus ein unschlagbares Kampfmittel zur Hand – den Joghurt. Wenn Maria ein wunderbares Auberginengericht gezaubert hatte, und dieses genau auf den Punkt gegart auf den Tisch stellte, allen vorlegte, sich setzte und wir zu essen begannen, dann schüttete Fatima eine große Portion provokativ weißleuchtenden Joghurts auf ihre Auberginen und löffelte den Brei genüsslich in sich hinein, während Maria leise aufstöhnte, nicht aufhören konnte den Kopf zu schütteln und immer wieder „Che schivo" – Wie scheußlich!" murmelte.

Aber bei Fisch waren sie sich einig – Fisch, Fisch, Fisch, in jeder Form! Das war das besondere Festessen und Fatima besorgte ihn in ihren speziellen türkischen Läden, wo sie ihn runterhandeln konnte und freudestrahlend unter Nennung eines äußerst günstigen Preises auf den Tisch legte. Dann wurde eingelegt, gefüllt, gebrutzelt und gedünstet und gebacken. Die Wohnung füllte sich mit Schwaden von Fischgeruch, Kräuterduft und Weinaromen. Und alle aßen sie gerne die Fische von Fatima und Maria.

Fatima putzte nicht nur gut und ausgiebig, sie hatte auch die Absicht, alle Bakterien auf ewig zu vernichten. Dazu gab es die entsprechend ätzenden Mittel in den türkischen Läden. Außerdem legte sie überall gerne ein Blatt von der Küchenrolle darunter, unter Vasen und Töpfe, unter Tassen und Teller, in Obstschalen und Gefrierbehälter. Auch Servietten waren ihrer Meinung nach überflüssig, denn da war doch ein

Stück Küchenrolle genauso schön. Eine andere Helferin hatte zu tun, stets die schlappen Papierblätter mit der gezackten Abrisslinie, die nicht besonders dekorativ waren, wieder zu entfernen – aus den Obstschalen, unter den Tassen, Flaschen und Vasen. Fatima bekam den Spitznamen „Meine kleine Königin der Küchenrollen" und man musste, wenn sie gerade den Haushalt führte, immer die doppelte Menge des geliebten Allzweckpapiers einkaufen.

Fatima war ungemein entgegenkommend und hilfreich, wenn notwendig auch außerhalb ihrer Dienstzeit. Sie fuhr abends um zehn Uhr noch in den Bayerischen Wald, wo die Gelähmte ihren Urlaub verbrachte, um ihr ein Abhustgerät zu bringen, damit sich ihre Erkältung nicht zu einer Lungenentzündung auswuchs. Ein andermal kam sie, ohne zu klagen, jeden Tag ins Schwabinger Krankenhaus, um mit Monika den Dienst an ihrem Krankenbett zu teilen, denn die beiden anderen Helferinnen waren selber krank. Dabei musste Fatima stets an dem Zimmer vorbei, in dem ihr Vater gestorben war. Aber tapfer und zuverlässig wie sie war, hielt sie durch.

Warum sie so bereitwillig handelte und Bitten stets mit Erfüllung beantwortete? Vielleicht weil sie nicht „Nein" sagen konnte, oder weil sie geliebt werden wollte, oder weil sie wirklich ein so selbstloser Mensch war, wie sie immer behauptete? „Ich guter Mensch! Aber alle mir böse wollen!" Sie erklärte sich überhaupt gerne zum immerwährenden Opfer. Das des Ex-Ehemanns, der nicht zahlte, das ihrer beiden Töchter, die sie mit Wünschen belagerten, die sie nicht abschlagen konnte, das Opfer ihres bösen Bruders, ihrer bösen Schwester – denn es gab eine böse und eine gute Schwester – das Opfer aller widrigen Umstände und aller übelwollenden Menschen.

Auch Schönheit war ein wichtiges Familienthema. Dass sie als Türkin blond war und blaue Augen hatte, war ein Kapital, mit dem Fatima wuchern konnte. Sie war die Fee unter den Türkinnen, die Goldmarie, auf deren Erscheinung und Temperament die Männer in der Tat heftig reagierten. Einmal musste ein schweres Bett aus der Eingangshalle des Hauses in den zweiten Stock geschafft werden. Fatima trat gerade ihren Dienst an, und nachdem ihr das Problem geschildert wurde, drehte sie auf dem Absatz um und sagte: „Gleich, sofort." Nach etwa zehn Minuten kam sie zurück, mit drei Männern. Einen hatte sie direkt vor dem Haus aufgegabelt, der nächste war ein Taxifahrer, der gerade in der Straße einen Fahrgast hatte aussteigen lassen, und den dritten, einen Polizisten, hatte sie aus dem Polizeirevier an der Ecke geholt. Als sie nach erfolgreich durchgeführter Aktion verblüfft gefragt wurde, wie sie diese Versammlung von willigen Helfern denn zustande gebracht habe, sagte sie strahlend überzeugt: „Ich schöne Frau, ich immer Männer!"

Da die Hilfsbedürftige alle Katastrophen im Leben ihrer kleinen Türkin mitgeteilt bekam, wurde sie unfreiwillig zu Fatimas Stütze, zu ihrer Helferin. „Hier meine Kur bei dir!", sagte Fatima, wenn sie zum Dienst kam. Denn die Gleichmäßigkeit und Unaufgeregtheit der Arbeit bei ihr schütze Fatima immerhin für eine kleine Weile vor der häuslichen Bedrängnis. „Ich nie mehr von dir weg bis Rente!", versicherte sie und glaubte es in dem Moment wohl auch selber. „Du meine Mamma!" Da die Gelähmte nicht als Ersatz-Mamma taugte, versuchte sie wenigstens, Fatima in ihrer Eigenliebe zu bestärken.

Einmal war Fatima gestürzt und hatte sich das Steißbein verletzt. Sie wurde für vier Wochen krankgeschrieben. Das brachte natürlich den Dienstplan durcheinander, weil alle anderen Helferinnen einspringen mussten. Doch das war nicht das Schlimmste. Eine mächtige Depression hatte sich wie dichter Nebel über Fatima gelegt. Am Telefon erklärte sie mit toter Stimme, dass es ihr nicht besser ginge. Sie lag nur noch im Bett. Ihre Töchter waren angstalarmiert. Wochen vergingen – keine Veränderung.

Da fuhren die Hilfsbedürftige und ihre Freundin Monika kurzentschlossen zu Fatimas Wohnung – es war ein leuchtender Herbsttag – und klingelten: Fatima solle sich anziehen, sie würden mit ihr zum Essen fahren. Nach einiger Zeit erschien sie an der Eingangstür ihres Wohnblocks, blass, vergrämt, und hinkte eindrucksvoll zum Auto. Beim Essen hellte sich ihre Stimmung etwas auf. Danach, sie war umständlich vom Stuhl aufgestanden, denn jede Bewegung schmerzte noch heftig, bis sie sich ein wenig eingelaufen hatte. Und auch ihre Psyche begann sich einzulaufen. Dann in ein Café, zu Kuchen und Eis. Jetzt lächelte sie bereits zaghaft. Noch eine Weile und sie zwitscherte fröhlich, plauderte angeregt und lachte. Schließlich brachten die Freundinnen sie wieder heim. Es dauerte noch ein paar Tage, dann erschien Fatima wieder zur Arbeit.

Kurz darauf wurde Fatima eine Stelle angeboten, die ihr günstiger erschien als die Arbeit in der Pflege. Sie würde mehr verdienen und hätte bessere Arbeitszeiten. Das erschien ihr verlockend, denn sie glaubte, sie könne ihre größere, pubertierende Tochter eher in den Griff bekommen, wenn sie an den Abenden das Familienleben in Gang hielt.

Der Arbeitgeberin von diesem Angebot zu erzählen, oder einfach gleich zu kündigen, schaffte sie nicht. Sie hatte offenbar ein schlechtes Gewissen. Als Fatima den geplanten Abschied schließlich andeutete, kam dies einem ungeheuren Geständnis gleich, verbrämt mit nicht enden wollenden Liebes- und Treueschwüren. Sie versuchte Fatima zu beruhigen und zu sagen, dass es ganz normal sei, wenn man auch einmal kündigte. Die Assistentin habe ja gute Gründe, und dass die Kündigung sich nicht gegen die Arbeitgeberin richte, wisse sie doch.

Gleichwohl war es eine Enttäuschung, denn die zwei Jahre, die Fatima bei ihr gearbeitet hatte, waren im Großen und Ganzen recht erfreulich gewesen. Und dass sie wieder eine neue Helferin suchen musste, gefiel ihr natürlich auch nicht. Aber sie versuchte, ihr Unwohlgefühl nicht in Form von Unfreundlichkeit und versteckten Vorwürfen an Fatima auszulassen.

Alles kein Problem

Angela hieß sie und kam aus Bosnien. Oder doch eher aus Kroatien? Angela lächelte, sprach wenig Deutsch und verstand die Frage nicht, oder konnte oder wollte nicht antworten. Das war nicht zu erkennen. Jedenfalls wirkte sie schlicht und gutmütig. War eher klein, unscheinbar, aber kompakt gebaut. Also kräftig genug würde sie sein. In ihrer Begleitung eine ältere Dame. Diese lobte Angelas Fähigkeiten in den höchsten Tönen. Sie habe ihre Schwägerin gepflegt – so einfühlsam und umsichtig, dass es ein wahres Wunder war! Deshalb sei es ihr wichtig, dass sie wieder Arbeit finden würde. Denn sie sei eine treue Seele, ja geradezu aufopfernd. Ob Angela diese Lobeshymnen verstand, war ebenfalls nicht festzustellen. Aber sie lächelte zufrieden und nickte gelegentlich. Als die mitfühlende Dame auf Angelas Sorgen und Nöte zu sprechen kam, weinte diese ein wenig, und als die Hilfesuchende sagte, dass sie es mit ihr versuchen wolle, lachte Angela und klatschte in die Hände. Ein kindliches Gemüt, aber sehr sympathisch. Und wie war es nun mit Angelas Fähigkeiten, sich einzuarbeiten und das zu lernen, was an Unterstützung notwendig war?

Sie bat also Maria, es gleich mal mit Angela zu versuchen. Als Angela hörte, dass ihre Lernfähigkeit getestet werden sollte, lächelte sie siegesgewiss und winkte fröhlich ab: Das sei für sie ja kein Problem, das wisse sie alles bereits! Maria verschwand mit ihr im Nebenzimmer und begann, den Umgang mit dem Hebelifter zu demonstrieren – aus dem Rollstuhl ins Bett, aus dem Bett in den Rollstuhl. Durch die Tür war ab und zu Marias Stimme zu hören. Zuerst normales, erklärendes, anweisendes Gemurmel. Dann gedämpfte Schreie. Aufgeregt sagte Maria: „Nein, so muss machen, nein, so nicht gehen". Kurze Pause. Dann wieder: „Nein, nicht so! Nein, mit Signora können dann nicht so machen, nein, nein!"

Schließlich wollten Monika – die bei jedem Vorstellungsgespräch unterstützend dabei war – und die Freundin sehen, was da vor sich ging und öffneten die Tür. Maria lag auf dem Bett, sie hatte zu Übungszwecken die Rolle der Gelähmten eingenommen, und rief Monika leicht verzweifelt entgegen: „Erkläre Angela, sie nicht gut machen!" Dann rutschte sie mit dem Po vom Rand des Bettes zurück in die Mitte. Doch Angela war stärker. Sie zog Maria mit großer Kraft wieder an den Rand und schrie dabei, „Hilf mit, Schatzi!" Maria wehrte sich mit aller Kraft, denn sie war bereits wieder gefährlich nah am Rand des Bettes und schrie: „So geht nicht mit Signora, Signora nicht bewegen kann, dann fallen aus Bett", und robbte verzweifelt zurück zur Mitte des Bettes.

Doch erneut trug Angela den Sieg davon und Maria landete wieder ganz vorne am Abgrund. So hatte die Pflegerin das eben gelernt bei der alten Dame, die sie bis zu deren Tode gepflegt hatte: Nach vorne ziehen, dann aufsetzen, die Beine herausschwenken, hinstellen und hinein in den Rollstuhl. Dass Angela vorher gerade etwas ganz anderes geübt hatte, nämlich wie man jemanden per Hebelifter in den Rollstuhl gleiten lässt, hatte offensichtlich keine Bedeutung. Angela hatte gar nicht kapiert, dass sie lernen sollte, was man bei der Gelähmten machen muss – sie konnte ja weder ihre Arme heben, frei sitzen, noch stehen –, sondern Angela hatte einfach stolz vorgeführt, was sie schon konnte. Außerdem schien es unter Altenhelferinnen verbreitet zu sein, ihre Klienten „Schatzi" zu nennen und sie energisch zur Mithilfe aufzufordern. Diese Alten scheinen alle zu faul zu sein, sich zu bewegen.

Monika und ihr war jetzt jedenfalls klar, dass diese Bewerberin nicht zu gebrauchen war. Nächster Morgen. Anruf. „Wir stehen vor Ihrem Haus. Können wir kurz bei Ihnen vorbeikommen?" Und schon saßen Angela und ihre Fürsprecherin wieder bei ihr. Sie sagte den beiden freundlich, aber offen, dass dies wohl nicht die richtige Arbeit für Angela sei. Betrübt, aber einverstanden nickten beide, bedankten sich für ihre Mühe und gingen.

Nummer 47: Jovanka

Sie war die Nummer 47 auf ihrer Liste von Bewerberinnen. Kraft hatte sie immerhin. Sie war mächtig gebaut, großzügig geformt, wenn auch ungeschlacht und hart in ihren Bewegungen. Ihr Alter? Um die 50. Dunkle Haut der Südländerin, das Haar zu einem losen Dutt aufgesteckt und Stirnfransen, die ihr in die schwarzen Augen hingen. Wie eine Zigeunerin, sagte Maria mit leicht abfälligem Unterton.

Jovanka schien keine Probleme mit der neuen Situation zu haben. „Schazzi", posaunte sie schon während des Vorstellungsgesprächs mit ihrer tiefen, rauen Stimme, nachdem sie gehört hatte, dass die Freundin Monika die Hilfesuchende „Schätzlein" nannte, „Schazzi, gett scho! Mach ma." Sie schaute die neue Bewerberin irritiert an, dann begriff sie, dass diese „Schazzi" für die normale Anrede hielt – so eben, wie ihre Helferinnen sie nennen! Ihren Namen, die Adresse und Telefonnummer musste jemand aufschreiben, denn lesen und schreiben hatte sie nicht gelernt.

„Fangma an, Schazzi!", rief sie am ersten Einarbeitungstag und nickte aufmunternd. Die eingestreuten bayerischen Wortfetzen und Endungen zeigten, dass sie schon längere Zeit in diesem Land lebte. Sie hatte übrigens vergessen, bequeme Arbeitskleidung mitzubringen. Dafür verbreitete sie eine ausgeprägte Körperlichkeit und eine zupackend derbe sexuelle Energie in ihrem um breite Hüften gespannten Minirock und auf hohen Absätzen, mit denen sie gelegentlich ins Wanken geriet. Die enge Bluse, tief ausgeschnitten, zeigte ihre saftigen Brüste und ihr Sexleben war wohl entsprechend lebhaft, denn sie erzählte deftige Szenen aus ihrem Alltag, oder deutete sie zumindest an, wobei sie Maria komplizenhaft zuzwinkerte. Diese wandte sich verwirrt ab. Maria sprach kaum Deutsch, begriff aber irgendwie, dass es sich um etwas Anzügliches handelte.

Sie kommen aus Jugoslawien, oder? „Montenegro", verbesserte sie und erzählte von ihren Brüdern, die „serrrrr zornig" werden konnten. „Wieso denn das, warum –?", stotterte die Hilfesuchende, verblüfft von dieser eigentlich überflüssigen Information. Jovanka gab bereitwillig Auskunft: Ja, einmal, da habe ihr Ehemann sie geschlagen, da hätten die Brüder sie gerächt und ihn ebenfalls verprügelt, hätten ihn so schwer misshandelt, dass der Streit vor Gericht gekommen sei und einer der Brüder ins Gefängnis musste.

„Die hätten ihn ja erschlagen können", meinte sie erschrocken. „Ja, ja", antwortete Jovanka und nickte in tiefstem Einverständnis: „Ja, Schazzi, isso bei uns!"

Dann sei sie nach Deutschland gekommen, mit einem neuen Ehemann und mit demjenigen der Brüder, der im Gefängnis gesessen war, der hier aber unzufrieden sei, weil er keine Arbeit fände. Keine zumindest, die ihm gefiel. Deshalb habe er oft Streit mit ihrem derzeitigen, zweiten Ehemann und den übrigen Familienmitgliedern. Und zwei Kinder, zwei Mädchen habe sie. Ob sie dann wirklich bei ihr arbeiten könne? Aber ja, die seien noch in der Schule und daheim kümmere sich die Schwiegermutter um sie. Sie atmete auf, also die Kinder waren kein Hindernis.

„Aber Schwiegermutter nicht gut", trompetete Jovanka. Ja, warum denn nicht? „Gar nicht gut", wiederholte sie. Denn sie, Jovanka, gebe ihr Geld für die Kinder, aber sie würde es für Bier und Schnaps verbrauchen. „Eine Alkoholikerin!", sagte sie entgeistert. „Nein, nein", beruhigte Jovanka sie, „trinkt äbbben." Offenbar hinderte der Alkohol die Schwiegermutter nicht am Kinderhüten. „Aber immer Geld wollen von mir", fügte Jovanka mürrisch hinzu. „Ich ihr nicht immer gäbben!" Ja, kann sie den Kindern überhaupt bei den Schulaufgaben und bei täglichen Schwierigkeiten helfen, und macht sie ihnen wenigstens was zu essen? „Jaaaaaa", antwortete Jovanka mit einem gedehnten, zögerlichen „Ja", so als wäre sie da gar nicht so sicher.

Am kommenden Tag sollte sie um neun Uhr morgens anfangen. Punkt neun Uhr klingelte das Telefon: Jovanka. Sie stünde jetzt vor dem Bankgebäude, aber das mache erst um neun Uhr auf. Das sei jetzt, meinte sie. Ja, sagte Jovanka, sie brauche nämlich Geld. Ob sie ihr vielleicht was geben könne? „Nein", entschied sie vorsichtshalber, die Assistentin würde ja Ende des Monats ihr normales Gehalt bekommen. Sie erschien knappe zwei Stunden später. Es muss eine Bank am anderen Ende der Stadt gewesen sein.

Spargelkochen konnte Jovanka nicht, das habe sie noch nie gemacht. Also musste die Gelähmte, obwohl sie Gäste hatte, alle paar Minuten in die Küche. Trotzdem geriet der neuen Köchin das Gemüse beinahe zur Suppe. Außerdem stellte sich heraus, dass sie über wenig Feinmotorik verfügte, denn als sie die Schraube an dem Hebelifter, mit dem sie die Hilfsbedürftige vom Rollstuhl ins Bett heben sollte, bedienen wollte, ließ Jovanka sie meist unsanft auf dem Sitz nieder. „Ganz, ganz langsam", sagte Monika immer wieder, „ganz langsam aufdrehen! Soooo!"

„Ja, mach ma!!", sagte Jovanka entschlossen und drehte mit aller Kraft langsam auf, wobei ihr der Schweiß ausbrach und ihre Fingerknöchel weiß wurden vor Anstrengung. Doch der Lifter wäre wieder runtergesaust, wenn Monika die Schraube nicht rasch zugedreht hätte.

Morgen müsse sie übrigens vor Gericht. Warum denn das nun wieder? Ihr Ehemann, diesmal der zweite, hätte sie geschlagen, ins Gesicht, sie zeigte auf sichtbar frische Wunden an der Augenbraue und an der Schulter. Sie streifte die Bluse herunter: und da, unter der Brust. Was, der zweite Ehemann auch? „Isso bei uns", versicherte Jovanka, offenbar durchaus zufrieden mit dieser kulturellen Eigenheit. Aber sie habe zurückgeschlagen. Da sei der Notarzt gekommen und der Ehemann sei ins Krankenhaus eingeliefert worden. Als er wieder entlassen worden war, habe er sie angezeigt und morgen Nachmittag sei die Verhandlung. Aber sie komme doch morgen um vier, wie ausgemacht? „Freili, Schazzi!"

Am kommenden Tag rief sie um zwei Uhr an. Sie sei jetzt gerade im Gerichtsgebäude und dann komme sie. Im Hintergrund hallten Schritte und man hörte leises Stimmengemurmel. Um vier, wie verabredet? Ja, ja, selbstverständlich komme sie. Sie wirkte zufrieden und stolz.

Pünktlich um vier Uhr, es war ein üppiger Tag im Mai – im Botanischen Garten blühten die Rhododendren – kamen Monika und die Freundin gerade von dort nach Hause zurück. Da stieg Jovanka mit einem jungen Mann aus einem schweren BMW. Sie trug wohl ihr Staatskleid: enger rosafarbener Minirock über gewaltigen Schenkeln und schwarzbraun-gelb getigertes Oberteil, das tiefe Dekolletee mit Organza und Samtschleifchen umsponnen und bei jedem Schritt sprangen die Brüste heftig auf und ab. Auf hohen Absätzen stakte sie, ihren Begleiter unter den Arm gefasst, auf die beiden erwartungsvoll Blickenden zu. Der Mann war sehr jung. Ob das vielleicht ein Sohn war, von dem sie noch nichts erzählt hatte? „Dassss, Herr Kotcic!", stellte sie ihn vor. Der junge Mann grüßte kurz, wechselte ein paar leise, für uns unverständliche Worte mit Jovanka und brauste mit aufheulendem Motor davon.

In ihrer aufsehenerregenden, offenbar besonders gerichtstauglichen Verpackung versuchte Jovanka danach wieder einmal die Handgriffe, die Monika ihr zeigte, zu lernen. Um ihr Knie auf das Bett abzustützen, damit sie mir beim Anziehen helfen konnte, musste sie den engen Rock bis ganz hinauf zum mächtigen Hinterteil schieben. Es gelang.

Wie es bei Gericht gewesen sei? „Gewonnen, krieg Geld!", antwortete Jovanka schlicht. Was? Nicht er, der leidtragende Ehemann, er habe sie doch angezeigt, weil sie ihn so schwer verletzt hatte? Nein, nein, das Gericht habe eben erkannt, wer im Recht sei, und deshalb bekäme sie Schmerzensgeld. Außerdem habe der andere Ehemann, derjenige, der sie gerade herbegleitet hatte, der habe ja auch alles bezeugen können. Also jetzt verstünden die beiden Freundinnen gar nichts mehr, der Ehemann sei doch heute Nachmittag zu einer Geldbuße verurteilt worden, oder?

Ja schon, aber nicht dieser Ehemann, den sie gerade kennengelernt hatten, sondern der andere, der zweite, der sei der Übeltäter gewesen. Der müsse zahlen. Der junge Mann sei zurzeit zwar auch ihr Ehemann, ihr dritter, aber nicht ihr eigentlicher. „Vaschdähnn?" Die Freundinnen schüttelten den Kopf. Übrigens habe sie nichts mit ihm, flocht sie anzüglich grinsend ein und zwinkerte Monika zu. Dann fuhr sie fort, ihnen die Zusammenhänge zu erläutern: Nach zwei Jahren sei es wieder vorbei mit dieser dritten Nebenbei-Ehe. 5000 Mark hätte sie für den Trauschein bekommen, eben dafür, dass sie ihn pro forma geheiratet hatte. Danach würde er deutscher Staatsbürger sein und könne wieder ausziehen aus ihrer Wohnung. „Isso bei uns, Schazzi!"

Wer diesmal mit ihrem „bei uns" gemeint war, war nicht so ganz klar: die Deutschen, die nicht imstande waren, diese Art von Staatsbürgerschafts-Schwindel zu verhindern, oder die Montenegrinerinnen, die sich geschäftstüchtig auf so einen Handel einließen. Egal. Man stelle sich ihr derzeitiges, gemütliches Heim vor: Eine besoffene Schwiegermutter, zwei schulpflichtige Mädchen, die nur gelegentlich was zu essen bekommen und nebenbei verwahrlosen, ein Bruder, der die Mitbewohner mit wilden Schimpfworten bedenkt, dann der zweite Ehemann, der jetzt zahlen musste, und zu guter Letzt der junge Ehemann pro forma, der sich nach Deutschland eingekauft hatte.

Am nächsten Tag regnete es. Jovanka rief um elf Uhr an. Sie müsse zur Bank und außerdem müsse sie die beiden Mädchen zur Schule bringen, weil es regnete. Dann aber würde sie kommen.

Die Freundinnen warteten – drei Tage, drei Wochen, drei Monate. Die Telefonnummer, die sie ihnen gegeben hatte, gab es nicht, oder ihr Telefon war mittlerweile abgeschaltet. Im Schrank zurückgelassen hatte sie eine straßsteinchenverzierte Jeans und zwei Paar hochhackige Schuhe.

Eine Freundin, die Jovankas eindrucksvolle Person ein paar Stunden lang miterlebt hatte, sagte: „Gott sei Dank, dass die weg ist, ich hatte Angst um dich!"

Angst hatte sie keine gehabt, aber sie fiel in tiefe Verzweiflung, weil sie wieder einmal vergeblich auf eine neue Helferin gehofft hatte.

9. KAPITEL
Sie flog

„Auch Rollstuhlfahrer haben Flügel!", soll das Buch heißen, sagte ihre Freundin Monika begeistert.

„Wieso? Haben Fußgänger denn Flügel?"

„Ja, manche schon", beharrte sie.

„Bitte nicht diesen esoterischen Krampf schon wieder …"

„Wieso?", zirpte sie, ohne sich provozieren zu lassen, „du erzählst doch gerade, wie du zu deinen Flügeln gekommen bist!", belehrt sie die Freundin unverdrossen und schaut ihr seelenvoll in die Augen, sodass sie schmilzt und seufzend die Existenz von Engeln, Elfen, Seejungfrauen und ähnlichem als eine vage Möglichkeit, als Bilder und Zeichen, zugestand. Zumindest sie, ihre kleine Freundin, schien gelegentlich aus der anderen Wirklichkeit zu stammen. Ob sie fliegen konnte, wusste sie nicht, aber springen konnte sie, vor Glück, lebensdick und prall, singen aus vollem Hals – bis sie fast zersprang – tanzen und brennen auch, und flattern im Wind, im Wasser sich drehen mit glänzendem Seehundsfell und an Land unter der strahlenden Sonne: kugeln, lachen und rollen, das kleine Äpfelchen.

*

Was wächst über klaffende Wunden? Durchsichtige Haut? Gras? Zeit? Ewigkeit?

*

Sie wusste nicht, wie ihr Leben verlaufen wäre ohne Rollstuhl. Weniger schmerzensreich und weniger freudenvoll sicherlich, von weniger Entsetzen und Angst und Hass geschüttelt, keine offene Wunde, in der etwas brodelt und kocht. Eine Wunde, die erst spät sich schließt und tiefe Narben hinterlässt, die schließlich doch verblassen und sich in zarte Lebensspuren verwandeln. Ein sogenanntes normales Leben wäre nicht von solcher Erbarmungslosigkeit, Unbedingtheit und beißender Lust gepeitscht gewesen, nicht von scharfer Intensität ins Riesenhafte getrieben. Es wäre wohl in den bewusstlosen Niederungen des stumpfen Dahinlebens verronnen.

Vielleicht hätte sie als Sachbearbeiterin bei einer Bank oder bei einer Versicherung gearbeitet, durchschnittlich unzufrieden, aber nicht imstande sich wegzuschwingen, unauffällig schimmernd vor Trauer, eher den Abgründen zugeneigt, bis ein Mann sie bürgerlich eingeengt, sie mit einem Kind gefesselt hätte. Abgefüllt mit Alltag und stechender Sehnsucht wäre sie gewesen. Es sei denn, sie wäre ausgebrochen. Vielleicht doch. Vielleicht. Ansonsten: Zwanzig Jahre einem Kind unfreiwillig verpflichtet, eine Sorge ohne Freude, eine Pflicht ohne Früchte. Denn Kinder hätte sie nie gewollt, das wusste schon die Zwölfjährige. Sie hatte wohl das unfreie Leben des Vaters gespürt. Den hatte die schöne Frau, die ihre Mutter wurde, immer mehr beschnitten und dann hatte auch sie ihn gebannt, sie, das lahme Kind, sein Leben lang. Da sie ein solch übliches Dasein aber nicht erlebt, eine andere Karte gezogen hatte, haben die Brecher sie überrollt, haben sich ungerührt über sie hinweggewälzt, waren ihre Stürme zerstörerisch gewesen und ihre Stille ohnmächtig, aber auch glatt und wiegend. Heilbar?

Sei endlich willkommen, kleines Mädchen, sei willkommen!

*

Kleines Mädchen voller Trauer. Ich habe nicht gewusst, dass du so lange Jahre einsam gewesen bist. Hast alles allein machen müssen, hast gekämpft und bist untergegangen, hast Wasser geschluckt und bist aufgetaucht, hast nach Luft gerungen und bist wieder gesunken und hast verzweifelt gerudert, damit nur irgendetwas von dir übrigbleibt. Von dir. Bist wiederaufgetaucht, die Lungen voller Wasser, halb erstickt schon, hast geröchelt, nach Luft gejapst, hast versucht zu überleben, vielleicht doch zu leben. Zu leben!

Sei endlich willkommen, kleines Mädchen. Ich will ab jetzt deine große Freundin sein.

Tod der Königin

Die Mutter, die nicht alt werden durfte, denn sie durfte ja nicht aufhören, ihr Kind zu beschützen, wurde alt. Wurde langsam. Zerfiel. Sie roch nichts mehr. Gaumen und Zunge, Nase verweigerten die feinen Empfindungen des Geschmacks und wenig schmeckte ihr mehr. Das war schade, denn sie kochte so gern und aß mit Genuss – früher einmal. Ein Hörgerät, mit dem sie nicht zurechtkam und das sie schamhaft mit ein paar dauergewellten Locken über den Ohren verdeckte, trug sie schon lange.

Dann kam ein Tag, an dem sie plötzlich japsend schnaufte, alles einkotete, die Kleider, das Bett, das Bad. Sprach Verwirrtes und konnte sich nicht mehr erinnern danach. Dann normalisierte sich alles ein wenig. Aber sie war unglücklich, so unglücklich. Wenn sie aufwachte, weinte sie, wenn sie sprach, weinte sie, wenn sie schwieg, weinte sie.

„Ich besorge dir eine Pflegerin", bot die Tochter an.

„Lass mich, ich kann jetzt nicht", sagte die Mutter und weinte. „Wir reden darüber, wenn es mir bessergeht."

Es ging ihr aber nicht besser und sie weinte. Das ging so weiter, Woche für Woche, Monat für Monat. Dann wieder ein Einbruch: Herzschmerzen, wummerndes Klopfen im Brustkorb, zwischen den welken Brüsten. Keine Luft, nicht essen können.

„Das Herz wird immer mehr aufgeben", sagte der Arzt zur Tochter – in immer kürzeren Abständen. Da willigte die Mutter ein, sich wieder einmal im Krankenhaus aufpäppeln zu lassen. Damit sie Weihnachten mitfahren könnte in den Bayrischen Wald. Zwei Monate lag sie im Krankenhaus. Die Barmherzigen Schwestern, die eine starke, niemals jammernde Frau in den Kissen liegen sahen, eine Frau, die auf ihre Frisur achtete, die jeden Tag ihre Nägel pflegte, die am Abend ihre Ohrringe ablegte und sie am Morgen wieder anlegte, die Ohrstecker mit den echten Perlen, diese Krankenschwestern aber überschätzten die Kräfte der Frau und schimpften, wenn sie eine Flasche zu Boden warf. Sie war nicht unachtsam gewesen, aber sie hatte den Radius des Schwenkarmes, an dem der kleine Bildschirm des Fernsehers angebracht war, nicht einschätzen können. So stieß sie die nächste Flasche um und die nächste. Die Lebenspraktische, Umsichtige war ungeschickt geworden. Wie konnte man so in sein Gegenteil verkehrt werden? Die Schwestern, wie gesagt, sie schimpften, denn sie gingen offenbar davon aus, dass die Patienten nichts anderes im Kopf hatten als sie zu schikanieren. Die Tochter aber wusste Bescheid. Es kam jetzt auf sie zu. Und es war gut so.

Die große, prächtige Frau dörrte aus und wurde zerbrechlich. Wurde bedürftig. Was sie nie sein hatte wollen. Aber sie trug ihre Perlenohrringe.

„Ist dir das mit mir nicht zu viel?", fragte sie die Tochter, der sie ein Leben lang alles Lästige und Beschwerliche hatte fernhalten wollen. Der Tochter aber war nichts zu viel, denn die wollte alles Gute zurückgeben. Alles auf einmal. Sah jedoch, dass sie nur noch anwesend sein konnte. Und ihre Hand halten. Aber auch das nur begrenzt, denn die Mutter musste oft die Stellung des Armes wechseln, da ihr alles weh tat. Alles.

Das Herz in dieser großen Frau, die mehr und mehr eintrocknete, wurde zum Vogel, der auf dem wenigen Raum, den er hatte, hektisch herumflatterte, gegen den Hals, gegen die faltige Haut pochte, zwischen Hals und Schlüsselbein. Er flatterte und flatterte und zuckte. Hielt kurz still und flatterte wieder. Ängstlich und manchmal ganz verrückt, als ob er noch einmal ausbrechen könnte. Ein einziges Mal wenigstens.

Als sich der Tod immer mehr der Mutter anschmiegte, wurde das Personal milder. Nun begriffen auch sie.

Für drei Tage fuhr die Tochter mit einer Freundin in den Bayrischen Wald. Nur ein bisschen ausruhen wollte sie. Der kleine Fichtenbaum, den sie am Tag vor Weihnachten aus dem Bayrischen Wald mitbrachte, war lebensrot geschmückt. Rote Kerzen, rote Schleifen. Sie, nur sie hatte einen Baum für sich allein, triumphierte die Mutter, als sie ihn im Krankenzimmer aufstellten. Sie war stolz. Nicht auf sich, aber auf die Tochter. Was die alles bedachte und möglich machte!

Am Nachmittag des 24. Dezember waren sie zu viert, die Mutter, die Tochter, deren Freundin Monika und eine Freundin der Mutter. Sie hatten ihr Mortadella mitgebracht, ihre

Lieblingswurst, außerdem Weihnachtsplätzchen und ein kleines rotes Kissen. Die Wurst versuchte die Mutter zu essen, ein kleines Stückchen nur, aber sie spuckte es gleich wieder aus. Sie konnte nur noch Breiiges oder Flüssiges zu sich nehmen, bei sich behalten. Sie erzählten ihr von den Schneemassen im Bayerischen Wald, überbrachten Grüße von vielen Bekannten. Die Mutter war zufrieden. Als es dämmrig wurde sangen sie Weihnachtslieder, alle die sie kannten.

Die Mutter sang lebhaft krächzend mit, aus erstickend enger Kehle. Es war der Höhepunkt ihres Festes. Die Mutter hatte sich fröhlich angestrengt. Danach glitt sie in einen leichten Schlaf und die Tochter fragte nach einer langen, wortlosen Spanne des Zusammenseins, ob sie heimgehen sollten. Die Mutter öffnete die Augen, nickte und verabschiedete sich lächelnd. Das konnte sie damals noch. Das Tageslicht war fast ganz verschwunden, als sie das stille Haus verließen. Die Straßen waren leer, eine Straßenbahn fuhr vorüber. Schneegedämpft. Die Tochter blickte hinauf zu dem schwach erleuchteten Fenster. Bald würde sie es vollendet haben.

Dann konnte die Mutter gar nichts mehr essen. Selbst das Trinken fiel ihr schwer. Dann konnte sie nicht mehr aufstehen, nicht einmal mehr mit Unterstützung. Wenn ein Besucher kam, gab er ihr ein wenig zu trinken. Dann konnte sie auch nicht mehr aufgesetzt werden am Bettrand. Das Sprechen fiel ihr schwer. Die täglichen Telefonate mit der Tochter hatte sie schon Wochen zuvor aufgeben müssen. Sie konnte den Hörer nicht mehr abheben und hörte trotz Hörgerät nichts mehr oder das Falsche. Das machte sie ungeduldig, hilflos bis zum Weinen. Todesnahe, lösende Schwäche und hilflose Trauer.

Als die Bettnachbarin, die das Sterben nicht miterleben sollte, in ein anderes Zimmer gefahren wurde, stand das Bett der Mutter mitten in dem großen Raum. Vor dem riesigen Fenster streckten alte Bäume ihre Äste aus. Auf einer kräftigen Astgabel wuchs ein dicker Mistelbusch, bestückt mit vielen wässrig weißen Samenkugeln.

„Siehst du den herrlichen Mistelbusch, Mutter?"

Nein, sie konnte ihn nicht mehr erkennen. Das Rückenteil des Bettes ein wenig aufgerichtet, nur mehr auf dem Rücken liegend, ruhte die Mutter wie auf einem Katafalk. Bald konnte sie auch den Kopf nicht mehr zur Tür wenden, wenn die Tochter hereinrollte. Sie ruhte. Ruhte unbeweglich und erhaben und konnte nicht mehr sprechen. Laute kamen manchmal noch aus ihrem Rachen, wenige erkennbare Worte.

„Ich liebe dich", war einmal doch deutlich zu hören. Was die Tochter aus der Fassung brachte. Sie liebte sie doch auch! Hatte sie doch immer geliebt! Immer! Wohin war der Hass verschwunden, der Zorn, die unendlichen Kränkungen?

Ich liebe dich – die Tochter, die diesen Satz stets ängstlich vermieden hatte, denn er zerstörte eher, was er benennen wollte, benutzte ihn auch jetzt nur zögerlich. Aber es blieb ja nichts mehr, keine anderen Worte standen mehr zur Verfügung. Dann sagte sie den Satz immer öfter:

„Ich liebe dich" – diese millionenfach missbrauchten Wörter, dieser Satz von banalster Abgegriffenheit wurde nun zum Träger höchster, innigster, heiligster Verbundenheit, frei von Ironie und Abscheu, war von berauschender, unwiderstehlicher Kraft. Eine letzte Botschaft, der kristalline Kern reinster Menschlichkeit.

Jetzt hätte sie die Mutter berühren wollen, umarmen, zärtlich drücken und stürmisch küssen. Dem aber stand der Rollstuhl im Wege, der zur Passivität verdammte Körper der Tochter. Dieses schreckliche Wartenmüssen auf die Hände und Körper, die ihr entgegenkamen, auf die Berührung der anderen. Sie reichte nicht mehr an die Mutter heran, die ihr bis zuletzt unter Schmerzen die Hand entgegengestreckt hatte und auch das nun nicht mehr konnte.

So schwebte die Mutter unberührt auf ihrem Sterbethron, umgeben von leisem Licht der Erhabenheit, in der sanften Atmosphäre der schon Enthobenen.

Das war das letzte Bild, das die Tochter mitnahm. Vier Tage vor dem Tod der Mutter wurde sie krank. Sie hatte alles Gute zurückgeben wollen. Doch wie sollte sie eine solche Zahl, so viele Jahre aufwiegen? Ein vermessenes Unterfangen. Sie hatte es erzwingen wollen und es war zu viel gewesen für sie.

Von ihrem Krankenbett aus versuchte sie weiterhin alles, was nun kam und was sie nicht mehr begleiten konnte, wenigstens zu steuern, zu ermöglichen. Freundinnen, Helfer sprangen freundlich ein, saßen am Sterbebett der Mutter, überbrachten Grüße, Liebesworte und die Versicherung engster Verbundenheit. Und berichteten. Berichteten, dass die Mutter sie liebte, dass sie verstand. Sie hatte immer für alles Verständnis gehabt, was die Tochter getan hatte. In den letzten Jahren ihres Lebens zumindest.

Dann starb sie. Die Augen halb geschlossen, den Mund geöffnet und den Perlenohrring im Ohr. Er hatte zuletzt das Hörgerät ersetzt. Sphärenklänge hört man wohl nur mithilfe des Perlmutschimmers aus der Meeresmuschel. Klänge, die schillern und schwerelos über alles hinwegschweben. Langsam ausklingen und zur Ruhe kommen. Lange nachhallen und dann Stille. Reine Stille.

Die Königin ist tot.

Es lebe die Königin!

Nein, so einfach war es nicht. Sie will mich mit ins Grab nehmen, dachte die Tochter plötzlich schaudernd. Im fallenden Januarschnee las sie es. Die tiefhängenden Wolken des Winterhimmels wiesen ihr die Zeichen. Ihr Husten war mörderisch. Er schnürte ihr die Luft ab. Er röchelte in ihr. Er verstopfte die Lungenbläschen, er verklebte die Atemwege, er machte sie dicht. Ohne ihre Beatmungsmaschine, die sie normalerweise nur nachts brauchte, auf die sie nun aber auch tagsüber angewiesen war, würde sie sicher nicht mehr leben.

Ihr Torso versteinerte, wurde zum Denkmal aus klebrigem Schleim. Die Augen vor Angst geweitet. Kein gutes Zureden half. Kein Medikament. Doch die Schrecken türmten sich noch höher auf, als ihr klar wurde, dass sie es selber war und nicht die Mutter, die nicht loslassen wollte.

Denn da war sie plötzlich, die unerwartete, die schrecklichste Frage von allen, die sie längst glaubte, beantwortet zu haben: Würde sie ohne Mutter, ohne den lebenslangen Schutz der Göttin überleben können? Nein, antwortete sie, das Kind, das sich fürchtete, das auf Gedeih und Verderben im Bauch der Mutter geschützt war, gefangen, getragen, gelebt. Und nun stürzten sie ein, die Himmel.

Dann kamen die Tulpen. Seit Silvester gab es sie, die ersten Tulpen in den Blumengeschäften. Dieser sichtbare Beweis einer anderen Welt. Einer unvorstellbaren Welt aus Sonne, Gräsern, Frühlingsluft. Rot-lila waren ihre dicken Blumenköpfe, oder gelb oder rosa, ein dichter Strauß in einer orangefarbenen Vase. Als sie verwelkt waren, kaufte sie den nächsten Strauß und den nächsten und den nächsten. Hartnäckig rammte sie die Blumensträuße gegen die eisige, nicht enden wollende Kälte. Verbarrikadierte sich mit im Glashaus zur

Blüte gebrachten Wunderblumen gegen die steigenden Wände aus Frost, Eis und Schneemassen – und irgendwann gelang es. Sie war wieder sie selbst. Sie brauchte nur sich selbst. Sie war ein Wesen mit unerschöpflicher Kraft. Schön und lebensfähig, ihr Leben lang.

Da vergrößerte sich das Mal. Harmlos war es immer gewesen. Ein kleiner brauner Fleck, wie die Tochter sie viele am Körper hatte. Immer schon. Sie wusste gar nicht, wann dieses unauffällige Zeichen an ihrem Oberarm aufgetaucht war. Jetzt schien es sich zu bewegen. Größer war es geworden – ein wenig – in den letzten Jahren, ja. Aber dunkler, nein. An den Rändern vielleicht. Jetzt glänzte es aufdringlich schwarz, wie ihr schien. Vorsichtshalber sollte es wegoperiert werden. Sicher ist sicher. Der Arzt schnitt ein großes linsenförmiges Stück Haut heraus. Inmitten dieses monströsen Hautlappens saß das Mal, klein, heimtückisch.

Die Zeit zwischen der Operation und der Klarheit des Befundes erschien ihr lang. Die Made der Unsicherheit, der kriechenden Angst bewegte sich leise. Wurde virulent. Die Maden vermehrten sich, raubten ihr den Schlaf und das glückliche Erwachen. Sie bäumte sich auf, war nicht bereit zu sterben. Innerhalb eines Jahres zu sterben, weil das Mal ausgesamt hatte, gestreut, seine innerirdischen Fäden gezogen!

Dann war er da, der Befund. Sie atmete, ohne Luft zu bekommen, und ihr Kopf dröhnte, als sie es hörte. Sie hörte es zwar, aber erst nach kurzem Zögern begriff sie es. Glück hatte sie gehabt. Gerade noch. Das Mal hatte noch keine Fühler ausgestreckt. Es hatte seinen tödlichen Kern noch nicht weitergegeben.

Sie hatte noch eine Weile zu leben, nicht mehr bedroht vom Muttermal. Ihr wunderbares, behindertes, mit allen Sinnen genossenes, mit allen Fühlern betastetes, sprudelndes, schmerzhaftes, prunkvolles, zerbrechliches, unbegreifliches Menschenleben!

Die edle Melancholie einer Prinzessin

Sie hatte sich das Leben genommen. Nicht so, wie diese merkwürdige Formulierung es meint – sie hatte sich nicht umgebracht, eigenhändig getötet, Selbstmord begangen, oder was man sonst noch damit meint. Sie hatte das Leben, ihr Leben an sich genommen, an sich gerissen. Und machte das immer wieder. Sie hatte nie das Gefühl, dass ihr jemand das Leben geschenkt hat. Das musste immer sie selber bewerkstelligen, gegen alle Widerstände der Welt. Das war schwer, unsagbar schwer. Keine Leichtigkeit, immer nur Anspannung. Nein, das ist nicht wahr. Da war auch so viel Lust und Vorwärtsstürmen in ihrem Leben. Das war die Leichtigkeit, die Selbstverständlichkeit. Eine ungeheure Lebensbewegtheit. Ein Rausch. Ein Strom. Ein Ozean. Und doch – ein Elend?

*

Langsam fuhren sie durch die vom gestrigen Gewitterregen ausgewaschene Landschaft. Über die Hügelkette zogen letzte feine Nebel. Als die Sonne aufstieg, schleckte sie die verbliebenen Wolkenfasern weg wie Zuckerwatte, wurde gewaltig dabei. Und nachdem sie in voller Majestät aufgefahren war in den Himmel, verbrannte sie rücksichtslos alles, was der Regen mild befeuchtet hatte. Schon so lange hatte es nicht mehr geregnet und auch das gestrige Gewitter verdampfte wie ein Tropfen Wasser auf der heißen Herdplatte. Das Land hinter dem Wald war nicht gerüstet für derartige Überfälle durchgebrannter Gestirne und ächzte deshalb jetzt schon unter der ungewohnten Verglutung.

Sie fuhren langsam, weil auch sie sich träge fühlten unter der mitleidlosen Brandrodung. Pan, wollüstig im Mittagsglast, war nicht der Gott dieses Waldgebirges. Hier schwitzten die Gnome und Wurzelmänner. Sie stanken, pöbelten und wurden ausfallend, denn sie waren es nicht gewohnt, diese Anschläge auf ihre Schweißdrüsen. Aber dann kam der Abend und mittels der durchgestandenen hochgradigen Verflüssigung wurde er vollmundig. Und so versöhnte der Abend alle und alles. Da fuhren sie zum Haus des Imkers.

Er war ein kleiner, eher zarter Mann. Jung noch und motorradsüchtig. Als er die Frau im Rollstuhl sah, schaute er sie sich genau an. Von den bloßen Füßen bis zum durchgeschwitzten Sommerhemd. „So ein Elend", sagte er.

Früher hätte sie sich abgewertet gefühlt, denn sie war doch nicht elend! Sie war doch großartig! Aber er meinte ja gar nicht sie. An der Intaktheit ihrer Person hatte er keine Zweifel. Oder machte sich keine Gedanken darüber. Er meinte nur die Umstände, die sie eingefangen hatten wie ein dichtes Spinnennetz, sie gezwungen hatten, viele Jahre lang und bis zu ihrem Tode im Rollstuhl sitzen zu müssen. Und er starrte erschüttert auf diese Umstände. Ein Elend! Doch sie hatte das Elend schon lange nicht mehr empfunden.

Manchmal erfasst sie sie tatsächlich, diese Trauer über den Verlust des Laufens, Schlenderns, Umarmens, Eindringens, aber immer weniger, diese Sehnsucht nach dem, was sie sich nur noch wenig vorstellen kann, dieses Tanzen der Glieder, diesen Rhythmus der Bewegung. Dann weinte sie ein wenig, das konnte sie jetzt. Denn sie fühlte sich schon lange nicht mehr behindert, erniedrigt durch die Einschränkung, die Beschränkung. Sie hatte herausgeholt, herausgekratzt, herausgesogen, was ging. Vieles, Unglaubliches. Sie schaute sich die Leben um sie herum immer neugierig an. Und wollte keines davon leben. Nicht, dass sie diese als unzulänglich, langweilig, verbohrt, armselig empfunden hätte. Das auch häufig. Aber es waren auch Leben dabei, die sie mit Freuden sah, mit Bewunderung. Aber es waren alles Leben, die nicht ihr Leben waren. Sie hätte keines gegen ihres eintauschen wollen!

So bleibt die kleine, die milde Trauer. Die kleine Trauer über die menschliche Existenz, über das unbarmherzig Grausame, was sie zulässt. Edle Melancholie einer Prinzessin. Eine kostbare, zarte Folie, auf der sich ihre Energie, Kraft weiterhin ungehindert entfalten kann. Die Trauer, vielleicht nicht nur ihre, sondern auch die ihres ganzen Stammes, ist jetzt ein für alle Mal laut hinausgeschrien, ist ins Universum gefahren und hat den Kosmos erschüttert. So störte sie nicht mehr. Sie machte ihr Leben runder. Sie kam aus der Fülle all dessen, was sie erfassen konnte, mit Körper und Sinnen und Hirn und Geist und Herz.

Es war nicht neu für sie, dass die Natur diese Grausamkeiten zulässt. Neu war für sie nur, dass sie sie fühlen, nennen, herausschreien durfte. Denn wie lange hatte sie sich das verboten! Als fünfzehnjähriges Mädchen, weil sie nicht durch Hilflosigkeit auffallen wollte und abgewertet werden, als unfähig, unnütz, menschlicher Abfall. Danach, weil sie den unverrückbar treuen Eltern das nicht antun wollte. Ihr Kind sollte immer zufrieden sein, auf dem Weg nach oben. Die Siegerin. Das war sie ihnen schuldig. Außerdem entsprach das ja auch der Wirklichkeit, der Wahrheit. Sie hatte sich ein volles

Leben geschaffen. Ein reiches Leben, aber sie hatte früher immer nur in Spannung und Anspannung gelebt. Kein Innehalten, kein Ausruhen, kein Betrachten, ohne zu bewerten. Nichts entstehen lassen. Alles selber herausmeißeln. Beleidigt sein, wenn etwas nicht gelungen war. Glücklicherweise kam das selten vor.

Heute konnte sie verwundert auf diesen rastlosen Hang zur Formung ihrer Wirklichkeit schauen. Wenn etwas schief ging, schlug nicht mehr das Schwächegefühl des Versagens über ihr zusammen. Sie schlug einen neuen Weg ein und vielleicht gelang er. Wenn nicht, was verlor sie dabei? Dann kam der nächste Versuch. Gelassenheit. Die Wichtigkeitsskala hielt sie viel flacher heute. Sehr spät erst ist sie sich kostbar geworden.

Herbst der Freundschaft

Herbst. Der März ist schnell vorüber und nach einem rasenden Sommer folgt der Herbst. Auch er dauert nicht ewig.

Ein gelbes Ahornblatt löst sich vom Baum und segelt in weichen Spiralen auf das drahtige grüne Gras. Es kommt neben einem brennend roten Ahornblatt zu liegen. Die beiden Blätter wiegen sich leicht, einander wohlgefällig zugewandt, und im Lauf des kurzen Herbsttages – wenn die Sonne am Mittag noch einmal die Freuden des Sommers zaubert, um dann rasch hinwegzuschwächeln – finden sie Gefallen aneinander. Immer wenn eine kleine Windbö mit den Blättern spielt und sie mutwillig aufwirbelt, zittern sie gemeinsam vor kindlicher Aufregung, drehen sich nacheinander um, fühlen sich vorübergehend fremd und werden plötzlich wieder aneinander geweht. So dicht, dass sie beide erröten.

Als am Abend der erwartete Sturm einsetzt mit peitschendem Regen und frostigen Luftstößen, die so achtlos mit den Blättern verfahren, dass dem roten Ahorn eine seiner Blattspitzen abgerissen wird, schmiegt sich das Gelbe zärtlich an das grausam Versehrte. Da verbreitet sich ein Hauch von Wärme und Vertrautheit.

Und als die Stürme immer heftiger werden und Tausende von Herbstblättern mit teilnahmsloser Wut hinwegfegen, ein buntes, aber böses Treiben mit ihnen anstellen und sie aufheulend irgendwo fallen lassen, da verlieren sich die beiden. Sie verlieren auch die Richtung und schließlich verlieren sie Farbe und Spannkraft. Das Blatt, das einmal leuchtend gelb war, wird langsam brüchig, sein weiches Blattgewebe vertrocknet wie altes Papier und nur die härteren Rippen und Äderchen bleiben übrig, bis es schließlich als spitzenfeiner Schatten seiner selbst auf dem feuchten Novemberboden klebt, um sich nicht mehr fortzubewegen. Da denkt es trotzdem an das rote Blatt, das so strahlend war und so nah. Und bevor es noch durchsichtiger würde und bald unsichtbar sein wird für diese Welt, fällt ein anderes Blattgerippe neben ihm zu Boden.

Vielleicht ist es das früher einmal so flammend rote Ahornblatt. Vielleicht auch nicht. Die Stille des Augenblicks jedenfalls erscheint unendlich. Da krümmt sich das Gelbverblichene in heftigem Erinnerungsschmerz und süßer Erinnerungswonne. Und eine frühlingshafte Frische verbreitet sich – so als ob gerade März wäre.

237

Rausch des Erwachens

Noch einen Frühling. Noch einmal dieser Rausch des Erwachens. Da waren die dunklen, fast schwarzen Zweige der Linde vor dem Fenster gewesen. Und plötzlich umschwebten goldgrüne Lichter der ersten feinseidigen Blättchen die starren Prügel, mit denen der Baum im Winter zugeschlagen hatte. Noch knittrig, nicht ganz entfaltet, diese kleinen Blattschmetterlinge, aber selbstleuchtend, leicht zitternde Lichtlein. Da fuhr sie mit ihren Freunden hinaus in die Glonner Hügellandschaft. Keine dunklen Farben mehr. Eine weiß aufgeschäumte Landschaft. Milchschaum vor allem an den Rändern der Wälder, flirrende Blütenblätter, weiß cremig, Grenzen säumend und zart verwischend. Was wollte sie mehr? Sie hatte noch einmal stattgefunden, diese jährlich wiederkehrende Auferstehung. Das genügte ihr.

Als die Bäume dann gleichmäßig spinatgrün geworden waren, erhielt sie die Nachricht, dass eine ihrer engsten Freundinnen Krebs habe. „An irgendetwas muss man ja sterben", hatte ihre Freundin Monika früher einmal gesagt. Damals hatte sie diese Aussage entsetzt. Heute nicht mehr. Alles hatte sich unmerklich merklich verändert. Der Tod war noch nicht zum ständigen Begleiter geworden. Aber er saß im Winter vielleicht in den Ästen vor ihrem Fenster. Vielleicht. Und die Linde starrte sie feindlich an.

Auch die schöne, geliebte Freundin, das kleine Äpfelchen von damals, diese Sängerin des Lebens, war groß geworden inzwischen. Verkaufte nun regelmäßig ihre CDs, die viele Menschen in ihrer Depression trösteten, ihnen Mut machten, sich wertvoll zu fühlen. Sie hatte wieder angefangen Konzerte zu geben. Ihre Fans strömten herbei. Und zwischen die heilsam strahlenden, in hellen Engelsbögen schwingenden Lieder streute sie nun ihre neuen kraftvollen Hymnen. Diese von Lebenslust und Körperfreude strotzenden, sinnlich vibrierenden, daseinsumarmenden Kraftausbrüche. Auch sie musste nicht mehr brav sein. Konnte alles singen und hinausschreien, was in ihr war, diesen ganzen Kosmos an Gefühlen, diesen Wirbel aus Schwere und Leichtigkeit, Hass und Liebe, Tod und Erlösung und noch einmal Liebe, Liebe, Liebe. Was immer sie darunter verstand.

Und langsam kam der Abschied herbei.

Wenn ich einmal sterbe

Wenn ich einmal sterbe, will ich brokatene Kleider tragen. Wie der Herbst, üppig, reich, überreich. Voll von rotgoldenen Lichtern, von blutigroten Inseln, die auf letztem, frühlingshaftem Grün zerfließen. Nachlässig bestreut mit bizarren, strahlend orangefarbenen Blumen, berüschten Blättern des Ahorns. Will weite Stoffwellen von schwerer Kostbarkeit umgehängt bekommen. Will einmal noch Schönheit zeigen. Tizianrote Wunderblumen. Ich – ertrinkend in der stolzen Pracht von Stoffen und Blüten, schweren, geheimnisvoll schimmernden Geweben, weiten, großzügigen Falten, verschwenderisch. Vergehen in einem langsam strudelnden Sog aus Licht und Farbe, ein letzter Rausch, den man für eine Hochzeit halten und der meine letzte Vereinigung begleiten wird.

Verbotene Sehnsucht

Als sie damals mit fünfzehn, nach dem Eintritt der Behinderung, nach der verheerend rasch wirkenden Lähmung ihres Körpers, dem Einbruch, dem Überfall auf ihre Beweglichkeit, ihre Sinne, ihre Gefühle, allmählich wieder zu sich kam, war alles weg. Was war sie nun, wer war sie? Ein Nichts. Ein Nichts hatte keine Sehnsüchte. Konnte keine haben. Konnte sich keine erlauben. Und falls man, wenn man Sehnsucht verspürt, irgendwie auch auf Erfüllung wartet, was schon sollte sich bei ihr erfüllen? Sehnsucht war ein Luxus geworden. So ähnlich wie Melancholie. Bei ihr waren Ausweglosigkeit und Verzweiflung angekommen, sonst nichts. Sie schrammte an dem Tod entlang. Eine klare Linie. Schnörkellos und direkt.

Als der Tod überwunden war, konnte sie sich Sehnsüchte trotzdem nicht leisten. Die anderen konnten das. Sie nicht. Nie mehr. Was aber dann? Was anstelle dessen? Konkrete Wünsche? Auch nicht. Ausloten, was überhaupt noch ging. Die magere Sichtung kaum vorhandener Möglichkeiten – nicht diese gauklerischen, poetisch verwaschenen Sehnsüchte, mit ihrem Anteil an „Suchen" und „Sucht".

So verbot sie sich lange Zeit alle Sehnsüchte. Sehnsucht fand in ihrem Leben nicht mehr statt.

Und doch, wider Erwarten, ihrer Weigerung zum Trotz: da war sie plötzlich. Hat sie eines Tages einfach angesprungen.

Sie stand an einem sanft zum See abfallenden Hang voll blühender Apfelbäume, die milchrosa aufschienen, darunter ein Teppich von Wiesenschaumkraut in Weiß und hingehauchtem Lila – eine Pracht, die sich hinunter bis zum See ergoss. Ein Genuss von herzzerreißender Wucht und Zartheit zugleich.

Gierig ertrank sie in dem rosigen Licht und dem wehenden Lila und der sanften Bewegung der träge ans Ufer plätschernden Wellen von weicher, gelblicher Durchsichtigkeit. Das war sie also, die Sehnsucht. Nein, keine Sehnsucht. Es war nur ein Moment, dieser eine Moment absoluten Glücks, in dessen wonnigem Bild sie untergegangen war. Doch im Gefolge dieses Glücks war auch die Sehnsucht da, dieses leicht ziehende Wollen, dieses fast schmerzhafte Wünschen, dieses Sehnen nach – ja, nach was, nach was eigentlich? Diese quälerisch drängende Verheißung.

Und dann ging sie wieder, die Sehnsucht, hat sie liegengelassen und ist einfach weitergezogen. Wohin wusste sie nicht, aber weg, weg von ihr. Ausnüchterung. Und du weißt nicht, was schlimmer ist, dass sie dich verlassen hat, oder dass sie vielleicht wiederkommen wird.

Und irgendwann kommt sie wieder. Unvermittelt. Umtänzelt dich, umschmeichelt dich, verwirrt dich. Sie nennt kein rechtes Ziel und will doch Erfüllung, ist eine Sirene, gefährlich gerade in ihrer Unbestimmtheit, ihrer absichtlich verunklärten, verklärenden Erscheinung. Riesig ist sie. Wünsche gebiert sie. Sie ist ein ungeheures Versprechen. Die Sehnsucht eröffnet ihr berückendes Panorama, verheißt das Unbekannt-Bekannte, das Unwirkliche auch, ganze Galaxien und Universen. Und lässt dich dann fallen. Da stehst du wieder in deiner Nüchternheit, bist ein Tor, genau so klug als wie zuvor.

Was hat sie dir eigentlich gezeigt, die Sehnsucht? Etwas Überweltliches, Spirituelles, Metaphysisches? Gläubige Menschen sehen in der Sehnsucht einen Vorgeschmack auf Gott. Sie ist die Offenbarung des Herrn auf dem Berge Tabor. Der Tabernakel, der sich öffnet und das strahlende Geheimnis schauen lässt. So wie alle diese verkündenden Engel, diese außerweltlichen schwebenden Wesen. Sie versprechen das, was du nie erreichst. Denn auch Gott ist ja nicht erreichbar.

Und da sie nicht in ewiger Anbetung verharren wollte, lehnte sie es ab, dieses überirdische Angebot. Blieb nüchtern und realistisch: Ein Maler, der Gold malen will, braucht GELB dazu, die einfache, konkrete Farbe GELB. Doch das wiederum war ihr zu wenig glanzvoll. Sie liebte diese Bilder auf Goldgrund, dieses Schimmern und Gleißen, diesen poetischen Hinweis auf etwas anderes. Etwas Größeres? Nein. Aber sie liebte diesen einen Moment des Glücks. Dieses nicht zu Erklärende, das Unergründliche, nicht Ausmessbare. Darauf mochte sie nicht verzichten.

Doch sie wollte ebenso wenig in der Folgenlosigkeit ihrer Sehnsüchte ertrinken, sich darin verlieren. Also hielt sie die Sehnsucht in Zaum. Doch sie liebte es weiterhin, dieses leuchtende Gold, dieses Flirren und Flimmern und Glühen, dieses Weiche im Harten. Gold, dieses verführerische, unergründliche, poetisch erhöhende Material, das nichts bedeuten muss und doch schmerzlich wundersam erfahrbar sein kann.

Lob des Körpers

Sie hob den linken Arm langsam hoch. Leicht abgewinkelt. Spürte genussvoll, wie sich die Schulter spannte, ohne Anstrengung sich die Hand zu einer schwach gebogenen Schale dem Licht entgegenformte, als würde sie eine Gabe darreichen oder empfangen. Dann drehte sie langsam den Arm. Rundgedrechselt war er, mit zarten goldenen Härchen bedeckt. Goldenes Vlies. Aber es war kein Fell, kein Flaum. Nicht flauschige, sondern biegsame Härchen, die sich in der Sonne glatt an die Haut legten, an die von der Wärme verwöhnte, sich geschmeichelt fühlende, fein geglättete Haut. Sonnengold.

Mit der Rechten stützte sie sich leicht vom Boden ab, um den Körper kräftig emporschnellen zu lassen. Dann setzte sie einen Fuß vor den anderen, tastend, staunend, die Unebenheiten unter dem dichten Grasbewuchs erkundend. Sie begann zu laufen. Zu springen. In federnden, rascher werdenden Bewegungen über die Wiese, dem Abhang zu.

Sie erreichte ihn und sah für einen winzigen Moment die ganze grell von der Sonne beleuchtete Ebene, das glitzernde Wasser des trägen Flusses, den fernen Wald, der den Blick hineinzog ins dunkle und dann wieder heller werdende Grün und – schon war sie in rasendem Lauf über den Rand des Abhangs hinweg, versuchte mit immer schnelleren Bewegungen ihren Körper vor dem Stürzen zu bewahren, schaffte es beinahe, bemerkte erregt die Gewalt der Schwerkraft – und – flog.

Flog. Flog ins Grüngold der Bäume, ins Blaugold des Wassers, ins Weißgold des Gestirns. Lichterfüllte Leere. Strahlenbündel schossen empor, sprühten kristalline Gischt, aufschäumend, wogten, mäanderten kreisend, drehten sie zu Spiralen, trifteten auseinander und öffneten hohe Weiten gegen ferne Nebel, ein brennendes Nichts. Sie flog.

Das Sternenkind

Blau, nein, schwarz war die Wölbung, die Rundung, die Tiefe, unendlich, mit Augen bestückt, Lichtgarben werfend. Sternflocken wirbelten. Es schien, als seien die fernen Regenbogenwellen auf ewig unbewegt und doch rasend, schwellend, schrumpfend und atmend zugleich, als ein ungeheurer Körper. Leere und Lebewesen und Kosmos, Hohlraum und Fülle und so hell wie dunkel, blinkend, tönend und unendlich ruhig.

Da erschien es, das Paar im Sternenmantel. Zwei, vom Mantel umfasst, vom Mantel, der sich im göttlichen Dreieck um sie baute, doch ohne Kontur, mit der großen Form verschmelzend, sie umstand, umschwebte, umschmiegte, umhüllte, einte, zur zweieinigen Weltenfigur. Und zu ihren Füßen – sie. Im wortlosen Triumph. Sie, mit dem Kind auf dem Arm. Sie hob ihnen das Kind entgegen und stieg langsam auf. Heftig und drängend, bis Tränen aus ihren Augen sprangen. Das Kind – es jauchzte. Sein kleiner Körper bäumte sich vor Glück als es die Erde betrat.

Es hatte behende Füßlein.

Nachwort

Liebe Leserin, lieber Leser, Sie halten ein kostbares Buch meiner lieben Freundin Dr. Ingrid Leitner in Ihren Händen. Kostbar deshalb, weil die „Sternentaucherin" trotz ihres ungemein schweren Schicksals der körperlichen Lähmung unendlich viel Mut und Kraft spendet. Kostbar deshalb, weil es eine wahre Geschichte ist, die tief in das Herz geht und berührt.

Die Autorin der Sternentaucherin, Dr. Ingrid Leitner, ist zugleich die Hauptfigur dieses autobiografischen Romans und wenn jemand den Titel „Die Sternentaucherin" verdient, dann sie – eine Zauberin der Sprache und des Lebens!

Ihre Geschichte beweist, dass das Leben lebenswert ist, mit all seinen Höhen und Tiefen. Und dass es oft gerade die Tiefen und Abgründe in unserem Leben sind, die uns am tiefsten in unsere Kraft führen. Ich glaube, erst dann, wenn wir eine gewisse Reife im Leben erlangt haben, können wir erkennen, dass die hellsten Sterne in der tiefsten Dunkelheit erstrahlen. Und genau das ist die Geschichte der Sternentaucherin.

Sie geht durch die Dunkelheit hindurch, sie entscheidet sich, nicht aufzugeben, sich selbst nicht und auch nicht ihr Leben. Sie ertrinkt nicht in der Verzweiflung, sondern hält immer wieder Ausschau nach dem Erhebenden, nach den Potenzialen des Lebens, nach dem, wofür die Sterne symbolisch stehen. *Das Leben der Sternentaucherin* weckt unser Bewusstsein und unsere Dankbarkeit für das, was wir als selbstverständlich wahrnehmen, wie zum Beispiel eine Orange schälen und essen. Sie rüttelt unser Herz wach, rührt uns zu Tränen, bestärkt uns in unserer Menschlichkeit.

Dr. Ingrid Leitner hinterließ mir nach ihrem Ableben vor zwei Jahren diese ihre Geschichte der Sternentaucherin. Für mich ist dieses Erbe ein Ausdruck des Vertrauens und der Liebe, die wir füreinander empfanden. Ingrid hat diese Welt zwar verlassen, doch ihre Lebenskraft wirkt in jeder Zeile ihrer Geschichte.

Sie schrieb seit vielen Jahren an den Texten, die in diesem Buch versammelt sind. Schreiben war für sie mit ihrer Lähmung beschwerlich und so kam der Text nur langsam voran. Und es forderte ihr auch innerlich viel ab, ihre tiefsten Gefühle zum Ausdruck zu bringen. Das war auch der Grund, weshalb sie ihre Geschichte in der dritten Person schrieb, weil ihr die Ich-Form zu nah ging.

Neben der eindrücklichen Schilderung ihrer Lebensgeschichte, enthält dieses Buch auch fragmenthafte Gedanken und Reflexionen sowie imaginative, poetische Passagen. In diesen, manchmal surrealen Texten taucht auch das Symbol der Kröte auf. Es war ihr bei Aufenthalten auf der Intensivstation als inneres Bild erschienen, das ihr Kraft gab, diese Zeiten zwischen Leben und Tod durchzustehen.

Ingrid Leitner verbrachte 60 Jahre ihres Lebens gelähmt im Rollstuhl. Trotzdem studierte sie Germanistik, Slawistik und Kunstgeschichte und erwarb einen Doktortitel in Germanistik. Später arbeitete sie 30 Jahre lang bis zu ihrer Pensionierung als Redakteurin im Radio des Bayerischen Rundfunks. Eine Arbeit, die sie zutiefst erfüllte, denn das Geschichtenerzählen wurde zu ihrer Leidenschaft, zu ihrem grenzenlosen Ozean der Freiheit – „ein erotisches Handwerk, ein Handwerk der Verführung", wie sie es im Buch beschreibt.

Ingrid betreute und schrieb Features für die Reihe „Geschichte und Geschichten" (später umbenannt in „Radio-Zeitreisen") und ist Erfinderin der kleinen, aber gehaltvollen Radio-Bonbons, die von 1997 bis 2009 unter dem Titel „Bayern-Minis" jeden Sonntagmorgen in Bayern 1 liefen. Die Idee dahinter: In drei Minuten ein Stück Bayerische Geschichte zu erzählen, mit allen Mitteln der Hörspielkunst. Etliche davon wurden auf CD herausgegeben und zum Beispiel an Gremien als Aushängeschild radiophoner Kunst des BR verteilt.

Und es gab noch andere Triumphe in ihrem Leben, die im Buch nicht erwähnt werden. Bereits 1974, als Ingrid Leitner 32 Jahre jung war, gründete sie mit Freunden und Freundinnen einen gemeinnützigen Verein namens CBF München (Club Behinderter und ihrer Freunde in München), den es heute immer noch gibt. Es war ihr ein großes Anliegen, sich für Menschen mit Behinderungen einzusetzen und das Zusammenleben zwischen Behinderten und Nichtbehinderten zu fördern. Über 40 Jahre arbeitete Ingrid Leitner ehrenamtlich als Vorstandsmitglied im CBF, bis zu ihrem Tod. Sie setzte sich dafür ein, dass sogenannte „Behinderte" in unserer Gesellschaft als vollwertige, selbstständige Menschen gesehen und wertgeschätzt werden. Der CBF wurde zu einer Gemeinschaft, in der Menschen mit und ohne Behinderung einander unterstützen und voneinander lernen.

Ingrid kämpfte gemeinsam mit dem CBF beispielsweise für barrierefreie Zugänge im öffentlichen Raum. Sie wusste ja genau, wie deprimierend es ist, wenn man als Rollstuhlfahrer nicht ins Kino kann oder zu einem Arzt seiner Wahl, weil es keine Rampe gibt, sondern nur für Rollstuhlfahrer unüberwindbare Stufen. Außerdem organisierte und leitete Ingrid Leitner innerhalb des CBF Kunstführungen in den Münchner Museen und Ausflüge ins Umland.

Ingrid war es auch wichtig, Autoren zu fördern. Oder besser gesagt, Menschen zusammenzubringen, die, so wie sie, das Schreiben lieben, um sich gegenseitig zu inspirieren und zu bereichern, zu ermutigen, sich in ihrem künstlerischen Ausdruck zu steigern. Regelmäßig lud sie deshalb zu Autorensalons ein. Befreundete Autoren lasen ihre Texte oder Geschichten vor, und sie war mit ihrer feinfülligen und wertschätzenden Art immer bereit, ihre Unterstützung anzubieten.

Diese, für alle Beteiligten kostbaren Autorentreffen, waren eine Feier des Lebens. Der Tisch mit Blumen, Kerzen und einem köstlichen Buffet wunderschön dekoriert. Ingrid legte immer großen Wert auf Ästhetik. Auch auf ihr Äußeres achtete sie mit großer Freude, kleidete sich bewusst und elegant, trug wunderschöne Hütte. Wie eine Königin saß sie in ihrem Rollstuhl, das haben viele Menschen zu ihr gesagt.

Ich durfte dank Ingrid lernen, wacher zu sein, wacher für die Schönheit des Augenblicks, weil ich nie wusste, wie lange sie noch leben wird. Jede kleine Erkältung war bedrohlich, aufgrund ihrer eingeschränkten Lungenfunktion. Das sah man Ingrid aber nicht an. Mit Ingrid durfte ich lernen, das zu sehen, was man nur sieht, wenn man innehält, wenn man sein Tempo verlangsamt. Ingrid hat ihr Tempo durch ihr Schicksal verlangsamen müssen. Nein, sie musste gar nichts. Sie hat sich für das bewusste Leben entschieden. Für ihr Leben, so wie es war.

Ihre Lebensgeschichte ist ein Beweis, dass jedes Leben, jeder Mensch wertvoll ist. In welcher Hülle wir auch stecken mögen, wir alle sind Innenwesen, wir alle sind fühlende, sind verletzliche Wesen. Wir sind Schätze, Geschenke und Wunder.

Mir ist an dieser Stelle wichtig zu erwähnen, dass das Manuskript der „Sternentaucherin", das mir meine geliebte Freundin Ingrid hinterließ, nur dank meines Lebenspartners Mike Kauschke das Buch werden konnte, dass Sie nun lesen. Nach Ingrids Ableben hat Mike alles dafür getan, dass die Geschichte der Sternentaucherin als Buch geboren werden konnte. Ich war dazu nicht fähig, nachdem Ingrid gestorben war. Ihr Verlust in meinem Leben war für mich ein tiefer seelischer Einschnitt, doch ich folgte ihrem Beispiel, in der Dunkelheit nach den Sternen zu tauchen.

Zwei Tage vor ihrem Tod wollte sich Ingrid besonders schönmachen. Sie wollte ihre schönsten Ringe anziehen, trotz der Atemnot, trotz des Beatmungsapparates, auf den sie in ihren letzten Tagen 24 Stunden täglich angewiesen war. Sie wollte zwei Frühlingsblumen für ihren Balkon einpflanzen und das Lied hören, das ich für sie zum 70. Geburtstag geschrieben habe. Es heißt *Ich danke dir so sehr*. Es ist auf meiner CD *Selbstliebe* erschienen, weil mir bewusst geworden ist, dass Dankbarkeit der Urgrund der Liebe ist, der Liebe zu sich selbst und zu anderen. Danke, liebe Ingrid.

Monika Cyrani, Gstadt am Chiemsee, im August 2019
www.monikacyrani.de

Bücher aus dem Info3 Verlag

Eine Auswahl. Weitere Titel unter www.info3.de

Hans Bartosch
Was noch erzählt werden muss
Zeitgeschichte am Krankenbett
Info3 Verlag,
Frankfurt am Main 2018
212 Seiten, Klappenbroschur,
€ 17,90
ISBN 978-3-95779-086-6

*Hans Bartosch hat als Kranken-
haus-Pfarrer in Magdeburg über
Jahre hinweg aus tausenden von
Gesprächen eine Auswahl von berührenden Lebensgeschichten
festgehalten. Entstanden ist dabei ein Panorama biographischer
Miniaturen, die sich zu einer einzigartigen Chronik zusammen-
schließen: Hochbetagte Menschen, die die große Flucht 1945
überlebt und dabei Unfassbares mitgemacht haben, aber auch
Täter- und Opfer-Geschichten aus dem real existierenden Sozia-
lismus, vom ehemaligen Grenzsoldaten bis zur verfolgten Chris-
tin, und nicht zuletzt Impressionen der Wendejahre. Mit au-
thentischer Erzählkraft hebt Bartosch aus diesen Schicksalen
allgemein menschlich Gültiges hervor. Es sind Geschichten von
Leben und Tod, von Hoffnung und Glauben und von einer
Lebensweisheit, die bisweilen selbst dem pastoralen Profi und
auch dem Leser die Tränen in die Augen treibt.*

Michael Frensch
Seurats Geheimnis. Roman.
Info3-Verlag,
Frankfurt am Main 2014
700 Seiten, ca. 30 farbige
Abbildungen, Broschur,
€ 26,00
ISBN 978-3-95779-008-8

Ein mit »Seurat« signiertes pointillistisches Gemälde, das im Jahre 1979 in einem Londoner Antiquitätengeschäft auftaucht und auf dem eine Brücke verschwunden ist; verschiedene internationale Experten, die das Gemälde für gefälscht erklären; ein Schweizer Chemie-Unternehmer, der gerade noch dem Tode entkommt, bevor er dem Bild begegnet, und der Jahre später mit einem Institut für Sterbehilfe einen Vertrag schließt; ein deutscher Übersetzer, der von dem Todkranken den Auftrag erhält, das Rätsel des Bildes zu lösen und dabei mit seiner eigenen Vergangenheit und seinem Scheitern konfrontiert wird; mehrere intuitive Frauen, die mit unkonventionellen Mitteln Seurats Geheimnis auf der Spur sind; zwei Erzengel, die miteinander über den Ablauf des 20. Jahrhunderts und die Zukunft der Menschheit disputieren; und eine überraschende Auflösung in der mystischen Landschaft von Nordwales – das sind die Ingredienzien dieses Romans, der manches im 20. Jahrhundert und in der Kunst in neuem Licht erscheinen lässt.

Silke Kirch
Das Murmeln
der Auguste Deter
Oder: Was ist die Kunst im
Umgang mit Demenz?
Info3-Verlag,
Frankfurt am Main 2015
168 Seiten, Klappenbroschur,
€ 15,80
ISBN 978-3-95779-021-7

*Auguste Deter war die erste Pa-
tientin, an der Alois Alzheimer das später nach ihm benannte
Krankheitsbild erforschte. Silke Kirch reflektiert vielfältige wissenschaftliche Untersuchungen und schöpft zugleich aus ihrer
kunsttherapeutischen Arbeit mit demenzkranken Menschen.
Sie lädt zu dem Gedanken ein, Alzheimer nicht allein vom
Subjekt her, sondern im Horizont der zwischenmenschlichen
Beziehungen zu verstehen. Entstanden ist ein engagiertes Buch,
das trotz des scheinbar düsteren Themas geistreich und mit
literarischem Charme den Verlust des Erinnerungsvermögens
einfühlsam zu deuten weiß. Anstelle einer weiteren Geschichte
von Defiziten nimmt hier eine neue Philosophie des Vergessens
Kontur an.*

www.info3.de

Die Musik-CD von Monika Cyrani,
der Herausgeberin des vorliegenden Buches

Monika Cyrani
Selbstliebe
Deutsche Eigenkompositionen,
2014
€ 20,00

*Die Message dieser CD lautet:
Warte nicht, bis jemand sein Herz
für dich öffnet. Öffne dein Herz für dich selbst und lege alles,
was in dir ist, liebevoll hinein, denn du bist wertvoll. Diese
Musik ist eine Umarmung unserer Menschlichkeit und eine
Erinnerung an unser innersten Liebeswesen. Sie geht unter die
Haut, reinigt die Gedanken und feiert das Sein.
Der Klang dieser Lieder ist wie der Klang des Lebens – vielfältig,
facettenreich, ebenso zärtlich wie kraftvoll und mitreißend. Um
die klaren Tiefen der Gefühle und zum Wesenskern von uns
Menschen vorzudringen, wählt die Sängerin Monika Cyrani
gelegentlich auch eine Art Ursprache, bei der mystische Klang-
figuren einen oft verschlossenen inneren Kosmos aufscheinen
lassen.*

Bestellungen unter: events@monikacyrani.com
Hörproben auf: www.monikacyrani.de

Info3 Verlag
Kirchgartenstr. 1, 60439 Frankfurt
Tel. 069-58 46 47
E-Mail: vertrieb@info3.de
www.info3.de